(사) 대한민국 제헌국회의원유족회 창립 30주년 기념

시대의 얼굴들

제헌국회의원을 추억하다

(社)대한민국 제헌국회의원유족회 창립 30주년 기념

시대의 얼굴들

제헌국회의원을 추억하다

초판 1쇄 발행 2025년 12월 1일

지은이 (사)대한민국 제헌국회의원유족회

출판위원회
위원장 이애령(국립중앙박물관)
위원 윤인구(KBS / 제헌국회의원유족회장)
위원 유유미(제헌국회의원유족회 감사)
위원 이미혜(운경재단)
위원 전동현(제헌국회의원유족회 감사)
간사 신동호(제헌국회의원유족회 사무총장)

펴낸이 신광수

편집 신동숙, 송은미, 맹인숙

디자인 손현지, 김병석, 목지영, 김수연, 유화연

펴낸 곳 (주)미래엔 | **등록** 1950년 11월 1일(제16-67호)

주소 06532 서울특별시 서초구 신반포로 321

미래엔 고객센터 1800-8890

팩스 02-541-8249 | **이메일** bookfolio@mirae-n.com

홈페이지 www.mirae-n.com

ISBN 979-11-7548-436-8(03060)

(사)대한민국 제헌국회의원유족회
창립 30주년 기념

시대의 얼굴들

제헌국회의원을 추억하다

(사)대한민국 제헌국회의원유족회

MiraeN

차례

차례

책을 펴내며

2025년 대한민국 제헌국회의원유족회 창립 30주년을 맞아 제헌국회의원들에 관한 이야기를 엮어 책으로 펴냅니다. 가족들에게는 정치인이 아닌 할아버지, 아버지였던 선대의 인간적인 면모를 담으려 했습니다.

> 해방된 조국의 하늘 아래 자유로이 나의 소신을 유권자들 앞에서 밝힐 수 있는 오늘의 현실이 감격스럽고 행복되다고 느꼈다. 1948년 5월 31일 제헌국회가 개원하던 날, 이날은 정적도 없고 당리당략도 접어 둔 채 모두가 눈시울을 적시며 악수를 나누고 부둥켜안으며 감격의 순간들을 함께했다.
>
> (『윤치영의 20세기』, 1991)

제 할아버지는 제헌국회 개원식의 감회를 이렇게 전했습니다. 대부분이 조선 말기에 태어나 일제강점기를 거쳐 광복을 경험하고 1948년 5월 10일 실시된 최초의 민주적 선거에 의해 198곳의 선거구에서 제헌국회의원으로 선출됐습니다. 그 후에 제주 지역 2명을 포함해 재보궐까지 모두 209분의 제헌국회의원이 대한민국의 첫 국회를 이끌었습니다. 국호를 정하고 나라를 지탱하는 근본인 「헌법」을 제정했으며 나라의 구성원을 '국민', 그 영토를 지키는 군대를 '국군'으로 명명했습니다. 초대 대통령을 비롯해 9개 부처의 초대 내각도 배출했습니다.

남한에서만 치러진 선거를 안타까워하며 훗날 통일을 염두에 두고 북한 지역에 할당될 100명의 의석을 남겨 두는 것도 잊지 않았습니다. 2년 임기 동안 신생 대한민국의 기틀을 다지기 위해 모두가 밤낮을 가리지 않고 최선을 다했습니다. 국회의원이라는 신분을 누릴 수도 특혜를 바랄 수도 없는 열악한 처우 속에서 일에 열중했습니다. 제헌국회의원들은 그 공로를 인정받아 1969년 국민훈장 무궁화장을 수훈했습니다. 그러나 임기 종료 직후인 1950년 6월 25일 발발한 6.25전쟁으로 인해 다수의 제헌국회의원이 납북되거나 살해되는 등의 아픔도 겪어야 했습니다. 그러기에 아쉽게도 모든 제헌국회의원들의 이야기를 담을 수는 없었습니다.

이분들에 대한 공식적인 기록과 자료는 국회를 비롯해 곳곳에 남아 있지만 이 책에서는 그동안 어느 곳에도 공개되지 않은 가족만이 간직하고 있는 모습들을 서술합니다. 세월이 흘러 자녀 세대가 나이 들고 세상을 떠나며 증손, 고손으로 이어지면서 유족 후손들에게조차도 이젠 역사 속 어느 인물의 이야기처럼 아련히 기억되고 있는 것이 안타까운 현실입니다. 따라서 유족회는 이 모든 기억과 추억들이 사라지기 전에, 선대를 기리고 한편으로는 대한민국 역사의 소중한 자료로 활용할 수 있도록 각 제헌국회의원 가정에서 간직하고 있던 이야기와 사진 등 자료들을 광복 80주년, 제헌국회 개원과 정부 수립 77주년 그리고 유족회 창립 30주년을 맞아 하나하나 모아 보았습니다.

제헌국회의원 유족 중에는 기념 사업회를 통해 선대 선양 사업을 잘 꾸려 가는 분들도 있지만 대부분이 그렇지 못합니다. 그래서 일부 의원들을 제외하고는 그분들의 기록조차 찾기 쉽지 않습니다. 따라서 이곳에 실린 내용들이 일제강점기를 벗어나 광복의 기쁨을 맞고 주변 열강들의 민주주의와 공산주의의 체제 대립에서 극심하게 혼란스러웠던 시기를 슬기롭게 극복하며 나라를 세운 분들에 대한 이해를 돕는 데 보탬이 되면 좋겠습니다.

이 책은 생전 제헌국회의원들을 기억하고 있는 세대의 마지막 기록일 것입니다. 여느 아버지처럼, 여느 할아버지처럼 자식과 가족에 대한 사랑이 넘쳤으나 어려운 시절 많은 것을 베풀어 주지 못한 가장의 회한과 나랏일로 인해 좀 더 다정하지 못했던 아버지에 대한 아쉬움도 담겼습니다. 전국 200곳에 지역구를 둔 아버지들의 이야기이니 대한민국 어느 가정에서나 벌어질 법한 일들에 독자들도 나의 이야기처럼 공감하리라 생각합니다.

이에 더해 앞으로 대한민국을 이끌어 갈 세대에게는 건국의 아버지들이 어떤 분들이었는지를 알리고, 역사를 연구하는 학자들에게는 제헌국회의원들의 공적 외에 인간적인 모습을 살피는 새로운 연구의 계기가 되기를, 그리고 유족들에게는 그동안 품고 있던 이야기들을 허심탄회하게 털어놓음으로써 마음의 응어리를 푸는 열쇠가 되었기를 바랍니다.

먼저 하늘에서 오늘날 대한민국의 눈부신 모습을 지켜보고 계실 209분의 제헌국회의원께 감사드립니다. 당신들의 후손임을 자랑스럽게 여기고 또 그 도리를 결코 가볍게 여기지 않겠습니다. 정치가 혼란스럽고 경제가 어렵지만 이 나라와 국민은 지난 세월 수많은 역경을 슬기롭게 극복해 왔음을 역사가 말해 주고 있기에 지금의 위기 역시 화합과 상생의 시대로 도약하기 위해 담금질하는 또 하나의 과정이라 생각합니다. 대한민국이 더욱더 건강해지길 바랍니다.

지난 30년간 유족회를 만들고 이끌어 오신 김진현 초대 회장님과 이응선 회장님, 고 조기상 회장님, 최대우 회장님께도 유족회를 대표해 감사의 말씀을 드립니다. 아들 세대에서 기리던 선대 어르신들의 뜻을 이제 손자 세대에서 이어받아 그 책임을 맡게 됐습니다. 누가 되지 않게 이 사업이 후손들에게 잘 이어질 수 있도록 가교 역할을 충실히 하겠습니다.

책이 나오기까지 관심을 갖고 격려해 주신 이재명 대통령님과 우원식 국회의장님, 흔쾌히 출판을 결정해 주신 김영진 미래엔 회장님, 서평을 해 주신 서희경 박사님, 소중한 원고를 성심껏 준비해 주신 유족회원 여러분, 마지막으로 글을 다듬고 정리해 주신 이애령 출판위원장님, 유유미, 이미혜, 전동현 출판위원님, 신동호 사무총장님 그리고 미래엔 편집진 여러분께 깊이 감사드립니다.

성인이 될 때까지 그 누구보다 할아버지의 사랑을 많이 받고 자란 저로서는 발간사를 쓰게 되어 너무나도 큰 영광입니다. 제 인생에 가장 큰 영향을 끼친 분이자 여전히 등불이 되어 주고 계시기 때문입니다. 이제는 함께한 시간보다 이별한 시간이 더 길어졌지만 곳곳에서 당신의 흔적을 발견할 때마다 우리는 여전히 함께하고 있음을 느낍니다. 사랑하고 추모합니다.

2025년 12월

(사)대한민국 제헌국회의원유족회

회장 윤인구

제헌국회와 헌법정신

대한민국 제헌국회의원유족회 창립 30주년과 기념 서적 『시대의 얼굴들 - 제헌국회의원을 추억하다』의 발간을 축하드립니다.

「헌법」이란 한 나라의 근본이 되는 법입니다. 그러니 「헌법」을 만들었다는 것은 나라의 근본을 만들었다는 말과 다름없습니다. 1948년 5월 31일 개원한 제헌국회는 말 그대로 법치국가 대한민국, 민주공화국 대한민국을 한 글자 한 글자 쌓아 올렸습니다.

그렇게 제헌국회 구성원들의 치열한 토론 끝에 "대한민국은 민주공화국이다.", "대한민국의 주권은 국민에게 있고 모든 권력은 국민으로부터 나온다."는 대한민국의 「헌법」이 완성되었습니다. 대한민국의 근본을 세운 이 숭고한 유산에 항상 깊은 감사의 마음을 가지고 있습니다.

역사 속에서 대한민국의 「헌법」은 끊임없이 도전받아 왔습니다. 그러나 위대한 대한 국민께서는 숱한 역경과 시련을 이겨 내며 법전 속에 머물던 헌법정신을 현실에서 구현해 내셨습니다.

초유의 국가적 위기였던 12.3내란조차 「헌법」의 테두리 안에서 평화롭고 질서 있게 극복해 낼 수 있었습니다. 민주주의와 헌정질서를 수호하려는 열망과 용기를 가진 국민과 함께, 제헌헌법의 정신은 지금까지도 대한민국을 지탱하는 힘으로 이어지고 있는 것입니다.

제헌의 의미를 알리는 대한민국 제헌국회의원유족회의 30년간의 활동에 경의를 표하며, 이번 『시대의 얼굴들 – 제헌국회의원을 추억하다』의 발간을 다시 한번 축하드립니다. 이번 발간이 국가의 근본을 세운 제헌국회와 제헌국회의원의 역할을 기리고, 우리가 지켜 나가야 할 헌법정신을 되새기는 계기가 되기를 바랍니다. 감사합니다.

2025년 12월

대통령 이재명

기억에서 기록으로, 가족이 전하는 제헌국회의원의 발자취

광복 80주년을 맞이하는 뜻깊은 해에, 제헌국회의원유족회가 창립 30주년을 기념하며 귀중한 책자를 발간했습니다. 진심으로 축하드립니다.

광복 이후 극도의 혼란 속에서도 국민이 주인이 되는 나라를 세우겠다는 사명감으로 대한민국의 기틀을 놓은 분들이 있습니다. 제헌헌법을 제정한 제헌국회의원들입니다. 제헌국회의 첫 번째 회의가 열린 1948년 5월 31일부터 「헌법」을 의결한 7월 12일까지 거의 매일 전체 회의를 열고 열띤 토론을 이어 갔습니다. 아무것도 갖추어지지 않은 상황에서 매 순간 새로 길을 내면서 제헌의 사명을 완수했습니다.

제헌은 독립정신과 임시정부의 법통을 계승해 국민주권, 민주공화의 정신으로 새로운 나라의 질서를 세우려는 원대한 포부, 혼란을 딛고 미래로 나아가려는 국민 모두의 염원을 담아낸 위대한 첫걸음이었습니다. 「헌법」 외에도 「정부조직법」을 비롯해 국가의 기틀이 되는 여러 법률이 제헌국회에서 제정됐습니다.

국회 속기록에 남아 있는 제헌국회의 상황은 제헌국회의원들의 책임감과 애국심이 얼마나 컸는지를 보여 줍니다. 출퇴근 교통수단과 숙식을 걱정해야 하는 형편에서도 「헌법」 조문 하나하나를 두고 치열하게 고민하고 격렬하게 토론했습니다. 경제에서 민주주의, 기업 이익의 분배 같은 내용은 지금 봐도 그 문제의식의 깊이가 참으로 대단합니다.

그러나 밖에서는 위대한 정치가였던 제헌국회의원들도 집 안에서는 여느 이웃과 같은 평범한 사람들이었습니다. 가족을 아끼고, 또 그렇지만 그 사랑을 다

표현하지 못해 아쉬워하기도 하는 지금의 우리와 같은 모습이었을 것입니다. 이 책은 바로 그 인간적인 면모를 담고 있습니다. 국회를 비롯한 여러 기관에 공식 기록은 남아 있지만, 가족만이 간직해 온 이야기와 사진이 공개되는 것은 매우 이례적이고 뜻깊습니다.

이 책 발간사에는, 세월이 흐르며 제헌국회의원들의 자녀 세대도 세상을 떠나고 증손·고손 세대들의 기억마저 희미해져 가고 있는 지금, 이 책이 생전 제헌국회의원들을 기억하는 세대가 남기는 마지막 기록이 될지도 모른다고 적혀 있습니다. 그래서 이 책의 발간이 갖는 의미가 더욱 각별합니다.

이 책은 공식 문서나 연설문으로는 채워지지 않는 역사의 빈틈을 메우는 동시에, 나라의 역사와 개인의 역사가 만나는 장으로 우리를 초대합니다. 나아가 한 사람의 일상이 어떻게 공동체의 미래와 이어지고, 작은 삶의 조각들이 모여 오늘의 대한민국이라는 큰 역사를 만들어 왔는지를 생생히 보여 주는 대한민국 현대사의 귀중한 자료가 될 것입니다.

국회도 제헌의원들의 뜻과 헌신이 더 널리 기억되도록 노력하고 있습니다. 더 많은 국민들이 언제든지 제헌회관을 찾을 수 있도록 상시 개방을 추진하고 있으며, 건물의 노후화된 부분을 수리·보수하고 잘 보존될 수 있도록 하겠습니다.

제헌부터 이어져 온 헌법정신과 가치는 우리가 가진 자산이고 도약의 디딤돌입니다. 부디 이 책이 널리 읽혀 제헌의 정신을 전하는 살아 있는 교과서가 되기를 바랍니다. 다시 한번 발간을 진심으로 축하드리며, 선대의 유지를 대대손손 이어 가고 있는 유족회 여러분께 존경과 감사의 마음을 전합니다.

2025년 12월

국회의장 우원식

제헌국회의원, 제헌국회를 다시 생각하며

서희경 | 서울대학교 한국정치연구소 책임연구원

1. 들어가며

2025년은 광복 80주년을 맞는 뜻깊은 해이다. (사)대한민국 제헌국회의원유족회도 창립 30주년을 맞았다. 그래서 유족회는 특별한 기념사업을 준비했다. 역사의 뒤안길에 묻힌, 후손이 기억하는 아버지 혹은 할아버지로서의 제헌국회의원들, 그들의 인간적인 면모와 소소한 에피소드를 모아 『시대의 얼굴들 – 제헌국회의원을 추억하다』라는 책을 준비한 것이다. 총 44편의 원고에는 크게 세 가지 내용이 담겼다.

먼저, 제헌국회의원들의 삶과 인간적 면모이다. 격동의 근현대사를 산 역사의 위인들도 집에서는 가족과의 일상을 소중히 여긴 남편이자 아버지, 할아버지였다. 한 인간으로서 소박한 그들의 삶이 후손들의 기록으로 살아났다. 박찬현 의원의 아들 박순용은 아버지와 함께한 산책과 여행의 순간을 회상했다.

> 함께 걸을 때면 아버지는 늘 나의 눈높이에 맞추어 대화를 이끌어 주셨다. 그것은 지금의 나에게 있어서 감정의 토대이자 사유의 원형이며, 인간됨의 언어를 학습한 귀한 배움의 시간이었다.
>
> 박찬현 아들 박순용

윤치영 의원의 손자 윤인구는 조부가 늘 책과 성경을 가까이하며 배움을 실천했다고 회고했다.

> 70년이 넘는 세월을 뛰어넘어 할아버지와 손자가 세대 차이를 느끼지 않고 대화할 수 있었던 것은 당신의 끊임없는 배움에 대한 열정 때문이었다. 윤치영 손자 윤인구

이러한 인간적이고 소박한 모습들은 역사적 인물을 넘어, 우리가 공감할 수 있는 보편적 인간상을 제시해 준다. 이들의 회고는 제헌국회의원들을 친근한 인물로 느끼게 하고, 나아가 모든 사람에게는 가슴 깊이 새겨지는 삶의 본보기로 남는다.

다음으로, 제헌국회의원들의 삶에 담긴 신념과 희생정신이다. 독립운동가로서, 정치인으로서, 때로는 교육자와 지식인으로서, 제헌국회의원들은 자신들의 삶을 성실하게 영위했다. 또한 시대의 변화 속에서도 신념과 원칙을 지켰다. 박준휘는 "할아버지의 삶이 단순한 기록이 아니라 교훈이고, 우리가 계승해야 할 가치"라고 말했다(박기운 손녀 박준휘). 김동욱 또한 "제헌국회의원의 진정한 애국정신은 비단 후손들뿐만 아니라 모든 이들이 기억하고 오래도록 계승해야 할 가치"라고 밝혔다(김태수 손자 김동욱).

국가와 문명의 정신은 역사에서 탄생하고, 기억하고, 자라는 것이다. 신념, 희생, 애국심은 그런 소중한 정신들이다. 국가와 문명은 그런 정신과 가치 없이 성숙될 수 없다. 그런 뜻에서 이번 기념사업은 과거에 대한 일회적 회고가 아니다. 대한민국과 한민족이 잊어서는 안 되는 소중한 가치이다.

마지막으로, 이 책에는 대한민국의 건국 정신과 민주공화국의 이념이 담겼다. 제헌국회의원들이 활동한 시기는 대한민국이 탄생하고 현대 국가로 발전하

는 변혁의 시대였다. 이들은 치열한 논의와 민주적 합의를 거쳐 민주공화국의 헌법을 제정했다. 한민족이 국민의 손으로 직접 국가를 만들고, 국민을 나라의 주인으로 세운 건 우리 역사 5천 년에서 처음이었다.

> 「헌법」 제1조에 …… 대한민국은 국민이 주인이 되는 민주적 국가이며, 특정 계급이나 세습 권력의 지배를 받지 않는 공화국임을 선언한 것으로, 할아버님을 포함한 제헌국회의원들께서 어려운 여건 속에서도 추구했던 민주공화정에 대한 열정과 열망이 잘 드러나 있다. 류래완 증손자 류승현

제헌국회의원들은 그 주역이었고, 6.25전쟁과 혼란 속에서도 민주공화국의 가치를 끝까지 지켜 냈다. 오늘날 대한민국의 성장과 발전을 이끈 원동력이 그 자유민주주의와 공화주의 정신이다. 제헌국회의원들도 자신들의 역사적 의미를 분명히 자각하고, 높은 자부심을 가졌다. 태준호는 "할아버지께서는 헌법 제정이라는 임무를 부여받은 것을 평생의 자랑이자 영광으로 여기셨다."라고 회고했다(박상영 외손자 태준호).

제헌국회의원들의 발자취와 유산을 담은 이 책은 후손들에게, 모든 국민에게 민주주의와 민주공화국의 정신을 전하는 소중한 기록이 될 것이다. 필자도 이번 기념사업에 참여할 수 있게 되어 기쁘다. 이 글을 통해 다시 한번 제헌국회의원들의 삶과 조국을 위한 헌신에 깊이 고개 숙인다.

2. 5.10선거와 제헌국회의원

1948년 5월 10일, 대한민국 최초의 민주적 총선거가 실시되었다. 해방 이후의 혼란과 이념적 갈등 속에서도, 독립과 국가 건설을 향한 국민의 뜨거운 열망

이 담긴 역사적 순간이었다.

당시 선거 운동은 오늘날처럼 조직적이지 않았으며, 매우 소박하고 자발적인 분위기였다. 후보자들은 넓은 마당이나 행랑에서 유권자들을 만나고, 목탄차와 자전거를 타고 직접 지역을 찾아다니며 유세 활동을 벌였다. 각 선거구에는 저마다의 독특한 이력과 다양한 배경을 지닌 후보들이 출마해 치열한 경쟁을 펼쳤다. 투표 당일, 전국의 투표소마다 이른 아침부터 긴 줄이 이어졌다. 보통 선거가 아직 낯설었지만, 유권자들은 새롭게 탄생할 대한민국의 대표를 직접 선출한다는 자부심과 희망을 품었다. 따라서 이날의 투표는 '국민이 스스로 나라의 주인'이 되는 첫걸음을 내디뎠다는 점에서 뜻깊은 의미를 지녔다.

이날 선거 결과, 당선된 인물들의 면면은 다양했다. 1948년 제헌국회의원 선거 당시 최연소 당선자는 26세의 배중혁 의원이었다. 그는 대동청년단 후보로 경북 봉화군 선거구에 출마하여 당선되었다. 30세 이하로 당선된 인물은 그를 포함하여 민경식(27세), 최태규(29세), 박상영(29세), 김기철(30세), 김병회(30세), 홍범희(30세) 의원 등 총 7명이었다. 반면, 최고령 당선자인 홍순영 의원의 나이는 81세였으며, 당시 이승만 의원은 73세였다.

제헌국회의원들의 이력은 그들의 당선 이전 배경과 활동에 따라 네 가지 유형으로 나누어 살펴볼 수 있다.

첫째, 항일 독립운동과 민족주의 활동을 통해 정치적 기반을 다진 인물들이다. 김영기 의원은 한국독립당의 지역 위원장으로서 독립운동가들과 지역민들의 폭넓은 지지를 받아 정치에 입문했다(김영기 아들 김진현). 김웅권 의원은 민족주의 성향의 '족청'과 긴밀한 관계를 유지했고, 이범석 장군과 함께 정치 단체 '청구회' 결성에 앞장섰다(김웅권 아들 김형인). 이진수 의원 또한 한국민족 대표자대회 대의원을 역임한 바 있다(이진수 외증손녀 최지연).

둘째, 행정 경험과 탁월한 관리 능력을 인정받아 의원이 된 인물들이다. 문시환 의원은 미군정 시기 유창한 영어 실력을 바탕으로 동래군수, 경남 노동국장과 상공국장을 지내며 파업과 소요 사태를 안정적으로 관리했다(문시환 외손녀 박영인). 김광준 의원은 일본 고등고시의 사법·행정 양과에 합격했고, 미군정 당시 춘천경찰서장으로 재직하며 행정 능력을 발휘했다(김광준 아들 김관호). 류준상 의원은 초대 비봉면장으로 교육 진흥에 큰 기여를 했고(류준상 손자 유민호), 유홍렬 의원 역시 청풍면장으로서 지역 사회의 발전을 이끌었다(유홍렬 아들 유지호).

셋째, 교육과 문화 분야에서 헌신하여 지역 사회의 신망을 얻은 인물들이다. 박기운 의원은 '무산아동의 아버지'로 불릴 만큼 교육과 사회 활동에 헌신하였다(박기운 손녀 박준휘). 박종남 의원은 학문적 역량과 인품 덕분에 교수와 제자들의 강력한 권유로 정계에 진출했다(박종남 아들 박경수). 이주형 의원도 교장 재직 시절 청렴하고 성실한 모습으로 지역민과 제자들로부터 큰 존경과 지지를 얻었다(이주형 손자 이희일).

마지막으로, 사회적 책임을 다하고 공동체 발전을 위해 헌신하며 정치적 신뢰를 쌓은 인물들이 있다. 김진구 의원은 지역 개발 정보를 개인의 이익 대신 지역민의 권익 보호에 활용해 신뢰를 얻었다(김진구 손자 김남석). 양병직 의원은 김구 주석이 주관한 독립촉성청년연맹 활동에 적극 참여하여 청년 육성과 사회 혼란 해소에 기여해 지역 사회의 존경을 받았다(양병직 손자 양제갑). 최범술 의원 역시 유상 농지개혁 등 공정한 사회 개혁 활동에 헌신하였다(최범술 아들 최화정). 이처럼 제헌국회의원들의 다양한 이력과 배경은 오늘날 한국 사회를 만드는 데 소중한 밑거름이 되었다.

그런데 제헌국회의원의 선거 과정은 후보자뿐만 아니라 그 가족에게도 매우 낯설고 어려운 경험이었다. 안성에서 출마한 김영기 후보의 아들 김진현은 당시 상황을 다음과 같이 구체적으로 묘사했다.

> 중학교에 막 입학한 때였는데, 선거 사무소는 우리 집의 행랑과 사랑방이었고, 마당의 배추밭에 가마니를 깔고 운동원들이 모였다. 어머니는 아침마다 손수 만든 주먹밥을 싸 주셨다. 당시 선거 벽보에는 농지개혁과 친일파 청산 공약이 공통적이었다. 사회주의적 요소가 강하긴 했지만, 그것은 단순히 당시의 시대적 요구였지 북한식 공산주의로 가야 했다는 주장은 무리한 해석이다. 진정한 민족독립과 민주주의 정신은 언제나 남쪽에 있었다.
>
> 김영기 아들 김진현

또한 전남 광산에서 출마한 박종남 의원의 아들 박경수는 당시를 회상하며 "적은 봉급으로 생활하던 우리 집은 선거 시기에 더욱 어려워졌다. 어머니는 학생 선거 운동원들을 위해 끊임없이 국수를 끓이느라 고생하셨지만, 우리는 아버지의 고상하고 순수한 인품과 나라를 위한 헌신을 늘 자랑스럽게 생각했다." 라고 기술했다(박종남 아들 박경수).

함평에서 출마한 이성우 후보의 아들 이연행은 "집 앞마당에 노동자와 농민들이 쌀자루와 무, 배추 등을 가지고 모여 차일을 치고 사람들을 대접했다. 함평 이씨 문중과 동학 후손들이 신문지에 먹으로 직접 벽보를 써 붙이며 자발적으로 활동했다."라고 생생하게 기억했다(이성우 아들 이연행).

밀양에서 출마한 이주형 후보는 독특하게도 목탄차를 이용해 지역을 돌며 선거 운동을 펼쳤다. 그의 손자 이희일은 "할아버지께서는 기름이 아닌 나무를 사용하는 목탄차를 타고 먼 거리를 다니셨다. 지게나 자전거에 포스터를 달고 다니는 후보자들의 모습은 민주주의 초기의 소박함과 순수함을 보여 주었다."라고 기술했다(이주형 손자 이희일).

이처럼 1948년의 첫 총선거는 민주주의에 대한 국민들의 생소하지만 진지한 열망과 적극적 호응, 다채로운 후보들의 이력, 가족의 희생 등이 어우러진 역사적 순간이었다.

3. 제헌국회의원은 누구인가

대한민국 최초의 국회의원인 제헌국회의원들은 하루아침에 탄생한 인물들이 아니었다. 그들은 이미 일제강점기 시절부터 나라와 민족의 독립을 위해 온몸을 바친 민족 지도자들이었다. 일제의 혹독한 탄압 속에서도 꺾이지 않은 그들의 불굴의 정신과 행동은 후세에 길이 기억될 만큼 눈부셨다.

앞서 기술한 바와 같이, 제헌국회의원들은 2.8독립선언과 3.1운동을 포함한 항일 독립운동에 직접 몸을 던졌다. 윤치영 의원은 일본 와세다대학에서 유학하던 시절 재일 유학생들과 함께 2.8독립선언에 참여하였으며, 이후 미국 워싱턴으로 건너가 대한민국 임시정부 구미위원부 위원으로서 이승만 박사와 함께 외교를 통한 독립운동을 전개하였다(윤치영 손자 윤인구). 김웅권 의원은 2000명이 합세한 봉일천 장날 만세운동을 주도하였다. 이날의 시위는 파주에서 전개되었던 3.1만세시위 중 가장 규모도 크고 치열했던 것으로 알려져 있다(김웅권 아들 김형인). 류래완 의원은 보성청년단을 조직하고 단장으로서 3.1만세운동을 주도적으로 이끌었다(류래완 증손자 류승현). 송봉해 의원 역시 연희전문학교와 보성전문학교의 학생 대표들과 협력하여, 태극기와 적색 리본을 들고 탑동공원(파고다공원)에 모이도록 독려하는 등 3월 1일에 진행된 만세운동에 앞장서서 참여했다. 이후 그는 상해 임시정부의 『독립신문』 등을 비밀리에 등사하고, 일본 경찰의 만행을 찍은 사진을 미국 선교회와 신문사에 배포해 전 세계에 알렸다. 결국 1919년 8월 일본 경찰에 체포되어 옥고를 치렀다(송봉해 딸 송희성).

신익희 의원은 1913년 와세다대학 정경학부를 졸업한 후 보성법률상업학교 교수로 재직하였는데, 1919년 3월 5일 제2차 서울 시위를 주도하였다. 그리고 3월 19일 상하이에 도착하여 대한민국 임시정부 수립 활동에 참여하였다. 특히 그는 대한민국 임시헌장과 임시의정원법 기초를 주도하였고, 임시정부 내에서 국무원 비서장, 내무부장, 임시정부 의정원의원 등을 역임하였다(신익희 종고손 신동호). 윤석구 의원은 대한민국 임시정부에서 군자금 및 군수품 조달과 군인 징집을 맡은 연통제 삼수지국 서기로 활동했다(윤석구 손자 윤건). 이병국 의원은 철원애국단과 상해 임시정부 간의 연락책으로 활동하면서 독립운동 자금을 모금하고 임시정부의 지시와 관련 문서를 배포하였다. 결국 그는 1920년 9월 30일 경성지방법원에서 재판을 받았다(이병국 손자 이정구). 조국현 의원은 전라남도 화순의 '갱무산 만세시위운동'에 적극적으로 참여하였다(조국현 손자 조봉근). 최범술 의원도 1919년 3.1운동 당시 선언서를 배포한 혐의로 체포되어 혹독한 폭행을 당한 뒤 진주감옥에 수감되었다(최범술 아들 최화정). 박종남 의원은 광주학생독립운동에 참여해 항일 선전문을 배포하다 체포되어 옥고를 치렀다(박종남 아들 박경수). 이상돈 의원도 1929년 광주학생운동의 진상 규명을 촉구하는 연대 투쟁에 앞장섰다가 퇴학당하게 되었다(이상돈 손녀 이영아).

또한 일제의 민족 말살 정책에 맞서 교육을 통해 민족정신을 일깨우고자 한 활동도 두드러졌다. 류래완 의원은 민중 계몽을 위해 종남학당과 양서학당 설립에 참여하여 후학을 양성하고, 농촌 야학을 통한 여성 교육에도 헌신하였다

(류래완 증손자 류승현). 박기운 의원은 일제의 조선어 교육 폐지와 창씨개명에 맞서 충주와 청주, 청원군 등지에서 40여 개소의 야학당과 학술 강습소를 열어 약 8천 명의 청소년들에게 한글을 가르쳤다(박기운 손녀 박준휘). 신현모 의원은 대한인국민회, 수양동우회, 조선사편찬위원회, 조선물산장려회 등에서 적극적인 활동을 펼쳤다(신현모 손자 신동립). 이인 의원은 "말·글·얼을 지켜야 민족이 산다."라는 신념을 가지고 평생 동안 조선어학회(현 한글학회)를 후원하며 우리말 사전 편찬 사업에 적극적으로 참여했다. 그는 1929년 조선어사전편찬회의 발기위원과 운영위원으로 활동하며 재정적 지원을 했고, 결국 1942년 조선어학회 사건으로 구속되어 4년 가까이 옥고를 치렀다(이인 아들 이정). 한편, 불교계를 중심으로 한 독립운동과 농촌 계몽 운동에도 적극적으로 참여한 의원들이 있었다. 최범술 의원은 조선불교청년총동맹의 중앙집행위원장으로 활동하였으며, 명성여학교와 광명학원을 설립하여 교육 운동을 전개했고, 이 과정에서 여러 차례 일제에 의해 검거되었다(최범술 아들 최화정). 정현모 의원은 신간회 안동지회 창립을 주도하여 민족 운동을 펼치다가 체포되었다(정현모 외고손자 한동현). 김태수 의원은 신간회 활동 당시 소작 쟁의에 적극 참여하여 농민들의 권익 향상을 위해 투쟁했고, 평생 농촌 계몽과 농민 권익 보호에 헌신하였다(김태수 손자 김동욱).

광복 이후 미군정하에서도 이들의 활동은 멈추지 않았다. 류래완, 신익희, 오용국, 윤석구 등은 남조선과도입법의원으로 활동하며 새로운 국가 건설에 기여했다.[1] 또한 김교중, 김용재, 박기운, 백형남, 원장길 의원은 대동청년단에서, 김

1 남조선과도입법의원 90명 중 43명이 5.10총선에 출마하였고, 그중 15명이 당선되었다.

웅권 의원은 조선민족청년단에서, 양병직 의원은 대한청년단을 조직하여 당시 혼란을 수습하는 데 큰 역할을 하였다.

이상과 같이 제헌국회의원들은 일제강점기 독립운동에서 해방 이후 국가 수립에 이르기까지 정치와 사회, 교육과 문화 등 다양한 분야에서 헌신하며 대한민국의 초석을 놓았다. 자주독립을 향한 그들의 뜨거운 열정과 헌신적인 희생정신은 대한민국의 중요한 역사적 유산으로 길이 기억되어야 할 것이다.

4. 제헌헌법과 제헌국회의원

1948년 5월 31일, 개회한 제헌국회는 가장 시급하고도 중요한 임무인 「헌법」 제정에 착수했다. 광복 3주년인 8월 15일에 맞추어 정부를 수립하려면 그 전에 「헌법」 제정을 마쳐야 했기에 일정이 매우 촉박했다. 먼저, 30명의 헌법기초위원[2]과 10명의 헌법기초전문위원은 6월 2일부터 22일까지 총 16차례의 논의를 거쳐 「헌법」 초안을 마련하였다. 이어서 198명의 제헌국회의원들이 6월 23일부터 7월 12일까지 본회의를 12차례 열어 헌법안 독회를 진행했는데, 회의는 대체로 오전 10시부터 오후 5시까지 이어졌으며 때로는 늦은 저녁까지 계속되었다. 이 과정에서 국내외의 다양한 「헌법」 사례를 참고하고, 당시 한반도의 정치적 현실을 충실히 반영하여 마침내 『대한민국헌법』이 제정되었다.

먼저, 제헌국회의원들은 대한민국의 역사적 정통성과 정체성을 「헌법」에 담고자 하였다. 특히 국호 결정과 「헌법」 전문 작성 과정에서 치열한 논의가 이루어졌다. 당시 많은 사람은 한국의 민주주의가 미국에서 도입된 것으로 생각했

---

2 이 책에서 다시 조명된 제헌국회의원 44명 가운데 헌법기초위원으로 참여했던 인물로는 김광준, 김옥주, 유성갑, 오용국, 유홍렬, 윤석구, 지청천 의원 등이 있다.

지만, 이승만 의원은 한국 민주주의의 뿌리가 1919년의 3.1운동과 그 정신에 있으며 대한민국은 그 전통을 직접 계승한 국가라고 강조했다(국회사무처, 1948, 제22호, 8). 조국현, 진헌식, 신성균, 박순석, 송봉해 의원 등이 찬성한 '대한민국'이라는 국호는 3.1운동의 정신을 계승하고 임시정부의 법통을 잇는다는 의미에서 의원들의 압도적인 지지를 받아 채택되었다(국회사무처, 1948, 제22호, 10).

또한 제헌국회의원들은 사회 정의와 민족 간의 평등이라는 가치를 구체적인 입법을 통해 실현하고자 노력했다. 특히 전진한 의원은 경제적 평등이란 "모든 사람에게 공평한 기회를 제공하는 것"이라고 강조했다. 유성갑, 이성우 의원을 비롯한 다수의 의원들은 당시 시대적으로 요구된 「반민족행위처벌법」, 「농지개혁법」, 「지방자치법」 등을 적극적으로 발의하고 추진하여, 보다 공정하고 평등한 사회를 위한 법적 토대를 마련하고자 했다.

이러한 제헌 및 입법 과정에서 의원들이 보였던 국제적 안목과 학술적 소양은 매우 뛰어났다. 의원들은 개인의 자유와 평등, 재산권 보호와 제한, 근로자의 권리, 여성과 가족 보호, 대통령제와 내각제의 장단점, 사법부의 독립성, 경제의 기본 원칙 등 다양한 주제에 대해 깊이 있고 수준 높은 논쟁을 펼쳤다. 당시 의원들이 가진 국제적 경험과 외국어 구사 능력, 세계 정세에 대한 이해는 후대의 국회의원들 수준을 훨씬 뛰어넘었다. 이들은 각자의 신념과 경험을 바탕으로 「헌법」의 각 조항을 치열하게 논의했다(『1948년 헌법을 만들다』, 7).

제헌국회의원들은 「헌법」 제정이라는 역사적 과업에 깊은 사명감과 책임의식을 가지고 임했다. 이들은 혼란스럽고 어려운 시대적 여건 속에서도 개인적 이해관계를 뛰어넘어 공동체의 번영과 미래 세대의 안녕을 우선하며 「헌법」 제정 과정에 적극 참여하였다. 이러한 제헌국회의원들의 헌신적 노력과 책임 있는 태도 덕분에 제헌헌법은 단순한 법률적 문서를 넘어 대한민국의 정체성을 더욱 명확히 하고, 국가 운영의 기본 원칙을 더욱 깊고 확고하게 담아낼 수 있었다.

5. 전쟁과 제헌국회의원: 엄혹한 시련과 희생의 역사

1950년 6월 25일 발발한 6.25전쟁은 국회는 물론, 제헌국회의원 개개인의 삶에도 지울 수 없는 깊은 상처를 남겼다. 당시 의원들은 개인의 안위보다는 나라를 지켜야 한다는 일념으로 피난처를 옮겨 가며 의정 활동을 이어 갔지만, 그 와중에 수많은 의원들이 희생되거나 납북되는 비극적 운명을 맞았다. 제헌국회의원유족회가 작성한 '제헌국회의원 명단(총 209인)'에 따르면, 6.25전쟁 중 제헌국회의원 52명이 납북되었으며, 9명이 피살되었다.

먼저, 제헌국회의원 강선명은 전쟁 중 북한군에 납북되었다가 극적으로 탈출한 드문 사례였다(강선명 증손자 강명구). 박종남 의원도 광주교도소에 수감되었으나 다행히 파옥(破獄)되어 간신히 생명을 유지할 수 있었다(박종남 아들 박경수).

그러나 많은 의원은 비극적인 운명을 피하지 못했다. 김교중 의원은 무주에서 인민군에게 체포된 후 전주형무소에 수감되었는데, 인천상륙작전 이후 퇴각하는 인민군에 의해 처참한 최후를 맞았다(김교중 증손자 김정훈). 류준상 의원 역시 6.25전쟁 당시 인민군에 체포되어 1950년 9월 26일 전주형무소에서 순국했고(류준상 손자 유민호), 백형남 의원 또한 인민군에 의해 희생되었다(백형남 아들 백운선). 유성갑 의원도 전쟁 중 인민군에게 체포된 뒤 사망했는데, 그의 손자 유담은 이들의 죽음이 "개인의 순절을 넘어 한국 현대사의 아픔과 단절을 상징한다."라고 술회했다(유성갑 손자 유담).

또한 윤석구 의원은 6.25전쟁 중 인민군에게 체포된 뒤 전주형무소로 이송된 이후 생사가 확인되지 않아 그의 아들은 끝내 아버지와 다시 만나지 못했다(윤석구 손자 윤건). 김경도 의원 역시 서울에서 납북된 이후 생사조차 파악되지 않았으며(김경도 손녀 김경림), 김덕렬 의원 또한 서울에서 납북되어 가족들이 그의 행방을 알지 못해 큰 고통을 겪었다(김덕렬 딸 김현주). 김옥주 의원의 아들 김진원은 "아버지가 월북했다는 막연한 추측 속에서 어머니, 형님과 함께 아버지 없이 살아야 했다."라고 회고했다(김옥주 아들 김진원). 오용국 의원도 인민군에 체포된 후 결국 납북되었으며(오용국 아들 오창생), 이주형 의원은 전쟁 초기 북한으로 납치되어 45세의 젊은 나이에 비극적으로 생을 마감했다. 그의 손자 이희일은 당시 상황에 대해 "남겨진 할머니와 아버지가 겪었을 고통은 이루 말할 수 없었다."라며 안타까워했다(이주형 손자 이희일).

한편 조국현 의원의 가정에도 가슴 아픈 비극이 찾아왔다. 그의 아들 조영준은 1951년 초 전쟁의 혼란 속에서 북한 인민군에 의해 목숨을 잃었다. 당시 친구의 결혼식 도중 인민군이 마을을 습격해 주민 30여 명을 체포하자, 조영준은 사람들을 살리기 위해 자신이 직접 나서서 "내가 제헌국회의원 조국현의 아들이다."라고 밝혔다. 결국 그는 홀로 끌려가 천태산 골짜기에서 세상을 떠났고, 그의 아들은 임신 9개월이었던 모친 뱃속에서 아버지를 잃게 되었다. 손자 조봉근은 "아버지는 할아버지와 마을 사람들의 목숨을 지키고 의인(義人)으로 생을 마쳤다."라고 전했다(조국현 손자 조봉근).

이처럼 제헌국회의원들의 희생은 개인적 비극을 넘어 한국 현대사에 지워지지 않는 아픔으로 남았다. 납북된 일부 의원들의 묘지 위치가 평양방송 등을 통해 알려지기도 했으나, 대부분의 의원들은 아직까지도 생사나 행방이 확인되지 않고 있다. 납북 의원들의 후손들은 그들의 정확한 행적과 마지막 순간을 꼭 밝혀내서 역사에 남기고자 하는 간절한 염원을 품고 있다.

6. 미처 담지 못한 그날의 이야기

제헌국회의원들의 못다 한 일화는 다음과 같은 특징을 중심으로 구체적이고 생생하게 전해지고 있다.

교육과 계몽을 통한 인재 양성

제헌국회의원들은 교육과 계몽을 통해 국가 발전의 기틀을 마련하고자 하는 신념이 확고했다. 이재형 의원의 손자는 이렇게 증언했다.

> '교육이 국가 발전의 원동력'이라고 강조하시던 할아버지의 유지에 따라 설립된 운경재단(1993)을 통해 할아버지의 정신이 계속 이어지고 있다. 운경재단이 …… 1천여 명이 넘는 대한민국의 인재들(을 배출하였다.) …… 할아버지께서 생전에 품으셨던 철학과 가치관이 앞으로도 이어져 대한민국의 미래를 밝히는 중요한 역할을 할 것이라고 믿는다. 이재형 손자 이해림

또한 이인의 아들 이정은 다음과 같이 기술했다.

> 선친은 후진들을 키우는 것이 급선무라 생각하여 교육 사업에도 힘을 썼다. 김천고보, 덕송고보, 오늘날 중앙대학의 전신인 중앙보육, 국학대학 등의 교육 기관의 창설을 주관하거나 직접 운영하였다. 이인 아들 이정

일상생활 속에서 실천한 소통 정신

제헌국회의원들은 민주주의의 가치인 대화와 경청을 몸소 실천했다. 전진한

의원은 산책 도중 시민들이 질문하면 즉석에서 강연과 토론을 펼치고는 했다. 그의 손녀는 이를 회상하며 이렇게 기술하였다.

> 할아버지와의 산책이 때로 지루할 만큼 길어졌는데, 할아버지를 알아본 분들이 다가와 질문을 하고 아예 잔디밭이나 나무 밑에서 자리 잡고 강연과 토론이 이어졌다. 그 소박하지만 진지하고도 평화로운 광경을 지금도 기억한다. 전진한 손녀 전동현

사회적 약자와의 연대와 헌신적 봉사

제헌국회의원들은 사회적 약자들과의 연대와 봉사를 성심껏 실천했다. 이성우 의원은 농민과 노동자들에게 무상으로 토지를 나누어 준 덕분에 6.25전쟁 당시 인민위원회 간부들조차 그의 은혜를 기억하며 보호해 주었다. 이성우 의원의 아들 이연행은 당시를 이렇게 회상했다.

> 지방의 좌익 세력들이 단 한 번도 우리 집을 수색하지 않았던 것은 당시 인민위원회 고위 간부들이 모두 아버지로부터 무상으로 토지를 받고 은혜를 입었기 때문이다. 그들은 아버지를 보호하다가 국군이 진주할 무렵 내무서로 연행했지만, 곧 풀어 주며 피신할 것을 권했다. 이성우 아들 이연행

지청천 의원의 일기에서도 사회적 약자에 대한 연민과 걱정을 엿볼 수 있다. 그의 손자 지상철이 소개한 일기에는 이렇게 기록되어 있다.

> 1953년 9월 15일, 요즘은 상당히 서늘해져서 아침저녁으로 선선하다. 여름철 더위도 어렵지만, 형편이 어려운 사람에게 추위는 큰 재앙이다. 서울로 돌아온 대다수 빈민의 겨울나기 문제, 주택과 연료 등이 걱정이다. 정부에서 주택이 없고 자활 능력이 없

는 자는 서울로 오지 말라고 대통령이 특별 담화를 발표하는 등 소극적인 정책을 취하고 있으니, 이것이 옳은 일인지 그른 일인지 모르겠다. 서울 안에 이미 천여 명의 거지가 길거리에 방황하는 상황이다.

1954년 12월 16일, 날씨는 예년보다 3도나 더 낮은 혹한이었다. 굶주린 빈민들이 동사하는 일이 없기를 바란다. "백성이 먹고살 걱정이 없고, 군사력이 튼튼하며, 백성들이 정부를 신뢰해야 한다."는 것이 공자가 가르친 정치의 가장 큰 근본 요결이자, 만고불변의 진리다. 지청천 손자 지상철

청렴과 원칙의 엄격한 고수

제헌국회의원들은 정치적 유혹이나 개인적 이익을 철저히 배제하고 강직한 태도를 견지했다. 신현모 의원은 세비 외 수당금 수령을 거부하며 다음과 같이 기록했다. "정준 의원과 나는 세비 이외의 수당금은 받지 않기로 하고 이 뜻을 연서로 국회의장에게 통고했다."(신현모 손자 신동립) 류래완 의원은 의원이 된 후 친인척의 인사 청탁을 엄격히 거절하고 이렇게 강조했다. "넉넉하지 않게 살아도 비루하게 살지 말라."(류래완 증손자 류승현) 신광균 의원은 평생 사적 명예나 욕망이 아닌 국민을 위한 삶을 살고자 했다. 그의 아들은 아버지에 대해 "공직자로서 지켜야 할 윤리를 어기고 사적인 명예나 이익을 추구하신 적이 결코 없었다."라고 회고했다(신광균 아들 신현제).

사람을 중시하는 태도와 후손에 대한 가르침

제헌국회의원들은 사람과 인간관계를 소중히 여기고 진심과 신뢰를 기반으로 한 교류가 삶의 중요한 가치임을 강조했다. 원장길 의원은 바른 마음과 태도를 강조했다. "사정(思正), 심정(心正), 견정(見正), 언정(言正), 행정(行正)을 실

행 실천하고 가슴속에 깊이 새기도록 하였다."(원장길 외손자 최윤상) 또한 신익희 의원은 자녀들에게 "자기 힘으로 살아가려면 세상의 모든 일을 알아 두어야 한다. 좀 안다고 거만해서는 안 되며 남이 모른다고 비웃어도 안 된다."라는 가르침을 남겼다(신익희 딸 신정완, 종고손 신동호).

독재와 불의에 맞선 저항

조영규 의원은 4.19혁명 당시 학생들과 함께 거리로 나섰고, 5.16군사정변 이후에도 독재에 맞서 정치적 저항을 지속했다. 그의 딸은 아버지의 모습을 다음과 같이 생생히 기억한다.

> 4.19혁명 때 학생들의 추앙 대상이었던 아버님은 학생들과 함께 시위에 나섰다. 5.16 군사정변 때는 군인들이 집에 와서 군홧발로 아버지를 연행해 가는 모습을 기억한다. 이후에도 윤보선 전 대통령, 함석헌 옹, 장준하 선생 등과 함께 시국을 걱정하는 모임에 앞장섰다.
>
> 조영규 딸 조상경

제헌국회의원들의 이러한 다양한 일화들은 그들이 교육과 계몽을 통해 미래 인재를 양성하고 민주주의의 가치를 실천하며, 사회적 약자에 대한 따뜻한 연대와 사랑을 베풀고, 독재와 불의에 맞서 용기 있게 저항한 인물임을 생생하게 보여 준다.

7. 제헌국회의원, 제헌국회의 유산

제헌국회의원들이 우리에게 남긴 유산은 단지 역사 속에 머무르는 과거가 아니라 오늘과 내일의 대한민국을 이어 주는 살아 있는 정신이다. 그들의 발자취는 우리에게 다음과 같은 가치를 뚜렷하게 보여 주고 있다.

첫째, 제헌국회의원들은 서로 다른 생각을 존중하고, 자유롭게 토론하며 성숙한 타협을 이루어 냈다. 이 과정에서 민주주의가 단순히 법적이고 제도적인 장치만으로 완성되는 것이 아니라, 일상과 정치 현장에서 살아 숨 쉬어야 하는 가치임을 몸소 입증했다.

둘째, 제헌국회의원들이 삶을 통해 보여 준 청렴과 검소함은 정치가 국민의 신뢰를 얻고 국가적 권위를 지키기 위해 반드시 갖추어야 할 기본적 덕목이었다. 나아가 이들은 공직자로서 이러한 덕목을 바탕으로 국민을 위한 봉사의 삶을 실천하였다.

셋째, 제헌국회의원들이 국가와 다음 세대를 위해 헌신한 그들의 희생정신은 오늘날 우리가 마주한 위기를 극복하고 지속 가능한 미래를 만드는 데 꼭 필요한 힘이다.

결국 제헌국회의원들이 남긴 업적과 실천은 오늘을 살아가는 우리가 계속 지켜 가야 할 소중한 유산이다. 그들의 뜻을 기억하며 이어 가는 것이야말로 그들의 헌신을 진정으로 기리는 길이자, 대한민국의 내일을 밝히는 원동력이 될 것이다.

檀紀四千二百八十一年

회고록

01

제헌국회의원

강선명

광복 직후 강선명 부부와 장남

청렴한 큰 어른

강명구 | 증손자[1]

제가 네 살 때 돌아가신 증조할아버지 강선명(姜善明, 1905~1981) 제헌국회의원은, 제 기억 속에서는 오직 사진으로만 만날 수 있는 분입니다. 하지만 증조할아버지를 기억하지 못한다고 해서 그 삶과 정신까지 잊힌 것은 아닙니다. 아버지와 할아버지, 그리고 오래전 집안 어르신들로부터 전해 들은 이야기를 통해 저는 증조할아버지의 삶을 마음속에 또렷하게 그려 볼 수 있었습니다.

증조할아버지께서는 1905년 10월 3일 전라남도 목포에서 태어나, 목포공립보통학교(현 목포북교초등학교)를 거쳐 일본 고베고등학교를 졸업하셨습니다. 광복 전에는 이북 해주에서 조선소를 운영하셨다는 말씀이 전해지는데, 이는 증조할아버지께서 실물 경제에도 깊은 이해와 관심을 가진 실천가였음을 짐작하게 합니다.

광복 후 격동의 시기, 증조할아버지께서는 혼란스러운 정치 현실 속에서도 좌우 어느 극단에도 치우치지 않고, 중도적이고 온건한 길을 걸으셨습니다.

---

1 강선명 제헌국회의원의 장남 강정문, 그 장남 강영일의 장남으로, 정부 및 공공 기관의 디지털 전환과 정보화 전략 수립, AI 기반 플랫폼 구축 및 SI(System Integration) 사업의 기획과 운영을 수행하고 있다. 행정정보 시스템, 공간 정보 플랫폼, 사업 관리(PMIS) 등 공공 서비스 혁신을 위한 디지털 인프라 분야에서 전문적으로 활동하고 있다.

1948년 제헌국회 총선에서는 낙선하셨지만, 1949년 보궐 선거에서 당선되며 제헌국회의원으로 활동을 시작하셨습니다. 정치적 자유와 경제적 향상을 주장하며, 민족적 민주 사회를 이루자는 일관된 철학을 지닌 분이셨습니다. 당시 몸담으셨던 '신정회'는 좌우의 극단을 비판하고 점진적 통일을 지향하는 중도 정당이었고, 증조할아버지의 정치적 성향과 맞닿아 있었습니다.

국회의원으로서의 삶은 길지 않았지만, 증조할아버지께서는 이후에도 여러 차례 총선에 출마하시며 국민의 대표로서의 책임을 다하고자 노력하셨습니다. 낙선이 이어졌지만, 그 가운데에서도 증조할아버지께서는 정치인이기 이전에 한 사람의 공인으로서, 한 사회의 어른으로서 소신과 원칙을 지키셨습니다.

광복 후, 미군과 좋은 관계를 유지하시던 증조할아버지께서는 미군정 중앙경제위원회의 위원으로 활동하셨는데 국민의 삶, 특히 농민과 농업 문제에 대한 관심과 목포 지역 경제 현안을 위원회에 반영하는 역할을 하셨으며, 주인 없이 남겨진 땅을 농민들에게 되찾아 주기 위해 애쓰셨다고 합니다. 이 당시 부당한 방법으로 좋은 땅을 차지하려던 이들이 돈가방을 들고 찾아와도 단호히 거절하셨다는 이야기는 아직도 가족 사이에서 자주 회자됩니다. 청렴함은 그분의 가장 큰 미덕이었고, 부당한 이익 앞에서도 흔들림 없이 원칙을 지킨 그 모습은 오늘날까지도 저희 가족 모두에게 자랑이자 본보기로 남아 있습니다.

정치 활동 외에도 상공회의소 회장, 주택공사 감사역 등을 역임하시며, 경제와 공공 영역에서도 조용한 책임을 다하셨습니다. 권력의 중심보다는 언제나 그 바깥에서 사회의 건강한 균형을 지키고자 했던 분이셨습니다.

무엇보다 인상 깊은 이야기는 고 김대중 대통령과의 인연입니다. 같은 목포 출신으로 정치의 길을 걸으며 서로 자주 왕래하셨고, 김 대통령이 어려운 정치적 결정 앞에서 증조할아버지를 찾아와 조언을 구하셨다는 일화는 오랫동안 저희 집안 사람들의 가슴속에 남아 있습니다. 겉으로 드러나는 정치적 연대보다는, 조용한 인격적 신뢰와 존경이 오갔던 그 관계가 증조할아버지의 깊은 인품을 보여 주는 중요한 단면이 아닐까 생각합니다.

1981년 1월 12일 4대가 함께 살고 있던, 서울 도봉구 미아5동 자택에서 지병인 심장병으로 생을 마감하신 증조할아버지께서는, 격변의 현대사 속에서 길지는 않았지만 강직한 정치 여정과 삶을 통해 우리가 본받아야 할 가치들을 남기셨습니다. 정직하게 말하고, 청렴하게 행동하며, 무엇보다 사람의 마음을 먼저 헤아릴 줄 아셨던 분. 저는 그런 증조할아버지의 정신을 자랑스럽게 여기며 살아가고 있습니다.

오늘날처럼 신뢰받는 정치와 공공성의 회복이 절실한 시대일수록 증조할아버지의 삶이 더 큰 의미로 다가옵니다. 저는 후손으로서 그분의 뜻을 잊지 않고, 작게나마 그 정신을 이어 가고 싶습니다. 많은 것을 말씀으로 남기지 않으셨지만, 그 침묵 속에 담긴 무게는 지금도 제 마음속에 깊게 울리고 있습니다.

1 상공회의소 회장 시절

2 훈장 수훈 후 가족과 함께

3 돌아가시기 몇 달 전 손주며느리와 증손자, 증손녀와 함께

02

제헌국회의원

김경도

교육 백년대계의 초석을 다진 교육자

김성림 | 손녀[1]

교육자의 얼과 혼으로 대한민국 건국의 초석을 다지신 나의 조부 김경도(金景道, 1905~미상) 선생. 자유 민주 국가의 수립을 위해 헌신했던 그분의 역사는 75년째 현재 진행형인 남북 분단의 현실에서 6.25전쟁 납북의 희생자, 피랍인으로 기록되고 있다. 그 긴 분단의 세월이 더 애통한 우리의 아버지, 우리의 조부, 그를 향한 가족의 그리움은 그에 대한 소중하고 자랑스러운 기억들로 점철되어 있다. 그를 내 아버지의 기억의 편린들을 빌어 기록한다.

얼굴 한번 뵙지 못한 조부를 기리려고 하니 막막함은 잠시, 반성의 물결이 밀려왔다. 국호와 제헌헌법을 만든 제헌국회의원의 역사적 의미와 선조에 대한 자긍심에 앞서, 당장 6.25전쟁으로 일곱 살 어린 나이에 사랑했던 아비를 잃은 내 아버지의 고단한 삶의 역사와 분단의 아픔에 참 무심했다. 조부의 납북은 물론, 고향에 남겨진 채 매우 많은 고생 속에서도 훌륭하게 성장한 그의 딸과 두 아들의 삶의 이야기를 손녀인 나는 막연한 선대의 일화로만 기억해 왔다. 어느덧 내 나이도 오십, 지금이나마 내 조부의 흔적을 찾아 그의 얼을 기리며 우리

---

1 1974년생으로, 미국에서 중·고교 및 MIT 학사 졸업 후 국내외 기업에서 근무하며 특히 아시아 태평양 지역의 디지털 마케팅 및 e커머스 전략을 주도하였고, 6년간의 상하이 주재를 마치고 귀국하여 현재는 기술 교육 부분을 맡고 있는 1남 1녀의 워킹맘이다.

가족의 역사, 곧 이 나라의 역사 한 줄기를 기록할 수 있는 이 기회가 참으로 감사하다.

미래의 민주적 사회를 꿈꿨던 교육자

그의 차남의 딸이자 열 손주 중 제일 막내인 나는 조부를 교육자로 떠올린다. “미래로 가는 첫길이 교육 아니겠니! 너희 조부께서는 교육 백년대계의 초석을 다진 교육자셨다!”라고 내 어머니께서도 늘 아버지를 거드시며 조부를 기리셨다. 경남교원양성소(진주사범학교 전신)를 졸업한 후 고향인 함양으로 돌아온 뒤 거창공립보통학교(거창초등학교의 전신), 안의공립보통학교(안의초등학교의 전신), 함양공립보통학교(함양초등학교의 전신)에서 오랫동안 교편을 잡으셨다. 광복 후에는 지역 유지들의 협조와 지원을 이끌어 내어 지금의 함양초등학교와 함양중학교(1946년 당시 함양공립초급중학교)의 재개교와 발전을 위해 학부형 회장으로도 힘을 다하셨다. “미래 사회를 주도할 새 민주시민을 육성하는 것”이라는 21세기 함양중학교의 교육 목표를 통해 간접적으로나마 조부의 얼을 되새기며, 그가 일궜던 교육 백년대계의 초석을 발판으로 그의 후대와 내 아버지는 미래 민주적 사회에 대한 꿈을 붙들며 험난했던 6.25전쟁과 아버지를 잃은 아픔을 딛고 학업에 대한 열의를 키웠음을 알았다. 바로 그 후대와 내 아버지가 조부의 혼을 비추는 산물임을 비로소 깨닫는다.

조부는 부산 소재 국민학교에서 교장 선생님으로도 일하셨고, 경남교육위원회 위원으로도 일하셨다. 그리고 함양면장으로 추대되어 교통 및 산업 전반에 걸쳐 함양의 발전을 이끌었다. 소백산맥이 북동으로 뻗어 있고 남쪽에는 지리산, 서쪽에도 산, 사방이 험한 산지로 둘러싸여 교통수단이 취약했던 함양에 최초로 버스, 대한여객을 도입하여 함양을 넘어 지역 간의 소통을 넓히고 지역 주민들의 사회생활과 상호 관계를 확장하는 데 기여하셨다. 또한 누구나 함양을 찾게 되면 지나칠 수 없는 명소, 함양시장 형성에 기초를 다져 상업과 경제 발전을 이끌었다.

나의 오빠는 무엇보다 조부의 성품을, 그의 온화함과 강직함을 말한다. 교사로서의 탁월한 온화함으로 그를 존경하며 따르는 학생이 많았다는 할머니의 이야기를 기억한다고 한다. 그리고 함양면장으로 일하셨던 일제강점기에 일본 관료들이 조부를 함부로 대하지 못했다는 이야기를 통해서 조부의 강직한 인품을 상상할 수 있다고 한다.

다섯 살 어린 아들이 기억하는 아버지

올해로 82세이신 나의 아버지는 대한민국 제헌국회의원 선거 당시 고작 다섯 살의 나이로 집안의 막내였다. 끊임없이 집으로 몰려든 인파로 화가 많이 났었다고 기억하시며, 마당을 메운 사람들을 향해 당장 나가라고 소리를 치기도 하셨다고 한다. 조부의 제헌국회의원 당선 이듬해인 1949년, 아버지는 그의 누나와 형 그리고 어머니와 함께 처음으로 조부께서 생활 중이셨던 제헌국회의원 관사를 방문하게 되었다고 한다. 당시 관사는 지방 출신 의원들을 위해 마련됐던, 청와대 대통령 관저 옆 삼청동에 위치한 5층 건물의 독신자 아파트로, 조부께서는 3층에서 생활하셨다. 바로 밑 2층에는 경남 합천의 김효석 의원께서 생활하고 계셨는데, 장난기 어린 동심에 아버지께서 3층 베란다에서 아래층으로 물총을 쏘아 김효석 의원을 깜짝 놀라게 했던 일화를 전하시며 웃으셨다. 처음으로 상경했던 아버지께서 조부의 손을 잡고 나선 서울의 거리는 '빵가지차'(딱정벌레를 연상케 했던 독일 폭스바겐의 승용차)를 비롯하여 모든 것이 눈이 휘둥그레지게 새로웠다고 한다. 그 '빵가지차'를 타고 조부와 함께 국회의사당(현재의 '서울시 의회')을 구경 갔고, 거기서 연극 「햇님과 달님」을 관람했다고 한다. 조부를 따라 월급을 타러 은행에도 가셨는데 그곳 천장의 화려한 장식을 보고 감탄하여 그곳이 어딘지 물었고, 한국은행임을 알게 되자 커서 꼭 한국은행에서 일할 거라고 다짐하셨다고 한다. 아버지는 연세대학교 경영학과를 수석으로 졸업하신 후 산업은행에 입행하여 첫 출근을 하였을 때 어릴 적 그때 조부와의 기억을 떠올리셨고, 지금도 그 기억이 생생하다고 하신다.

악몽의 세월 그리고 '죽음의 세월' 속 조부

2년의 제헌국회의원 임기 동안 일하신 후, 2대 국회의원 선거에서 낙선을 하셨으나 당시 내무부장관을 하셨던 김효석 의원께서 이승만 대통령께 조부를 내무부차관으로 추천하겠다고 서울에서 기다리라고 하셔서 서울 지인 집에서 머물며 발령을 기다리던 중에 6.25전쟁이 터졌다. 고향에서는 제헌국회의원 가족이라고 잡히면 죽는다고 하여 내 아버지를 포함한 일가족 모두가 부산으로 피란을 갔다. 폐허가 된 고향집에 돌아오니 소백산과 지리산에 고립됐던 공산군 잔당들 때문에 자다가도 담을 넘기 일쑤였으며, 허름한 초가집에서 3년을, 또 남의 집 배밭에서까지 숨어 지내는 악몽 같은 생활을 했다. 그 이후, 6.25전쟁 당시 조부와 서울에서 같이 계셨던 분이 고향에 내려와 조부의 마지막 상황을 전해 주었다. 조부께서 머물렀던 집 주위의 북한군들과 서울 내부에 있는 좌익들이 조부를 여러 번 찾았으며, 어떤 사람이 와서 조부의 신분을 확인하고 갔다가 2, 3일 후에 다시 와서 조부를 끌고 간 후부터는 소식을 알 수 없었다고 했다. 서울에 있던 좌파들이 제헌국회의원이셨던 조부의 신원을 미리 파악했을 것으로 추측된다. 그때가 1950년 6월 말에서 7월 초경이었다고 한다. 그 뒤로 조부의 소식은 어떤 것도 알 길이 없다가, 1962년 『동아일보』에 연재된 「죽음의 세월」이라는 글에 납북 인사들의 생활상, 특히 온갖 노동에 시달리며 고생한 이야기가 상세히 나왔는데, 거기서 조부의 성함을 발견하게 되어 조부의 납북 사실과 살아 계심을 확인하게 되었다고 한다. 한여름에도 곡괭이를 휘둘러야 했고 목도를 메어야 했으며, 생전 시달려 보지 못한 거친 노동에 지쳐 곡괭이로 자기 발을 찍고 만 조부의 이야기를 나 또한 처음 글로 접했을 때 이것이 실화인지 소설인지 믿기지가 않았다. 그 이후 소식은 알 수가 없다가 1968년도에 발행된 『북한 총람』에서 조부께서 1956년 7월에는 재북 조국평화통일촉진협의회 중앙위원으로 계시다가 1958년 10월 함북 고무산노동자수용소로 추방되었다는 짤막한 글을 발견했다고 한다. 마지막으로 1980년 2월, 나의 큰아버지께서 미국 이민을 준비하는 과정에서 여권이 나오지 않아 확인해 보니 조부께서 북한에 살아 계셔서 신원 조회에 걸렸다고 하여, 가족은 그때까지는 조부께서 살아 계셨다는 확신을 가졌다.

추적과 증언의 노력, "아버님, 보고 싶습니다!"

"6.25전쟁 중 제헌국회의원 40명과 제2대 국회의원 27명(4명 중복)이 납북

됐다."는 2000년 12월 20일 자 『조선일보』 기사에 조부의 이름이 실렸다. 북한의 지속적인 요구에 의해 비전향 장기수는 북한으로 송환하면서 우리 자국민의 납북 문제를 북측에 거론조차 하지 않는 유감스러운 현실 앞에 유족들은 그들의 생사 확인과 유해 송환을 위한 국회와 정부 차원의 노력을 촉구했다. 하지만 내 아버지께서 애써 보낸 지난 세월의 추적과 언론사에 제공한 증언의 노력은 그 결과가 허무하기 그지없다. "미국 사람들, 보십시오. 전쟁 난 지 50년이 됐는데 지금도 땅 파면서 시신을 발굴하고 있는데, 돌아가신 분들은 차치하고라도 지금 어부들 잡혀간 사람들조차 못 데려오는 정부 아닙니까? 국민을 위해야 정부지, 정부가 이때까지 피랍인을 위해 무엇을 노력했냐는 말입니다."[2] 올해로 생이별 75년, 지금 내 아버지는 조부께서 돌아가셨다고 생각하신다. 그럼에도 조부의 무덤 흙 한 줌이라도 대한민국으로 가져와 그리워 못 잊고 사시는 고통 끝에 큰 지병으로 고생하시다가 눈을 감으신 내 할머니 옆에 모시고 싶다고 하신다. "아버님, 보고 싶습니다." 조부에 대한 내 아버지의 증언은 늘 애석한 그리움으로 끝을 맺는다.

기록되지 못한 건국 아버지의 헌신의 역사

조부를 기릴 길은 더 희미해져만 간다. 조부의 사랑을 많이 받았던 당시 14세였던 딸은 이미 너무 일찍 교통사고로 돌아가셨고 오랫동안 미국에서 생활했던 큰아들 역시 최근 돌아가신 지금, 너무 어렸던 내 아버지, 막내아들의 기억을 훑고 또 훑으며 미처 다 알지 못했던 조부의 역사의 조각들을 모아 본다. 6.25전쟁

2 이미일·김미영·김세연, 『한국전쟁납북사건사료집 1 ― 증언 자료, 실향사민신고서, 명부 및 문서, 활동 연표』(한국전쟁납북사건자료원, 2006)

이 발발한 후 가족이 부산으로 피란 갔을 때, 부산 소재 어느 국민학교 학부형들이 가족을 찾아와 점심을 대접해 주었다고 한다. 그때서야 조부께서 그 학교의 교장 선생님으로 일하셨다는 사실을 알게 되었다고 한다. 생존하기도 힘들었던 전쟁과 피란의 시절, 그 아픔의 기억은 그의 헌신의 역사를 더 움켜쥐지 못한 애석함이 더해져 가슴에 사무친다.

가족의 바람

한반도에 살던 한민족 모두의 바람이었던 광복과 자유 민주 체제를 바탕으로 하는 우리나라를 만들기 위해 노력하신 많은 분 중 한 분이 나의 조부셨다. 내 아버지는 조부를 사랑하셨고 존경하셨다. 그리고 조부의 나라 사랑이 대한민국에서 인정받는 날이 오기를 바라며 살아오셨다. 1948년 제정 이후 많은 인물에게 수여된 건국훈장 또는 대통령장, 독립장, 애국장 등과 같은 방법은 그들의 명예를 인정하는 귀한 선물이었다. 하지만 나의 조부와 같은 납북되신 비운의 유공자들에게는 이러한 명예가 인정되지 않고 있는 것으로 안다. 손녀인 나는 아직 내 아버지가 살아 계실 때 대한민국 정부가 이 일을 해 주었으면 하는 바람이 있다. 통일이 되기 전에 내 조부의 유해를 찾아 그를 그리워하셨던 내 할머님 옆으로 모시기는 매우 힘들다고 생각한다. 그렇기에 대한민국 정부가 지금 할 수 있는 일을 해 주기를 기대하고 소망한다. 아마도 하늘나라에서 그를 평생 남편으로 그리워했던 우리 할머니께서 조부의 목에 그 상을 달아 주시지 않을까 상상해 본다. "할아버지, 우리 후손이 당신을 기억합니다. 하늘나라에서 뵙겠습니다. 사랑합니다."

1 1945년 조부의 함양면장 시절. 조부의 어머니와 두 남동생, 딸, 큰아들

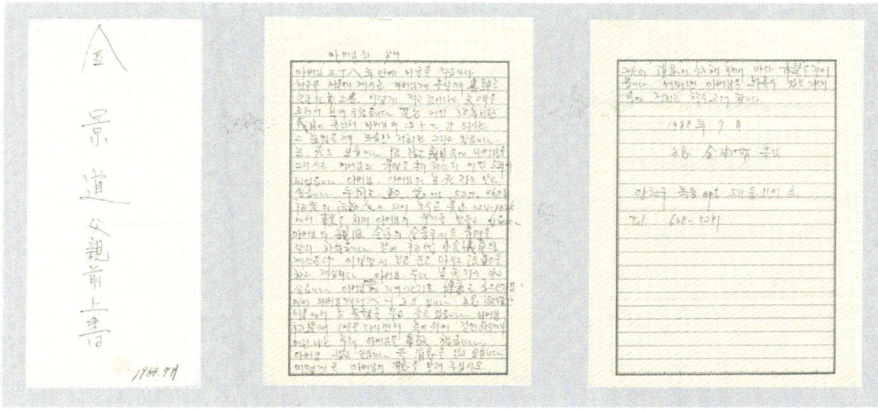

2 조부의 맏딸의 '아버님 전 상서'. 1988년 생이별 38년째 되던 해에 아버지를 그리워하며 작성했으나 살아생전 전달하지 못한 마지막 편지

3 조부를 기억하기 위해 그의 고향인 경남 함양의 할머니 산소 옆에 만든 가묘와 묘비

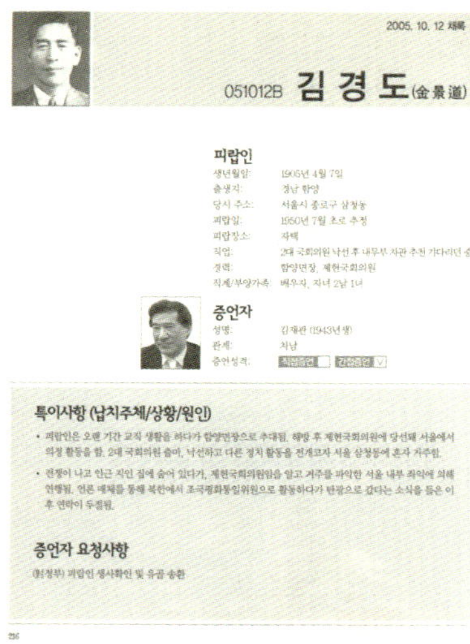

2005. 10. 12 채록

051012B 김 경 도(金景道)

피랍인

생년월일: 1905년 4월 7일
출생지: 경남 함양
당시 주소: 서울시 종로구 삼청동
피랍일: 1950년 7월 초로 추정
피랍장소: 자택
직업: 2대 국회의원 낙선 후 내무부 차관 추천 기다리던 중
경력: 함양면장, 제헌국회의원
직계/부양가족: 배우자, 자녀 2남 1녀

증언자

성명: 김재관 (1943년생)
관계: 차남
증언성격: 직접증언 / 간접증언 V

특이사항 (납치주체/상황/원인)

- 피랍인은 오랜 기간 교직 생활을 하다가 함양면장으로 추대됨. 해방 후 제헌국회의원에 당선돼 서울에서 의정 활동을 함. 2대 국회의원 출마, 낙선하고 다른 정치 활동을 전개코자 서울 삼청동에 혼자 거주함.
- 전쟁이 나고 인근 지인 집에 숨어 있다가, 제헌국회의원임을 알고 거주를 파악한 서울 내부 좌익에 의해 연행됨. 언론 매체를 통해 북한에서 조국평화통일위원으로 활동하다가 반광으로 갔다는 소식을 들은 이후 연락이 두절됨.

증언자 요청사항

(북정부) 피랍인 생사확인 및 유골 송환

236

4 내 아버지의 증언을 바탕으로 작성된 조부의 납북 기록(『한국전쟁납북사건사료집 1』, 2006. 9.)

03

제헌국회의원

김광준

빛 광(光) 자 준걸 준(俊) 자

김관호 | 아들[1]

저의 아버님, 빛 광(光) 자 준걸 준(俊) 자 쓰시는 김광준(金光俊, 1915~1971) 선생은 의성(義城) 김(金)씨 문절공파(文節公派)로서 시조 할아버지로부터 33세손(世孫)이시고 1915년생이시다.

이분은 20대 초 일본 중앙대학교 재학 시절에 당시 조선 변호사 시험과 일본 고등고시 사법, 행정 양과에 합격하셨고, 나주군수 시보 중 광복을 맞았다. 미군정에서 춘천경찰서장을 하셨고, 미군정과 대한민국 개국 초에 대한민국 4대 천재(『조선일보』 1977년 3월 15일 자 게재) 중 한 사람으로 이름을 날리셨으며, 울진군에서 제헌국회의원에 당선되셔서 제헌국회에서 헌법기초위원을 하셨고, 또 2대와 5대 국회의원을 하셨다.

3대와 4대 때에는 이승만 정권의 부정 선거로 낙선하신 것은 세상 모두가 아는 바이고, 장남인 본인이 어렸을 때부터 여기저기서 들은 얘기로는, 아버님 선거 운동 하시던 분들을 하도 잡아넣어 경찰서 유치장이 가득 찼다고 한다. 장남인 내가 80이 넘고 보니, 이런 얘기를 하시던 분들이 거의 모두 돌아가셨다.

---

1 고려대학교 법과대학 법학과 졸업 후 한국상업은행(현 우리은행)에서 1998년 지점장으로 퇴직하기까지 30년 금융 외길을 걸었다. 1999년~2002년 한국원자력문화재단(현 한국에너지정보문화재단) 전문위원, 2003년~2024년 KH경영컨설팅 대표를 역임했다.

5.16군사정변 이후, 초기에는 박정희 정권의 정치 참여 금지로 변호사로 지내시다가, 박정희 정권의 회유로 당을 바꿔 출마하셨다가 낙선하셨고, 그 후 선거에서 매제인 오준석(吳俊碩)이 선거구를 차지하고, 매제 편을 드는 동생 김명윤(金命潤)의 행동을 보고 크나큰 배신감을 느끼시기도 하시다가 55세의 이른 나이로 1971년 2월 24일에 돌아가셨다.

이분은 어렸을 때부터 울진군에서 천재로 이름을 날리셔서, 울진군 내에서 사방 백 리에 남의 땅을 안 밟고 다니실 정도로 큰 부자이신 울진읍 말루의 유문종 씨(유영국 화백의 아버님. 저의 외할아버님)의 막내사위가 되어 일본 중앙대 유학을 하셨고, 아내가 40마지기의 지참금 전답을 가지고 와서 그 지참금으로 형제자매들은 원하는 대로 공부할 수 있었고, 특히 똑똑한 동생은 대구상고를 졸업하고 금융조합에 다니다가 경성제대 법대를 다니게 되었다.

아버님은 만 31세에 제헌국회의원, 거기에 헌법기초위원을 하셔서 매사에 오직 국가와 민족밖에 없으셨고, 남의 눈치 안 보고 바른말만 하셨다. 국회 속기록에 나타난 것을 보면, 이승만 대통령이 "6.25 부역자 중 많은 사람이 빨갱이"라고 빨갱이로 처리하려 했을 때 "그들을 빨갱이라고 하는 이승만 대통령이 되려 빨갱이"라고 발언하셨을 정도이며, 또 이승만 정권이 이분을 자기편으로 돌리려고 고등 고시 출제위원을 계속 시켰고, 어느 대학 재단을 준다고 했는데도 거절하셨다고 말씀하셨다.

이분은 가족의 삶은 안중에도 없으셨다. 국회의원 하셨을 때도 가족이 국회의원 자동차 타 본 기억이 없고, 집에는 고향분들과 그 자제분(이분 집에서 서울에 있는 대학을 다니셨다.)들이 와 계셔서 여관 같았다.

국회의원에 낙선하셨을 때는 학비도 못 대 주시는 경우가 왕왕 있었고, 봉지쌀을 사다 먹은 기억도 제법 많다. 그리고 장남이 철들고부터도 이사한 것이 열 번은 넘는 것 같다. 불의와 타협하지 않고 늘 국가와 민족만 생각하다 보니, 돌아가실 때 남기신 것은 장마 때가 되면 물이 10cm 이상 차올라서 마당은 물론 부엌 아궁이까지 잠기고 마당 물속에 관상용 실지렁이가 여기저기 무더기로 움직여 클로로칼키 한 병을 사다 뿌린 기억이 있는 전셋집밖에 없었다.

이분은 오로지 국가와 민족밖에 없어, 국가의 간성이 될 수 있는 똑똑한 동생에 대한 생각도 대단하셨다. 1.4후퇴 부산 피란 시절 당시에 초등학생이던 장남에게 부산까지 밀리면 똑똑한 동생 하나 데리고 일본으로 가시겠다고 말씀하셔서, 그 당시 어린 나이에도 섭섭했던 기억이 아직도 머릿속에 있다.

장남은 중고등학교 시절에 반 1등, 전교 1, 2등을 했는데, "왜 전교 1등이 아니냐."라며 더 열심히 하라는 얘기만 들었고, 군 신체검사 시 눈이 아주 나빠 사법시험 공부하게 군 입대를 빠지게 해 달라고 했더니 "모두 가는 군대를 너는 왜 빠지려고 하느냐."라는 질책만 받았다. 그리해서 사법 시험을 포기하고, 상의 없이 금융 기관에 들어갔고, 재직 중 입대하였다.

이분이 돌아가셨을 때 장남은 은행 4년 차 행원이었고 막내는 대학 입학을 해야 할 때인데, 친척들 간에 "국회의원을 3번씩이나 하신 분인데 재산이 그렇게 없을 리가 없다."라는 괴소문이 나서 형제들 사이가 안 좋았다.

이분은 국회의원 선거를 준비하던 중에 돌아가셨는데, 장남은 국회의원 출마를 권유받고 심각하게 고려해 봤지만 현직에 계신 고모부, 작은삼촌의 큰 반대 등으로 출마를 포기했던바, 인생을 회고하던 중 가장 큰 기회를 인정 때문에 포기한 것이 아니었던가 한다. 그 당시에는 이와 같은 경우(작고한 부친을 대신해 아들이 출마)가 있었고, 모두 당선되었었다.

장남은 이제 80을 넘겼다. 돌아보건대, 늘 바르게 행동하려고 노력했고, 공정하려 했으며, 그러다 보니 사적으로도 되갚을 능력이 안 되면 안 받으려고 했고, 부탁 안 하고 실력으로 인정받으려 했다. 직장에서도 상관이 아닌 직장을 위해 일하다 보니 실력은 인정받았지만, 결과적으로 일만 하고 승진이 늦었던 것은 이분의 영향이 아닌가 싶다.

한번은 직장에서 전국 400여 개 점포 중 1등을 하고, 그 당시 김영삼 대통령의 오른팔 왼팔 하는 작은삼촌에게 처음으로 임원 승진 부탁을 했지만, 다른 사람을 대신 보내 "친삼촌이 맞느냐?"라는 얘기를 들어 더욱 그러하게 되었다.

장남인 필자가 필부의 아들이었다면 자존심은 감추고 부드럽고 모나지 않게, 둥글게 둥글게 해서, 개인적으로는 좀 더 잘살지 않았을까도 생각하지만, 그래도 우리나라에 이 분(빛 광 자 준걸 준 자 김광준 선생)과 같은 분들이 우리 지도자 중 조금 더 있다면, 이 나라가 훨씬 더 나아졌지 않을까 생각한다.

1　대학생 시절(왼쪽에서 세 번째)

2　미군정 당시 춘천경찰서장 시절
(앞줄 가운데)

1977.3.15.

(3) 12版 第17211號

国会議員 ①

무언가 다른 저마다 「한가락」

논두렁 精氣

特長

執念살릴 時運도 따라야

名聲·財力·後光등 다양해

3 『조선일보』 1977년 3월 15일 자

4 제헌국회의원 헌법기초위원(뒷줄 왼쪽 끝)

04

제헌국회의원

김교중

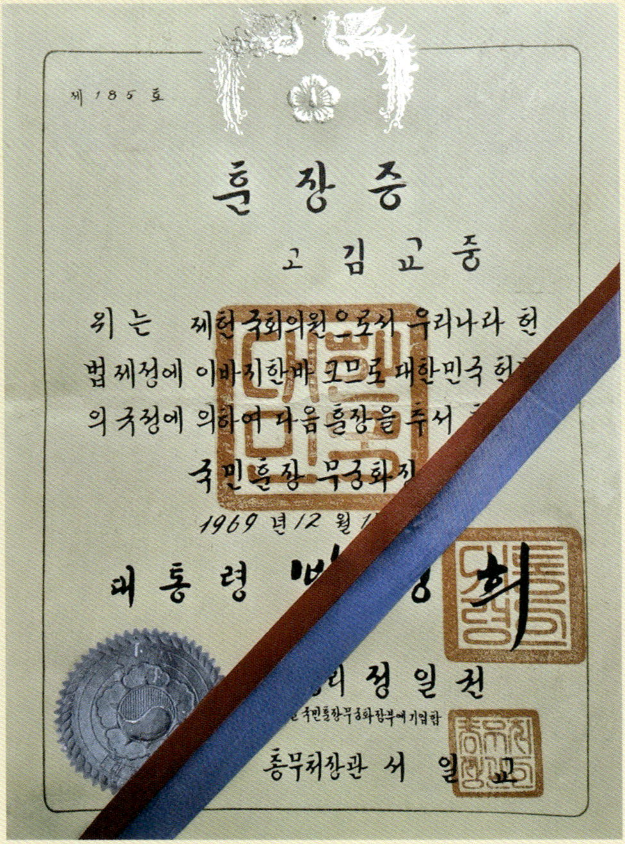

제 185 호

훈 장 증

고 김 교 중

위는 제헌국회의원으로서 우리나라 헌
법제정에 이바지한바 크므로 대한민국 헌
의 규정에 의하여 다음 훈장을 주서

국민훈장 무궁화장

1969 년 12 월

대통령 박 희

리 정 일 권

국민훈장무궁화장부에 기입함

총무처장관 서 일 교

잊어서는 안 될 전쟁의 기억

김정훈 | 증손자[1]

김교중(金敎中, 1911~1950) 의원, 1949년 1월 13일 대동청년단 소속으로 제헌국회의원 보궐 선거에서 당선, 1950년 6.25전쟁 중 북한군에 의하여 피살[2], 국회 본회의 발언 7건[3]. 나의 증조부이자 제헌국회의원이셨던 김교중 의원에 대해 내가 아는 공식적인 기록은 이게 전부이다. 살아생전 모습을 담은 사진 한 장 남아 있지 않고[4], 증조부를 직접 기억하는 가족은 이제 모두 고인이 되었다. 우리 가족에게 남아 있는 것은 증조부 사후에 수여된 빛바랜 훈장 하나뿐이다.

증조부의 구체적 행적에 대한 기록이나 이야기가 많이 남아 있지는 않지만, 1950년 6.25전쟁 당시 벌어진 혼란의 와중에 어떻게 돌아가시게 되었는지에 대해서는 가족의 기억과 주변인의 증언이 비교적 선명하게 남아 있다. 그중 내가

---

1 서울시립대학교를 졸업하고 같은 학교 세무전문대학원에서 석사 학위 취득 후 박사 과정을 수료하였다. 2015년 세무사 자격 취득 후 예일세무법인, Deloitte 안진회계법인을 거쳐 현재 비앤에이치 세무법인 이사로 재직하고 있다. 주로 대기업 상장사들을 대상으로 한 세무 자문 업무를 수행하고 있다.

2 한국민족문화대백과사전 https://encykorea.aks.ac.kr/Article/E0075944

3 국회 회의록 빅데이터, 2025. 04. 21. 최종 방문, https://dataset.nanet.go.kr/ 각 국회의원의 발언 내용을 데이터베이스에서 검색하여 찾아볼 수 있다. 당시 제헌국회의원들의 발언들도 기록으로 모두 남아 있다.

4 그나마 확인할 수 있는 것은 국회 데이터베이스에 있는 증명사진 하나뿐이지만, 1960년대 이후일 가능성이 있어 본 글에는 수록하지 않았다.

알고 있는 것은, ① 내가 어릴 때 할아버지(김진석)[5]께서 해 주신 이야기와, ② 작은할아버지(김진철)의 절친한 학창 시절 친구분이 남긴 회고록[6]에 실린 몇 대목이다.

1950년 6.25전쟁 발발 당시 증조부는 고향인 무주에 내려와 계셨다고 한다. 전쟁 발발 후 북한군이 무주를 점령했지만 증조부는 피란을 가지 않고 고향에 남아 계셨다고 한다. 당시 많은 이들이 피란을 위해 부산으로 남하했지만, 증조부는 자신이 정치인이기는 해도 누구에게 해를 끼친 일은 없었기 때문에 별다른 피해를 입지는 않을 것이라 자신하셨다고 한다. 그러나 예상과 달리 지역 내 공산당에 협조적인 누군가가 증조부의 소재를 밀고하였고, 그로 인해 인민군에게 체포되어 전주형무소에 수감되었다고 한다.

당시 증조부의 구명을 위해 할아버지는 작은아버지(즉, 증조부의 동생)와 당시 조선노동당 전북도당의 고위 간부였던 가까운 친척을 찾아갔다고 한다. 그 인물이 같은 집안 사람이었기 때문에 일말의 가능성을 기대했던 모양이다. 그러나 하필이면 그날 그는 자리를 비워 면담이 성사되지 못했고, 증조부를 구명하기 위한 할아버지의 노력은 실패로 돌아갔다고 한다. 여담으로 할아버지의 회상에 따르면, 그 과정에서 작은아버지가 앞장서서 아무 문제 없을 것이라고 큰소리쳤지만 막상 인민군 앞에서는 덜덜 떨며 아무 말도 하지 못했다

5 1931년생으로 당시 집안의 장남이셨다. 2020년 8월, 90세를 일기로 노환으로 돌아가셨다. 3살 때부터 성인이 될 때까지 할아버지와 할머니께서 나를 키우셨는데, 생전 할아버지께서는 항상 나에게 증조부에 대한 이야기를 해 주셨다.

6 당시 저자가 대학을 다니다가 6.25전쟁 때 겪은 사건들을 서술하고 있다. 배재직, 『아무리 오랜 세월이 흘렀기로 — 어느 무명인의 6.25 회고록』(라온북, 2013) 참조.

고 한다.[7]

이후 증조부는 전주형무소에 수감된 상태로 인천 상륙 작전 이후 북한군이 퇴각하면서 그들에 의해 재판도 없이 처형당하셨다고 한다. 당시 인민군은 고위 수감자들을 사살한 후 시신을 산에 유기하고 도주했는데, 이들은 대부분 지역 유지, 공직자, 경찰 등 이른바 '반동분자'로 분류된 사람들이었고, 무주와 인근 지역의 인사들도 상당수 포함되어 있었다고 한다. 우리 가족을 포함한 수감자들의 유족들은 산속에 쌓여 있는 시체들 틈에서 각자 가족의 시신을 찾아 수습해야 했다고 한다. 가족들은 산속을 헤매며 어렵사리 증조부의 시신을 찾았고 유해는 화장한 후 고향인 무주 인근에 뿌렸다고 한다. 증조모께서는 당시 무더기로 쌓여 있던 시체들이 썩는 냄새를 잊지 못해 평생 담배를 피우셨다고 한다.[8]

작은할아버지의 친구분이 남긴 회고록에도 이 과정이 상세히 묘사되어 있다. 회고록에 따르면, 저자는 전쟁 발발 당시 서울에 머무르고 있었던 작은할아버지의 부탁을 받아 증조부께 반드시 남쪽으로 피란을 가야 한다는 뜻을 전했다고 한다. 당시 저자로부터 전언을 들은 증조부는 곧 피란을 가겠다고 답했다 한다. 그러나 증조부께서는 그 약속을 지키지 못하시고 결국 인민군에 체포되신 후 인민군의 철수 과정에서 전주형무소에서 피살되셨다고 한다.[9] 그리고 증조부께서 피살당하신 후 우리 집안의 가세는 급격히 기울었고, 당시 할아버지와

---

7 당시 할아버지께서는 웃자고 이야기하신 에피소드이기도 했지만, 같은 집안 내에서 한 명은 민주주의 국가의 국회의원이었던 반면, 다른 한 명은 공산당의 고위 간부였다는 점이 아이러니하게 다가왔다.

8 증조모는 내가 11살 때인 2001년 여름, 94세를 일기로 돌아가셨다. 나의 어릴 때 기억에도 증조모께서는 늘상 담배를 태우고 계셨는데, 이 이야기를 듣고서야 증조모께서 평생 담배를 태우시게 된 이유를 알게 되었다.

9 왜곡을 피하기 위해 원문을 인용하였다.

형제들은 학업을 중단하고 모두 생계에 뛰어들었다고 한다.

> 시골 농촌에서는 이름만 알고 있으면 동네 사람이 모두 알고 있으므로 그 집을 찾는 데는 별문제가 없었다. 그 집의 바깥사랑채에 혼자 계시는 그분을 찾아뵐 수가 있었다. 그분을 가까이서 뵙는 것은 처음이었다. 허름한 삼베 중의적삼을 입은 촌노 차림이었으나 당장에 알아볼 수가 있었다. 40대 중반쯤 되어 보이시는 그 어른에게 큰절을 하고 진철 군과는 이곳 중학교의 동창이고 서울에서 진철 군과 같이 지내다가 서울에서 지금 내려오는 길이라고 하니 어두운 얼굴이었다가 반기시는 기색이 역력했다. 금세 밝은 얼굴이 되더니 진철 군의 어머니, 형님 등의 안부를 물으셨다.[10] (중략)
> 김진철 군의 부친인 김교중 의원이 전주형무소에서 그들에게 피살되셨다는 것이다. 나는 내 귀를 의심했다. 그럴 리가 없는데……. (중략) 진철 군의 소식을 물으니 인공시대가 끝나갈 무렵에 서울에서 내려왔는데 아무하고도 만날 형편이 안 되어서 여기저기 은둔하다가 그들이 철수한 후 곧 전주로 달려갔으나 참변을 당한 후라 시신을 수습해 왔으나 그들이 철수하면서 죽은 사람이 적은 숫자가 아니라 조용하게 가족장으로 장사를 지낸 것 같단다. 그 후로는 일체 두문불출하고 찾아오는 이도 만나지 않고 있단다. (중략) 그리고 또 들으니 이곳 군수를 지내던 유택열 씨도 김교중 의원과 같이 참사를 당하셨다고 한다. 그 외에도 전쟁 이전에 무주에서 내로라하던 인사들 여러 명이 전주형무소에 수감되어 있다가 모두 참살당했다고 한다.[11]

그러나 이러한 비극이 우리 집안만의 일은 아니었다. 윗글의 저자는 증조부 외에도 무주 지역 내 수많은 우익 인사들이 전주형무소에서 '참살'당하였다고

---

10 배재직, 앞의 책, pp. 209~210.

11 배재직, 앞의 책, p. 312.

기술하고 있다.[12] 진실·화해를위한과거사정리위원회(이하 '진실화해위')의 2009년 보고서에 따르면, 약 1000명 정도가 6.25전쟁 중 북한군의 철수 과정에서 희생되었다고 한다.[13] 누군가의 아버지이자 아들, 그리고 남편이었던 증조부의 죽음은 전쟁을 겪은 수많은 가정의 공통된 역사였던 것이다.[14]

> 미육군범죄수사단 조사 결과(KWC)와 『6.25사변 피살자 명부』 등 문헌 자료 조사와 참고인 면담을 통하여 1950. 9. 26.~9. 27. 양일간 전주형무소에서 인민군 102경비연대, 전주형무소장 이하 간수, 내무서원, 지방 좌익에 의해 '반동분자'로 규정된 우익 인사 1000여 명이 희생된 것으로 판단되며, 같은 시기에 전주 소재 장로교신학병원(현 전주예수병원) 근처 채석장, 완주군수 사택 안마당 방공호, 천주교회 앞 방공호 등에서 60명 정도가 희생된 것으로 판단된다.[15]

즉 당시 우리 집안에 닥친 증조부의 죽음은 전쟁이라는 참화 속에서 동시대를 살아간 수많은 이들이 겪은 보편적인 비극 중 하나였다. 가족이 감내해야 했던 상실과 고통은 이념의 충돌과 전쟁이 남긴 깊은 상흔을 보여 주는 사례이기도 하다.

올해 6월 25일은 6.25전쟁 발발 75주년이 되는 날이다. 오랜 시간이 흐르며

---

12 저자는 책에서 자신과 자신의 주변 사람들은 모두 6.25전쟁으로 인해 인생의 방향이 "나쁘고 험악한 방향"으로 흘러갔다고 한탄한다.

13 회고록을 작성하면서 당시 진술을 교차 검증하기 위해 당시 사건과 관련된 기록들을 찾아보았다. 할아버지께서 진술하신 당시 사건은 진실·화해를위한과거사정리위원회(이하 '진실화해위')의 진실 규명 대상으로 기록된 '전주형무소 등 전주 지역 적대 세력에 의한 희생 사건'과 관련된 것으로 추정된다. 원문은 진실화해위 홈페이지(https://jinsil.go.kr)에서 확인할 수 있다. (진실화해위, 「전주형무소 등 전주 지역 적대 세력에 의한 희생 사건」, 『2009년 상반기 조사 보고서』(2009), pp. 137~163.)

14 전쟁 과정에서 남북한 양측 민간인 피해는 약 249만 명에 달한다고 한다. (국가기록원, 전쟁 피해 통계 자료)

15 진실화해위, 앞의 보고서, p. 64.

증조부를 직접 기억하는 가족도 대부분 세상을 떠났고, 전쟁의 참화를 직접 겪은 세대 또한 이제는 소수만 남아 있다. 증조부에 대한 기억이 희미해져 가듯, 전쟁이 남긴 비극도 점차 사람들의 기억 속에서 사라지고 있는 듯하다.

이 글이 제헌국회의원이었던 증조부를 기억하고, 전쟁의 경험을 다시 성찰하여 같은 비극이 반복되지 않도록 하는 교훈을 환기하는 작은 기록으로 남기를 바란다.

> 제가 방금 소개받은 김교중이올시다. 세칭 산간벽지의 대명사적 존재와 성격을 띤 무주 구천동에서 출생하고 그 선거구에서 선출되었읍니다. 이같이 저 본시 천학비재하고 보시는 바와 같이 비능장신(痺能長身) 아무것도 취할 것 없는 인물입니다마는 단지 열과 성을 신조로 하여 저의 담당한 책임과 저의 부과한 임무를 다할 것을 이 자리에 맹세합니다. 바야흐로 국회 진행 도중에 돌입한 바가 되어 의사진행에 전후가 생소하고 진실로 초보이요 제1학년입니다. 다행히 선배 의원의 주의와 간곡하고 친절하신 교도와 사랑으로 말미암아 앞으로 저의 임무를 다하고자 합니다. 간단히 인사 말씀 한 것이올시다.

1 **보궐 선거 당선 후 국회 본회의 중 발언 내용**
(국회회의록 빅데이터 https://dataset.nanet.go.kr)

2 증조부께서 사후 수여받으신 국민훈장 무궁화장

3 증조부의 이름이 적힌 국민방위군 6.25 무주 수복 공적비
(국가보훈부 현충 시설 정보 서비스 http://mfis.mpva.go.kr)

05

제헌국회의원

김덕렬

75년 만에 쓰는 망부가(望父歌)

김현주 | 딸

나는 1937년생이다. 어린 시절을 떠올리면 풍요로웠던 기억으로 채워지고는 한다. 아버님과 어머님 두 분 다 지주 집안의 부잣집 자제들이어서 집에는 일을 거드는 사람도 많았고 부족함이 없었다. 일제강점기 시절이었던지라 일본식 교육을 받으며 입학했다. 당시에는 초등학교(당시 명칭은'국민학교'였다.) 다니는 것만 해도 대단한 일이었다. 초등학교도 시험을 치러서 통과해야 입학할 수 있었고 월사금을 내려면 어느 정도 집안 형편이 뒷받침되어야 했기 때문이다. 입학 전 시험은 이런 식이었다. 여러 개의 동물 그림이 그려져 있고 그 동물들의 이름을 일본어로 적어야 하는 필기시험, 그리고 이름이나 학교생활의 각오 등을 일본어로 물어보았던 면접시험이 있었다. 어린 나이치고는 일본어를 꽤 잘한 편이어서 입학을 할 수 있었는데 이 입학시험을 통과 못 해서 재수 삼수를 했던 아이들이 태반이어서 동기들은 거반 나보다 나이가 3~5살 정도 윗길이었다. 당시에는 초등학교 때도 이렇게 일본어를 철저히 주입시켰다는 사실을 알리고자 적어 본다.

초등학교 2학년 무렵 8.15광복을 맞았다. 그날을 또렷이 기억한다. 일본인 담임 선생님이 울면서 교실로 들어와서는 "오늘은 이대로 집에 가도 된다."라고 말하며 귀가를 시켰다. 분위기가 생경해서 이상했는데 아이들끼리 웅성거리며 교문을 나서자 거리에서, 골목에서 사람들이 뛰쳐나와 만세를 외치던 그날이 우리가 광복을 맞이한 날이었다.

내가 태어났을 무렵, 아버지 김덕렬(金德烈, 1910~미상) 선생은 일본에서 수학 중이었고 1940년에야 학업을 마치고 귀국하셨다고 한다. 그러고는 곧바로 경기도 양주군 주내면장으로 취임하셨다. 귀국한 지 얼마 안 된 30대 초반의 젊은이가 면장을 할 수 있었던 배경에는 아무래도 집안이 오랫동안 양주 일대의 유지였다는 점이 작용했을 것이다. 면장 시절 아버님의 가장 큰 업적은 '주내역(현 양주역)'을 만드신 것이었다. 주내면에는 철도는 통과했지만 역이 없어서 기차를 타려면 사람들이 철길 옆에 서서 손을 흔들어서 세워 타고는 했다. 버스랑 다를 바가 없었다. 불편하고 위험하기도 했으리라. 아버님이 이리저리 뛰어다니면서 작업을 한 끝에 주내역이 세워지자 역사 앞에 이를 기념하여 공덕비가 세워졌다고 한다.

초등학교 4학년 때인 1948년, 학교에서 공부하고 있는데 담임 선생님이 웃으시며 "현주야, 너의 아버님이 국회의원이 되셨다."라고 전해 주셨다. 어린 나이라 그게 뭔지 잘 몰랐는데 학교에서 돌아오는 길 이곳저곳에서 아버님의 이름이 쓰인 현수막이 나부끼고 사람들이 함성을 지르며 행진하고 있었다.

사실 글을 쓰면서 기억들이 많이 흩어져서 여느 때는 선명히 피어나던 어린 시절 장면과 기억들이 막상 떠올리려고 하면 흐린 안개처럼 막연하다. 답답한 노릇이다. 아버님은 첫째 딸인 나를 무척 귀여워하시고 아끼셨는데 예절 교육만큼은 철저히 시키셨다. 집에는 머슴들도 있고 소작농들도 수시로 드나들고는 했는데 아버님은 나를 통해 이들을 부르실 때도 꼭 “아무개 좀 오시라고 해라.”라고 존대말을 붙여 말을 건네셨다. 아이들은 어른의 말을 곧이곧대로 옮기니 행여라도 “오라고 해라.”라고 했을 때 아랫사람일지라도 하대하는 인상을 줄까 봐 경계하셨던 것이다.

아버님은 양주 갑구에서 제헌국회의원에 당선되신 후부터는 주말까지는 서울에서 의원 일을 보시고 토요일 저녁이 되어서야 양주의 본가에 내려오셨다가 다시 월요일이 되면 서울 길을 나서셨다. 서울 삼청동에 고종사촌들이 살고 있어서 평소에는 그 댁에 머무르셨다. 주말마다 집에 들르는 꾸준한 행보가 쉽지 않았을 터인데 이제 와 떠올리니 가정적인 면모가 돋보이셨다는 생각이 든다. 이듬해인 1949년에 아주 좋았던 기억으로는 중앙청 견학이 있었다. 삼청동에 있던 고종사촌들이 졸라서 이루어진 이벤트였는데 손을 잡고 중앙청을 향해 쫄랑거리며 가다가 아버님이 홀연 다른 곳으로 이끄셨다. 어린 눈으로 보기에도 웅장한 그곳에서 어떤 어른을 만났는데 아버님은 “인사드려라. 이승만 대통령이시다.”라고 말씀하셔서 깜짝 놀랐다. 그곳은 바로 경무대였던 것이다. 옆에는 프란체스카 여사도 계셨다. 당시 사람들은 프란체스카 여사를 전부 ‘호주댁’이라고 불렀다. 호주에서 왔다고 붙여진 명칭인데, 나중에 알고 보니 프란체스카 여사는 오스트리아 출신이어서 무언가 잘못 알려진 사실이 그대로 통용되었구나 싶었다. 경무대를 나올 때 호주댁은 나에게 인형을 선물하면서 “잘 가요, 아가.”라고 또렷한 한국어로 작별 인사를 해서 또 한 번 놀랐다. 사람들은 프란체스카 여사가 한국어를 전혀 못 하고 오만하다는 말들이 있어서 나도 그런 줄 알고 있었는데 막상 그날 본 프란체스카 여사는 간단한 한국어를 구사할 수 있었을 뿐만 아니라 다정다감한 인상이었기 때문이다. 그리고 나한테 인형도 선물했으니까.

1950년이 되자 4월에 다시 국회의원 선거가 있었는데(당시 제헌국회의원 임기는 2년이었다.) 이번에는 아버님이 낙선하셨다. 그리고 6월 25일이 되었다. 아침부터 소란한 기색이 있더니 근심스러운 표정으로 서성대던 아버님이 잠시 동네 번화가에 나갔다 들어오셨다. 아버님은 어머니와 이야기를 나누시더니 곧 우리에게 여기는 위험해졌으니 오빠를 따라 전부 서울 삼청동으로 가서 피해 있으라고 하셨다. 아마도 라디오나 다른 수단을 통해 모종의 소식을 접하신 듯했다. 아버님은 이미 전부터 양주 일대의 좌파들에 의해 공식적인 인민의 적이 되어 있던 상황이었다. 몇 개월 전에는 동네 커다란 나무에 동아줄이 여러 개 걸려 있었는데 여기에 인민의 적을 처단해서 목을 매달 거라는 방이 돌아다녀서 경찰이 수사를 하기도 했었다. 그 인민의 적 중의 하나가 아버님이었다. 아버님은 그날로 피신을 결정하시고 따로 몸을 움직이셨고, 어머니를 비롯해서 남은 우리 가족(5남매)은 미숫가루만 챙긴 채 서울을 향해 피란길을 나서야 했다. 큰길을 피해 며칠을 산길로만 행군하여 삼청동으로 갔다. 잠은 산속 나무에 기대어 자고 밥은 미숫가루가 전부였다. 어차피 쌀이 있었다고 해도 마찬가지였을 것이다. 아버님과 우리 가족은 이미 지명 수배자나 마찬가지였으므로 사람 사는 집을 찾아갈 수도 없었고 불을 피워 밥을 해 먹을 수도 없었기 때문이다. 갖은 고생을 하며 아버님이 기거하시던 삼청동 고모 댁을 찾아왔지만 청천벽력 같은 소리를 들어야 했다. 바로 전날, 인민군이 찾아와서 우리 가족을 찾았다는 것이다. 결국 우리는 삼청동에 머무르지 못하고 고모가 소개해 준 움막에 기어

들어 가 며칠을 보내야 했다. 제대로 먹지 못해 무척 배고팠을 텐데 이상하게 굶주림에 대한 기억은 별로 없다. 조바심과 극에 달한 불안한 감정만이 지금까지도 남아 있다. 그렇게 며칠이 지나자 숨어 있던 움막으로 아버님이 찾아오셨다. 아버님 얼굴을 뵌 것만으로도 기쁘고 또 기뻤다. 우리는 남쪽으로 향하고자 급하게 피란길을 다시 서둘렀지만 이번에는 노량진 다리가 폭격기의 폭격으로 무너지면서 남쪽 행렬이 좌절되고 말았다. 다시 몸을 비빌 곳이 없어졌다. 이번에는 아버님이 어떤 집으로 우리를 이끌고 가셨다. 국회의원 식당에서 밥을 해 주시던 분의 집이라고 들었다. 우리는 그 집 마구간에서 머물렀다. 냄새나 더러움은 전혀 문제될 것이 없었다. 아버님은 밖에 나가 동향을 살피시고 소식을 구하면서 며칠에 한 번씩 우리한테 오시고는 했다. 국회의원 몇 분과 같이 모여서 탈출 방법을 계속 모색 중이라고 하셨다. 아버님을 만날 때는 산기슭이나 어두운 개천가에서 보고는 했다.

그렇게 두어 달이 지난 9월 5일, 이날을 잊을 수가 없다. 왜냐하면 이날부터 아버님은 우리 곁으로 오시지 않았으니까. 늦어도 삼 일에 한 번씩은 들리셨는데 벌써 며칠이 지나도록 소식이 없었다. 답답해진 오빠가 알아보겠다고 나가더니 한나절이 지나서야 돌아와서 전하는 말이 "자주 보던 국회의원 모 아무개의 소개로 아버님을 비롯한 의원들 몇 분이 차를 타고 간 뒤부터 소식이 없다." 라는 전언이었다.

이렇게 허무하게 아버님을 떠나보냈다.

서로 간의 작별의 말, 당부의 말 한마디도 남기지 못한 채 말이다.

그게 제일 가슴에 남는 슬픔이다.

올해로 벌써 아버님을 뵙지 못한 세월이 75년. 내 나이 열네 살 때였다.

그 긴 세월 제대로 적지 못한 아버님을 향한 그리운 망부가를 이번 기회를 통해 이렇게 적어 보낸다.

1 제헌국회의원 단체사진 속의 김덕렬 의원(↙ 표시)

2 김덕렬 제헌국회의원 공적비(주내면장 시절의 공덕을 기린 공적비로 현재 양주 관아지 입구 소재)

06

제헌국회의원

김영기

1984년 일흔아홉 되던 해

대한민국 정통성의 상징

제헌국회의원의 실체 모습[1]

김진현 | 아들[2]

5.10 제헌국회의원 선거 풍경

5.10 선거 당시 나는 중학교에 막 입학한 중학생이었습니다. 안성공립국민학교를 졸업하고 그해 봄 서울의 양정중학교를 들어갔습니다. 그때 선거 풍경은 참 단순하고 원시적이었습니다. 선거 사무소가 따로 없었고 안성 읍내에 있는 우리 집 행랑, 사랑방이 선거 사무소였으며, 우리 집 마당은 원래 배추, 무를 기르는 밭이었는데 거기에 그냥 가마니 깔고 운동원들이 모이는 것이었습니다. 아침 일찍 사람들이 모이고 어머님과 부인들이 부엌에서 손수 만든 주먹밥 하나씩 싸 주면 그걸 들고 선거 운동을 나갔다가 저녁이 되면 다시 모였습니다. 그야말로 주먹밥, 요새같이 달걀, 쇠고기, 닭고기가 든 도시락이 아닌 진짜 주먹밥…….

---

1 2008년 제헌국회의원유족회의 첫 출판물인 『고난의 역정을 아버지 곁에서 보다』에 실린 필자의 글, 「대한민국의 정통성 체험 – 제헌국회의원과 가족의 삶과 기억」 중 2, 3, 4장 pp. 8~16을 축약하였다.

2 제헌국회의원유족회 창립 회장으로서 대한민국역사박물관 건립위원장, 신간회기념사업회 창립 회장, 제13대 과학기술처 장관, 한국경제신문 회장, 서울시립대 총장, 문화일보 회장 등을 역임한 바 있다.

나의 아버지 김영기(金英基, 1905~1989) 선생은 본격적인 회고록이 없으시고 1984년에 자비로 『소석여적』이란 글 모음집을 출간하셨습니다. 거기 '정당과 파란은 동반자냐'라는 제목의 글에서 제헌국회의원 선거 출마의 배경과 풍경의 일부를 엿볼 수 있는 대목이 나옵니다.

> 한독당이 선거에 불참하게 되니 군당위원장인 나로서는 선거에 참여할 체면이 없어 모든 것을 체념하고 있던 중, 여러 노장층 친우들의 권고와 당 동지 30여 명이 3일간이나 회동, 나에게 출마를 강요하기에 중앙당의 의견이나 더 한 번 타진하려고 상경한 틈에 나의 인장을 새겨서 소속은 국민회로 하여 입후보 계출을 해 놓은 까닭에 동지들의 호의를 저버릴 수 없어서 부득이 출마하였더니 전 군 각 부락의 한독당, 국민회, 대동청년당, 기타 각 종교 단체에서까지 일제히 궐기해서 벽보와 기호도 각 부락에서 저마다 의무인 양 만들어 붙이고 선거 운동은 할 필요도 없으니 각 면에도 나오지 말아 달라는 것이었다. 그러나 입후보했다는 인사 정도는 해야겠기에 각 면에 나가 보니 그 면 내의 핵심 인물 40~50명 정도씩 모여 가지고 천렵이라는 명목으로 오히려 내가 대접을 받는 형편이었다. 1, 2, 3죽면 등 3개 면에는 가지도 않았건만 그곳에서 오히려 더 많은 득표를 했다(고향이 이죽면이었음.). 선거 도중, 당시 경무부 고위층으로부터 모당을 지원하라는 밀령 때문에 가창현 경찰서장의 입장이 하도 곤란해서 사직하려 하는 것을 내가 도리어 만류한 일까지 있었다. 그때는 선거 운동이 아주 자유스러워서 관권 개입이 아무런 힘이 없었다. 당시 득표 상황은, 김영기 23,467, 김로묵(한민당) 8,994로서 선거 운동도 제대로 해 보지 못하고 대승을 했다.

"선거 운동이 아주 자유스러워서 관권 개입이 아무런 힘이 없었다."라는 대목은 매우 주목할 가치가 있어 보입니다. 제 기억에도 공산당 테러를 걱정하는 이야기는 언뜻 들은 것 같은데 관권이나 돈이 개입해서 투표나 선거 운동을 방해한다는 단편들은 없었던 것 같습니다. 북한의 탄생은 출발에서부터(지금까지도 그렇지만) 흑백 선거 찬성과 반대만 있는 선택의 여지가 없는 제도적 관권 선거, 거수기 선거라는 점에서 북한과 비교하여 대한민국 건국의 정통성은 확실히 증명되는 것입니다. 대한민국에서의 관권 선거는 6.25전쟁 이후 3대부터 시작되었습니다.

그 당시 각 후보자들의 선거 벽보에 공통된 것이 있었습니다. 농지 개혁을 하겠다는 것입니다. 한민당까지도. 또 반민족 반역자를 처단하는 것, 즉 친일파를 청산하는 것입니다.

그래서 농지 개혁을 하겠다고 하는 국민들이 압도적이었으니까 광복 당시 남한의 이데올로기는 사회주의 이념이 지배적이었다고 주장하고 따라서 오늘날의 북한식 공산주의 체제로 갔어야 옳았다는 주장을 하는 이들이 있습니다. 당시는 농지 개혁을 반대하는 정당이 없었습니다. 요새 기준으로 보수에서 진보에 이르기까지. 그걸 자꾸 요새 척도로 보는 것이 잘못된 것입니다. 그 당시의 주제는 민족 독립과 건국이었습니다. 8.15광복 당시나 6.25전쟁 상황을 보아도 김일성의 북한이야말로 소련의 '괴뢰'였고 민족 독립운동의 주류는 남한에 있었습니다. 민족주의, 민주주의, 자유의 주류는 그때나 지금이나 남쪽에 있습니다. 광복을 맞이하고 또 1948년 건국 때까지도 대일 항일 투쟁의 본류, 즉 대한민국임시정부, 광복군, 국내파(우파 민족주의, 중도 신간회, 좌파, 박헌영의 공산당), 미국파 등은 모두 그 근거지가 서울에 있었지 평양에 있지 않았습니다. 공산주의자들까지도 조선공산당의 본부는 당연히 서울에 있어야 한다고 생각했기에 김일성의 공산당도 '조선공산당 북조선분국'이라 한 것 아니었습니까?

공산주의자나 좌파들이 데모할 때마다 레닌과 스탈린 사진을 들고 다니고 "스탈린 만세!"를 부르는 것이 어린 제 눈에도 참 이상하게 여겨졌습니다. 적어도 서울의 민족주의자들은 아무리 친미파라도 트루먼이나 장개석 사진을 들고 데모하지는 않았습니다. 레닌, 스탈린, 그리고 33살짜리 어린 얼굴의 김일성 사진을 들고 데모하는 좌파는 당시 광복, 독립, 민족이라는 시대정신, 한인의 가슴을 충족시키지 못했음은 확실합니다. 그러니까 당시에는 한민족의 정통성이 어느 쪽에 있느냐는 데는 의문의 여지가 없었습니다. 당연히 남쪽 서울에 있다고 모두가 생각했으니까요.

제헌국회의원들의 가난과 청렴

제헌국회의원 중에서 서울 성동구의 지청천 장군이 차점자와의 표수 차이가 가장 크게 당선되셨고 그다음이 아버님이셨습니다. 서울에 오신 아버님은 집을 얻기까지 거처를 종로 관철동, 지금 고려당 뒤에 있었던 관철여관으로 정하셨습니다. 아버님은 관철여관에 지방에서 당선되신 국회의원 몇 분과 같이 머무셨는데 그분들 이름은 기억이 안 납니다. 여관에서 국회까지 걸어 다니셨지요. 제헌의회 첫 정식 개원식은 옛 중앙청 홀에서 했고 일반 회의는 옛 부민관(지금 서울시의회 별관 건물)에서 했어요. 관철여관 정문 문틀 뒤 높은 곳에 야구 방망이가 2개 있었어요. 여관 주인의 말씀으로는 우리 집에 국회의원들이 계시니까 테러가 닥치면 이 야구 방망이로 퇴각시키려 한대요.

그 당시에 장관들은 총 든 무장 경관이 탄 지프가 앞뒤 두 대 또는 앞에 한 대씩 경호하고 다녔지요. 시경국장, 치안국장, 내무장관 같은 사람은 앞뒤 좌우로 세 대, 네 대가 경호하는 그런 상태였습니다. 치안이 좋지 않았고 요새와 비교가 안 되죠. 요사이 젊은 세대는 상상하기가 어려울 것입니다. 오늘날의 팔레스타인까지는 아니고 파키스탄이나 스리랑카의 혼란에 비교할 만할 것입니다.

국회에서 「헌법」과 「국회법」이 제정되고 원 구성 국회상임위원회가 구성되어 아버님이 국회 징계자격위원장이 되셨습니다. 그때만 하더라도 국회의원은 물론 상임위원장들조차 차를 한 대씩 못 갖고 재정위원장 홍성하와 아버님이 한 차로 동반하여 출퇴근을 했어요. 두 집이 신당동(약수동) 근처였습니다. 위원장이 아닌 국회의원과 국회 직원의 출근은 불하받은 미군 트럭이 맡았어요. 트럭 난간의 가운데를 따면 펼쳐지는 의자가 되는데 그 트럭이 말하자면 국회의원 통근 차량이었어요. 통근 '버스'가 없었지요. 이 트럭이 국회로 가면서 중간중간 신당동 네거리, 을지로6가, 3가 네거리 부근에 한 번씩 서는 거예요. 그럼 거기 모여서 타는 거죠. 비가 오나 눈이 오나. 그렇지 않으면 각자 전차 타고 다니거나. 비서도 없었고 보좌관도 없었어요. 월급은 중앙청 공무원 사무관급의 돈이었고 그 외 수당도 없었어요. 어느 날 국회 트럭을 얻어 타고 국회에서 내려 양정학교로 걸어가는데 연병호 의원이 흰 바지저고리에 흰 두루마기를 걸치고 역시 하얀 고무신을 신고 전차에서 내려 국회로 걸어가셨던 모습이 왜 그런지 어제 본 것같이 선한 이미지로 남아 있어요.

여관이고 정거장이었던 제헌국회의원 집

또한 아버님만 하더라도 옛날 분이셔서 그런지 살림을 통 모르셨습니다. 그래서 어머님이 살림을 도맡아 하시는데 아버님께서 생활비를 제대로 못 주셨던

가 봐요. 어머님은 건너편 구멍가게에서 내내 외상으로 쓰시다가 추석과 연말에 갚는데 그걸 갚기가 아주 어려웠던 것 같아요. 이때가 되면 사방 일가에 연락하여 빚을 갚고 그래도 다 갚지 못하면 구멍가게 주인이 야단을 치고 어머님이 눈물도 흘리시고 고생을 많이 하셨어요.

왜 그러냐 하면 요새 젊은 세대뿐 아니라 50대도 생각을 하기 힘들 텐데, 그때는 국회의원 집이라는 것이 여관이고 정거장이에요. 그냥 아무나 집 문 두드리면서 "나 안성군 공도면 아무개입니다." 하면 문을 열어 줘야 해요. 집에 들어와 아버님이 밤늦게 오실 때까지 점심 먹고 저녁 먹고 또 자고. 그다음 날 아침에 아버지하고 나가면 다행인데 "내가 서울에서 며칠 더 일이 있어서." 그러고는 나갔다가 그날 저녁에 다시 또 돌아오고 하면서 며칠이고 있는 분도 있었어요. 그러니까 내 방이 내 방일 수가 없고 손님이 많으면 내 방에 모시고 난 안방으로 갈 수밖에 없고 그런 것이 그 당시의 제헌국회의원 집의 살림 풍경이었습니다.

손님 접대를 하느라 씀씀이는 큰데 아버님이 생활비는 충분히 못 대 주시니 어머님이 참 어려우셨지요. 나중에 어머님이 마당에다 닭도 손수 치시고.

그래서 내가 서울대학교 사회학과를 나오고 직장도 언론계에 있고 하니까 대학 졸업하자마자 끊임없이 정치권에서 유혹이 있었습니다. 이 당 저 당에서 국회의원 나와라. 또 시골에 선거꾼들 있잖아요. 선거 때만 되면 "아버님도 하셨는데 아드님도 하셔야죠." 하는 사람들. 나는 어머님이 하도 고생하시는 것을 보고 자랐기 때문에 적어도 확실한 것, 즉 내가 내 스스로의 힘으로 자식들 공부시키고 마누라와 자식들이 내가 정치한다는 이유로 피해를 입지 않도록 할 정도의 경제적인 자립을 한 다음에, 그리고 적어도 내가 국회의원이 되어 세비를 받으면 그 세비를 유권자들에게 돌려주고 나는 국가가 주는 세비가 아니라 스스로의 실력으로 생활할 수 있을 정도의 경제적인 자립을 하기 전까지는 절대로 정치를 하지 않겠다는 신념을 세웠더랬죠.

제헌국회의원 김영기(金英基, 1905~1989) 약력

1924. 중동중학

1926. 일본대한전문부 2년 중퇴

1926. 『시대일보』 죽산지국장

1928. 『조선일보』 군산특파원

1928. 신간회 안성군지부 총무간사

1935. 안성청년회장

1946. 민주주의안성동지회장

1947. 한국독립당 안성군당위원장

1948. 제헌국회의원

1952. 경기도지사

1983. 제헌동지회 부회장

1 제헌회관을 통의동으로 이전(1983. 6. 24.)하고 1983. 7. 17. 제헌회관 현판식 기념 촬영
(두 번째 줄 오른쪽 끝 혼자 서 계신 분이 당시 제헌동지회 부회장이었던 김영기 의원.
이재형, 정준, 박기운, 윤재욱, 김인식, 원장길 등 32명의 제헌국회의원과 함께)

07

제헌국회의원

김옥주

와세다대학 재학 시절(오른쪽)

김옥주, 젊고 유능한 초대 국회의원

김진원 | 아들[1]

1948년에 태어난 나에게는 6.25전쟁 중 헤어진 아버지 김옥주(金沃周, 1915~미상) 의원에 대한 추억이 남아 있지 않다. 아버지에 대한 회고는 김옥주 의원의 조카 김진혁의 기억과 내가 그분의 아들로서 살아오면서 겪었던 아버님의 그림자를 전하는 것으로 대신하고자 한다.

김옥주 의원의 조카 김진혁은 김옥주 의원이 국회 프락치 사건에 연루되어 체포되었던 1949년 6월의 새벽을 다음과 같이 회고하였다.

> 1949년 6월 21일 여름, 새벽을 깨우는 대문 두드리는 소리에 가족 모두가 선잠에서 깨어나 어리둥절했다. 장소는 서울 서대문구 북아현동에 있는 체신부 총무과장 관사 우리 집이었다. 형님 진규가 황급히 나가 "누구세요?"라고 하니 "서에서 왔소, 문 여시오."라고 했다. 밖에는 검은 지프 한 대가 서 있고, 건장한 남자 3명이 현관에 들이닥쳤다. 숙부 옥주 님은 파자마를 입은 채 서 계셨다. "김 의원님, 조사할 것이 있어 서에 좀 같이 가셔야 하겠습니다." 숙부님은 이미 각오가 된지라 옷을 갈아입으시고 순순히 그들을 따라나섰다. 전날 초저녁 돈암동의 백부님, 경찰 간부로 계시다 쉬고 있는 다섯째

1 진일건설 대표. 서울대학교 총동창회 이사. 삼환기업 이사. 저서로 『동서양 건축의 탄생·성장 그리고 소멸의 발자취』, 『한국 건설 사업의 현재·과거 그리고 미래』가 있다. 이 글은 『김상의 가 이야기: 백운산, 섬진강, 수어천』 (김진휴·김진원·김진혁 지음, 좋은땅)에서 발췌하였다.

숙부 계주 님이 오셔서 옥주 숙부님의 '외군 철수' 등 최근의 정치적 행보에 대하여 불만을 이야기하는 것을 듣고 4형제 대화가 심상치 않음을 직감했다. 계주 숙부는 국회 휴회 중이니 틀림없이 연행, 구속할 것이라면서 일시 피신할 것을 간곡히 주장하고 나섰다. 이에 옥주 숙부는 고집이 대단한 분이시라 "외군 철수 뭐 그것이 죄인가요? 하나도 잘못이 없는데 무엇 때문에 도망을 다닙니까?"라고 하셨다. 이에 백부님도 수일 전에 이미 구속된 이문원 의원 등 3명의 이름을 거명하며 "잠시 좀 피해 있거라." 하고 종용하셨다. 그러나 옥주 숙부는 너무 당당하셨다. 이때 내가 느끼기는 '숙부는 죄진 게 없구나.', 음모에 가담한 분이 아니라는 확신이 들었다. 다음 날 신문에 국회 프락치 사건이 대문짝만하게 나왔다.

1949년 한여름, 나의 사촌 진성 형님과 함께 서대문형무소에 숙부님 면회를 갔다. 그 좋던 얼굴이 쇠퇴해 많이 힘든 모습이었다. 가족 안부 정도 교환하고 나는 대뜸 "작은아버지 빨갱이입니까?"라고 못된 질문을 내던졌다. 수일 전 정동 대법원 법정에서 공판이 있을 때 13명이 포승줄에 묶여 입장하던 광경을 보던 배재중학생 수십 명이 자기들 삼층 교실에서 내려다보면서 "빨갱이 죽여라!" 고함으로 합창하던 것이 생각나 이런 당돌한 질문을 했다.

이때 순간적으로 숙부님 얼굴이 일그러지더니 "아, 아, 아, 아." 하며 한참 동안 정신없이 웃어 젖히더니 조용해지셨다. 눈물이 고이고 슬픈 표정의 그 얼굴에 '나는 아니야. 너무 억울해!' 하는 징표가 역력했다.

내가 태어난 1948년은 몰랑몰 마을의 우리 대집안에서도 많은 자손들이 태어난 경사의 해였다. 우리나라의 급변하는 소용돌이 속에서도 나는 진상 몰랑몰에서 광양 제일교회를 다니면서 진상중학교, 순천 기독교학교 매산학교를 다녔다. 본인이 태어날 때 부친 김옥주는 무소속으로 초대 국회의원에 선출되셨으며 이듬해 국회 프락치 사건으로 감옥에 투옥되었다. 한국전쟁 때 이북으로 월북했다는 막연한 추측 속에서 아버지 없이 어머니와 진우, 진 두 형님과 함께 살았다.

1945년 광복을 맞이하던 해 11월, 방년 20세이던 모친 송명순은 당시 상처하고 두 아들을 키우고 있던 30세의 부친 김옥주와 결혼했다. 모친은 1945년 광복이 되기 전에 김옥주가 당시 청년들에게 “지금 이 사회는 우리나라 동지 여러분을 기다리고 있소.”라는 웅변을 하다가 일본 경찰들에게 끌려가 모진 고문을 당했다는 이야기를 들었다고 하셨다.

우리 부친과 모친이 결혼 직후 교회 근처를 지나다가 찬송가를 듣고서 모친께서 “저 찬송가 소리가 좋습니다.” 하시니 부친은 “그러면 우리 교회 한번 가 봅시다.” 하면서 다니게 되셨다고 했다. 교회에서는 몰랑몰 김씨 식구들을 전도하고 싶었던 터라 반갑게 맞이하였다. 그해가 1937년경이라고 한다. 그 후 모친이 홀로 계시면서 부친이 국회 프락치 사건 탄압과 고초를 당할 때 교회 정규오 담임 목사와 교우 이 장로 모두 뭉쳐서 탄원하여 광양경찰서에서 무고로 출옥한 일도 있었다.

모친 송명순은 심한 토질병과 심장병으로 수십 년 고생하고 있었다. 조금만 과로하거나 화를 내면 엄청난 피를 토했다. 아마 아버지가 공산당이라는 이유로 국가와 사회로부터 받는 압력과 박해를 도저히 감당할 수 없어 생긴 심신의 쇠락이 아니었던가 생각된다.

내 초등학교 시절에는 모친이 심장병으로 고생하다가 급기야 경남 하동병원 응급실로 실려가 오랫동안 병원 신세를 져야 했다. 그때 모친은 “하나님, 우리

진원이가 중학교 입학할 때까지 저의 생명을 연장시켜 주십시오."라는 간절한 간구 외에는 딱히 없었다. 이러한 가물거리는 촛불 앞에 본인은 초등학교 2학년 때 엄청난 화상을 당하게 된다. 4년간 집에서 한쪽 다리 전체가 심한 화상으로 누워서 치료를 받았다.

나에게 가장 혹독하고 힘든 시련의 시기가 다가왔다. 바로 대학 입학이었다. 아버지와 같이 대해 주셨던 규주 삼촌과 모친은 아버지의 공산당 연좌제가 존재하므로 무조건 공과대학으로 전공을 정하라고 하셨다. 그래서 건축과로 정하고 매산의 친구들과 함께 연세대 건축과에 시험 봤는데 모두 낙방하게 되었다. 그때 모친이 선주 백부님께 간절히 "우리 아들 하나 있는데 대학을 보내고자 하오나 공부할 숙소가 없으니 무료로 일년간 지낼 수 있도록 해 주십시오."라고 간절히 소청하니 큰댁에서 불쌍히 여겨 승낙하였다. 만일 숙박 허가가 없었다면 절대로 대학에 갈 수 없었을 것이다. 큰아버지, 큰어머니, 진문, 진철, 소자 누님, 그리고 할머니 모든 분이 처절하고 불쌍한 나에게 힘을 돋아 주고 격려해 주셨다.

세 번의 대학 도전 끝에 서울대 건축학과에 입학하였다. 서울대학교 학부와 대학원을 수료한 후 건설 회사에 입사하여 20여 년간 해외 공사의 수주, 시공 분야를 맡으면서 근무했다. 입사 당시 해외건축실로 발령받았지만 유독 나는 신원조회가 불합격되어 한국에 남게 되었다.

1978년 10월 어느 날, 근무 중에 나에게 이상한 전화가 걸려 왔다.

"여기는 치안국인데 종로3가 ◯◯◯로 ◯시에 오시오. 절대로 부인이나 회사에도 알리지 마세요."

다음 날 찾아갔다. 엄청나게 큰 방에 점잖은 양반이 기다리고 있었다.

"자네가 신원조회에 승인이 불허되는 이유는 자네 부친이 이북에 계시므로 해외에 나가면 필경 북한 공작원이 접촉할 것이다. 이에 보호 차원에서 한 것이네."

"그러면 저는 지금 결혼하고 아기도 있습니다. 미국은 북한 대사관이 있어서 접촉할 가능성이 있다고 하지만 중공, 사우디에는 북한 대사관이 없는데 왜 안 보내 주십니까?"

"아무튼 꼭 가고 싶으면 지금 내 명령을 따르게. 사우디 밑에 있는 예멘 국가에서 근무를 하게. 거기 북한 대사관이 있는데 거기 가서 접촉하여 매월 보고를 내게로 보내게. 우리 정보부 정보 역할을 해 주면 내가 특별히 고려하겠네."

"저는 그렇게는 못 하겠습니다. 아버님 때문에 공과대학으로 입학했고 지금까지 정치적 모임이나 학생 데모 등을 삼가라고 모친께서는 눈물 흘리시며 간곡하게 말씀하셨습니다. 이제 와서 정치적 행동이나 정보 첩자 역할을 제안하는데 해외에 안 가면 안 가지 못 하겠습니다. 그러나 선생님, 저는 건축가로서 해외 공사를 위해 신원조회 신청을 앞으로 계속할 것입니다. 화를 내시지 말고 헤아려 주십시오."

라고 인사드리고 나왔다.

5개월쯤 지나자 6번째 신원조회를 또다시 신청했다. 이번에는 완전히 통과되었다. 지금 생각하면 나의 사고방식과 굳건한 의지를 보고 해외에 나갔을 때 어떠한 공작 접촉이 있더라도 흔들리지 않고 지킬 것이라고 그분이 나를 판단한 것이라 본다. 이때부터 20년간 열사의 땅 사우디아라비아, 예멘, 요르단, 이집

트를 비롯하여 동토의 땅 알래스카, 페테르부르크, 모스크바 그리고 밀림의 숲 인도네시아, 괌 등의 지역을 나의 소원대로 마음껏 그야말로 기분 좋게 다니고 또 다니면서 회사의 해외 공사를 재미있고 신명 나게 했다.

2025년 4월, 우리 가족은 오랫동안 고대하던 기쁜 소식을 접하게 되었다. 제2기 진실·화해를위한과거사정리위원회(약칭 진실화해위)가 4월 15일 제105차 위원회에서 고 김옥주, 고 김병회 의원의 자녀들이 진실 규명을 신청한 '1949년 국회 프락치 사건'에 대해 중대한 인권 침해로 판단했기 때문이다. 이러한 결정은 해당 사건 관련자와 가족에 대해 처음으로 이루어진 국가 기관의 진실 규명 판단이라는 의의를 지니고 있다.

진실화해위는 당시 체포 현장에서 의원들이 영장을 제시받거나 변호인 선임권 등을 고지받지 못했으며, 헌병대에서 전기 고문 등 가혹행위로 자백했다는 사실 등을 밝혀냈다. 진실화해위는 이 사건에 대해 피해자가 국가에 의하여 '헌법'이 보장한 신체의 자유와 행복을 추구할 수 있는 권리, 양심의 자유가 침해된 중대한 인권 침해 사건으로 결정하고, 국가는 피해자의 유족들에게 사과는 물론 트라우마 치료 등 실질적인 조치를 취하도록 권고했다.

1 가족사진
(뒷줄 맨 왼쪽이 김옥주 의원)

08

제헌국회의원

김용재

어린 두 아들과 함께

제헌국회의원 초부 김용재의 약사(略史)[1]

김현문 | 아들[2]

김용재(金用在, 1912~1958)[3]는 일제강점기하에 소농인 김제윤(金濟允, 1889~1970)[4]과 1907년 결혼한 유면천(兪沔川, 1894~1959)[5] 사이에서 출생하였다. 용재는 당진보통학교 11회 졸업생이고 1927년 예산농업학교(예농)[6]에 입학한다. 일제의 내선일치 정책으로 민족정신 말살이 전방위로 전개되는 시점이었다. 예농 1학년 추석날, 용재는 수업을 하다가 교무실을 박차고 들어가[7], 우리 민족 고유의 명절임에도 수업하는 것의 부당함을 피력하여 어린 나이에 그 기개

---

1 이해원, 『당진 사람 김용재: 마음 큰 사람, 우직한 사람, 충청도 사람』(동서문화사, 1991); 김현석, 『세월은 강물처럼: 천길 같은 님을 보려고』(동서문화사, 2013); 김현문, 「제헌국회의원 초부 김용재 선생의 정치 사상적 특징」, 『당진 내포 지역 인물 조명 학술 대회 논문집』(2019), 김용재 약사(略史)에서 발췌.

2 초부 김용재 선생의 7남매 중 7남. 철학박사. 미국 트리니티대학교 공연예술과, 서울예술대학교 연극과, 국립군산대학교 철학과 등에서 강사 재직. 그 후 한서대학교 건강증진대학원 교수로 자연건강관리학과를 개설하여 인간의 정신세계와 자연 건강 증진을 통섭적 차원에서 융합하고자 하였다. 주요 저서로 『국선도 신해설서』(포일출판사, 2018), 주요 논문으로 「원효와 경허의 구도 정신: 현대 심리학적 측면에서」, 「제헌국회의원 초부 김용재 선생의 정치 사상적 특징」 등이 있다.

3 김용재 「제적등본」

4 김제윤 「제적등본」

5 김제윤 「제적등본」

6 1910년 7월 26일 공주농림학교로 개교하여 1922년 예산으로 이전하며 충청남도공립농업학교로 개칭한다. 1926년 3년제에서 5년제로 변경하며 김용재가 졸업하던 1932년에 예산공립농업학교라 다시 개칭한다.

7 김현석, 앞의 책, p. 38.

의 싹을 일찌감치 보여 주었다. 이러한 용기는 동학(후일 천도교)이었던 큰아버지의 영향과 함께 민족의 정체성에 대해 고민하게 되는 환경 속에서 조성되었으리라. 더불어 학교에서 접하는 신농업법과 병행하여 그 당시 지식인들의 목마름을 채워 주던 사회주의 사상을 학습하는 독서회를 조직한다. 이는 자주성이 화두이던 그 당시 이를 성취하는 탁월한 이론으로 다가왔기 때문이었다. 1932년 11월 중순경에 발각된 이 독서회 사건으로 당시 재학생들은 퇴학 또는 투옥되었고 이미 졸업한 용재와 박정순 외 3명도 주모의 배후로 지목되어 검거된 후 3개월간 공주교도소에 송치된다.

1932년 예농을 졸업한 김용재는 그 당시 독립운동의 거점이었던 만주로 유학을 하려 하였으나 독자로서 가문을 이어야 한다는 어머니 유 씨의 간곡한 만류로 그 꿈을 접는다. 그 후 『매일신보』의 해미 지국장을 거치고 당시 당진에 농촌운동을 하러 내려온, 후일 『상록수』 주인공 박동혁의 모델인 심재영을 만나며 농촌 운동에 각별한 관심을 갖게 된다. 그 후 마을에서 한글과 역사 등을 가르치는 야학 활동을 하다 예농독서회 사건 이후 다시 일제의 주목을 받게 되자 총독부 촉탁인 미곡 통계 조사원으로 전북 남원에서 1년여 근무하게 된다.

광복 후 김용재는 당시 당진의 지성인이며 동지들인 양재억, 인운식, 이택준, 명춘택 등과 '당진군독립촉성회'를 결성한다. 좌우의 대립과 각축이 혼란스러운 가운데 김용재와 그의 동지들은 민족주의 노선을 유지하며 나름대로 당진의 정치적 혼란을 안정시키기 위한 노력에 경주하였다. 때마침 1945년 10월 23일 이승만 박사가 독립촉성중앙협의회를 결성하고 총재가 되자 이미 중앙에 앞서 당진군에 동명의 조직을 출범시킨 당진의 동지들은 그들의 선견지명에 환호하며 독립촉성당진군국민회의로 개명하고 그 회장에 김용재를 추대하였다.

한편 여운형을 중심으로 한 건국준비위원회가 출범되고 당진 지부도 결성됐는데 그해 10월 중앙에 발맞추어 건준은 좌파 단체인 당진군인민위원회로 바꾼 후 군청을 접수하려 하였다. 이에 김용재를 비롯한 20여 명의 우익 행동 대원들의 활약으로 당진군인민위원회는 간판을 내리고 지하로 잠복하게 된다.

1946년 9월, 김용재가 대선배인 양재억과 불철주야 백방으로 뛰던 당진군민의 숙원 사업인 당진중학교가 설립되었다. 한편 미군정청에 의해 조선인에게 맞는 제도를 정립시키기 위한 노력으로 당진군에서 김용재와 박한규가 입법위원 대의원으로 뽑혔으며 입법위원들은 「친일부역자처벌법」 등을 제정하였다. 1947년 9월 21일 26개의 청년 단체가 통합되어 대동청년단이 결성되고 총재에 이승만 박사, 부총재에 김구 선생, 그리고 단장에 이청천 장군이 추대되었다. 당진군도 이에 따라 대동청년단 당진군단으로 출범하였고 군단장에 김용재가 추대되어 독립촉성당진군국민회의의 회장직과 함께 겸직하였다. 그는 1948년 5월 10일 제헌국회의원 선거에서 당선된다.

일제강점기에서 소작인들의 참담한 처지를 목도한 김용재는 토지 개혁 입법에 적극적이었다.[8] 이와 관련하여 노동자와 농민을 대변하며[9] 정부 부처의 안일한 대처를 국회 본회의에서 질타하기도[10] 하였다. 또한 민족 반역자 처벌에 강

---

8 [제헌국회] 국회 본회의 회의록, 제1회(71차), 국가 관리의 국민 경제의 조절과 국가 통제에 관한 발언(미등재 발언); [제헌국회] 국회 본회의 회의록, 제2회(52차), 양곡 생산비 증액에 관한 발언; [제헌국회] 국회 본회의 회의록, 제6회(31차), 양곡 도정에 관한 발언.

9 임성호, 「전환기 정치 과정상 강한 정당이 필수인가: 제헌국회 사례」, 『사회과학연구』 제29권 제1호(서강대학교 사회과학연구소, 2021), p. 26.

10 임성호, 앞의 논문, p, 29,

경한 소장파들의 모임인 신정동지회에도 가입하며 반민특위법 제정과 반민족특별위원회 구성에도 열정을 모았다. 이때 정부와 경찰의 요직에 있던 친일파들에 의해 공산주의자로 몰린 일부 소장 의원들이 소위 '국회 프락치 사건'으로 처벌을 받았는데, 그동안의 업적과 애국 활동으로 김용재의 사상적 노선이 분명하다고 판단됐음인지 그에게는 아무 일도 일어나지 않았다.

김용재는 예산군의 윤병구 제헌국회의원과 긴밀하게 협조하여 1929년 조선농지 개발 사업의 하나로 착공되었으나 8.15광복 후 잠시 중단되었던 예당저수지가 다시 시공되는 데 큰 기여를 하여 지방 자치 단체 간의 협치의 모범을 보여준 좋은 선례를 후대에 남겨 주었다. 예당저수지는 우여곡절을 겪은 후 1964년에 완공되었는데 저수지의 남북 길이 10km, 동서 길이 70km, 저수량 4607만t, 관개 면적 91.89㎢로 단일 저수지로는 국내에서 가장 크다.

1950년 5월 30일에 치러진 2대 국회의원 선거에서 김용재는 제반 사정으로 사퇴하고 당진의 인재라고 생각한 원용석을 후보로 내보냈다. 그는 당진 출생으로 보성고등학교와 경성전문학교를 졸업하고 관료의 길을 걸어온 지성이었다. 하지만 늦게 결심하여 1달여의 선거 운동을 한 결과, 당시 무소속으로 출마한 구을회 후보에게 석패한다. 구을회 1만 6738표, 원용석 1만 165표, 정형택 7283표, 이문세 5224표의 결과였다.

그 후 6.25전쟁이 발발하였다. 미처 피란을 가지 못한 김용재는 서울에 갇히게 되었는데 천우신조로 오히려 좌익 사람들이 보호하여 그 당시 삼엄했던 우익 색출을 피할 수 있었다. 인간애가 그 기본 바탕인 용재의 공평무사한 성정에 감복한 결과이었으리라. 서울 수복 후 역시 혼란한 좌우익의 선동적 처단을 최소화하고자 당시 거주하던 서울 모래내에서 치안단을 조직하여 대장을 맡으며 감정이 아닌 법치를 중시하는 데 최선을 다하였다. 당진에 내려와서도 역시 치안대를 조직하여 전쟁의 상흔으로 마비된 이성을 회복시키려는 노력을 하였으나 그 자신 스스로는 전쟁 중 부역을 한 혐의로 처단된 조카(큰아버지의 아들)를 구하지 못한 한을 안게 된다.

전쟁이 소강상태로 접어든 1951년 김용재는 당진금융조합장에 피선되었다. 그다음 해인 1952년에는 국민회 충남도지부 부위원장이 되었고, 1953년에는 대한청년단 충청남도 단장에 피선되었다. 1954년 그는 자유당 충남도당위원장에 당선되었다. 그러나 1954년 4월 7일 3대 국회의원 선거일이 공고되어 자유당 입후보자를 뽑는 군내 대의원 회의에서 상대 후보자인 인태식을 압도적인 표차로 이겼음에도 단독 공천은 이루어지지 않았다. 중앙 정치에서 모종의 음모가 이루어지고 있다는 전조를 느끼지 않을 수 없는 조치였다. 충남도당부위원장에 피선되어도 공천은 확실한 것이 그 당시 정치의 기본이었다. 그러나 위원장에 피선되었음에도 공천은 이루어지지 않았고 인태식 후보는 사퇴하지 않아 자유당에서 김용재, 인태식, 그리고 2대 의원이었던 구을회 이렇게 3명이 동시에 출마하는 기이한 현상이 일어나게 된다. 선거 과정에서도 장남 현석이 선거 운동 중 구속되는 등 여러 부당한 일들이 일어났고 결과는 인태식 후보의 당선으로 귀결된다.

그 후 김용재는 충남곡물협회 회장에 당선되었고 1956년에는 대한증권거래소의 상임감사를 맡으며 3대 국회의원에 입성하지 못한 회한을 달래고 있었다. 그러던 중 1957년 7월 정미면과 대호지면을 당진군으로 합병시킨다는 안건이 국회에 상정되었다. 이때 당시 야당 책임자였던 민주당의 유진산 의원에 밀착하여 두 면의 당진군 합병의 당위성을 설파하고 면민들의 반발을 최소화한 노력이 결국은 정미면과 대호지면의 당진군 합병이라는 좋은 결실로 나타나게 된다. 이 일로 원용석에게 찾아간 김용재는 본인이 낙선한 3대 국회의원 선거에서 당진 지역구 공천을 둘러싼 '음모'에 대한 진실을 듣게 된다. 3대 선거 시 자유당 중앙당조직부장이었던 당시 임철호 국회부의장에게서 초부(樵夫: 김용재의 호)를 잘못 알고 판단하여 당진을 무공천 지역으로 놓아 두고 결국은 인태식 후보를 공천한 것과 같은 결과를 유도한 데 대해 유감을 표하더라는 전언이었다.

1958년 1월 31일, 김용재는 당시 충남도지사이며 같이 제헌국회의원을 지낸 막역한 사이인 민병기를 만나러 대전으로 간다. 민병기 지사와 환담을 나누던 김용재는 "나 이번 4대 민의원 선거에……." 하다가 갑자기 옆으로 쓰러지며 운명한다. 짧은 겨울 저녁의 해가 서산으로 질 무렵 김용재의 시신은 그가 태어나고 자라고 자신의 꿈과 애정이 알알이 배어 있는 그리운 당진 땅으로 돌아왔다. 태극기에 덮인 그의 관이 군청 앞에 이르렀을 때 이 소식을 듣고 달려 나온 많은 군민의 애도 속에 그의 정치의 꿈과 민족에 대한 사랑이 흩날리던 독립촉성당진군국민회 사무실을 들렀다가 그의 생가인 채운리 행동으로 향한다.

1958년 2월 4일, 사회장으로 치러진 당진군청 광장에서의 영결식에는 사회 각처에서 46세에 생을 마감한 그의 죽음에 조의를 표하는 화환과 행렬이 줄을 이었고 500여 미터를 도열한 만장이 김용재의 마지막 길에 상여 뒤를 따라 동행한다. 사랑하는 아내와 부모님, 그리고 7남매를 남겨 둔, 아직 꿈도 다 펴지 못하고 떠난 김용재의 일생의 마지막 장면이다.

1　예산농업학교 당진친목학우회(1931. 1. 27.)
(3열 왼쪽 두 번째가 김용재)

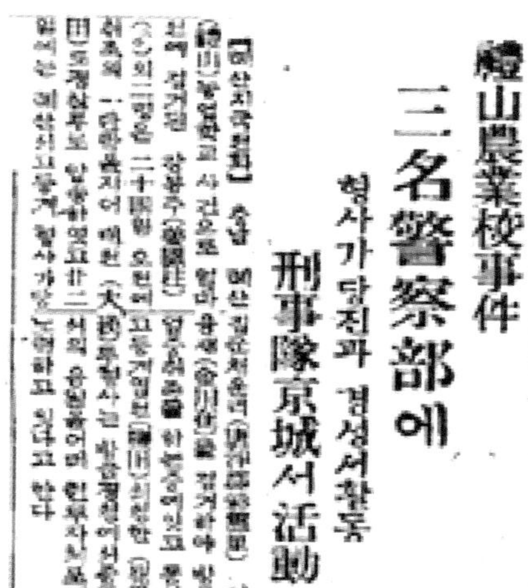

禮山農業校事件

三名警察部에

형사가 당진과 경성서활동

刑事隊京城서活動

2　김용재가 당진 채운리 행동
(杏洞) 집에서 검거된 기사
(『동아일보』 1932년 12월 25일 자)

3 당진군 면천 학우들과 함께

4 집무실에서

09

제헌국회의원

김웅권

파주 3.1만세운동과 조선민족청년단의 지도자, 김웅권

김형인 | 아들[1]

나의 아버지 석천(石泉) 김웅권(金雄權, 본관 김해, 1897~1961) 선생은 1897년 6월 16일 경기도 파주군 광탄면 신산리 316번지에서 태어나셨고, 1961년 2월 25일 서울 서대문구(현 종로구) 홍지동 55번지에서 세상을 떠나 경기도 파주군 광탄면 신산리 선산에 안장되셨다. 그는 경성 배재학교를 졸업하였고, 1919년 3.1운동 당시 22세 청년으로 파주 봉일천 장날의 만세 시위를 주도하였다. 임시정부 연통제 조사원 엄항섭(嚴恒燮) 선생과는 함께 상해로 망명하여 독립운동한 동지이자 중국 항주 지강대학 동문이고, 중국 상해 호강대학을 졸업하였다.

파주의 봉일천 만세 시위

파주의 3.1운동은 1919년 3월 10일 와석면(현 교하읍)의 하리보통학교에서 100여 명의 학생들이 참여한 시위에서 시작되었다. 3월 26일에는 교하리에서

1 인덕농원과 석천장학회의 대표를 맡고 있으며 상이군경 국가 유공자이다. 일천만이산가족위원회 상임부위원장, 건국대통령이승만박사기념사업회 자문위원, 철기이범석장군기념사업회 이사, 대한민국 제헌국회의원유족회 이사 등을 역임하였다.

700여 명의 군중이 교하면사무소로 가서 면서기 2인에게 업무를 중단하고 시위에 동참하도록 요구하였다. 이에 일제 헌병들이 출동하여 시위 행렬에 무차별 발포하였고 사망자까지 발생하자 시위는 해산하고 주동자들이 체포되어 옥고를 치렀다. 3월 27일에는 청석면 심학산에서 광탄면 발랑리를 거쳐 조리면에서만 2000명이 합세하는 대규모 만세 시위가 펼쳐져 봉일천 장날의 만세 시위로 이어졌다.

봉일천 장날의 만세 시위를 주도한 석천 김웅권과 우산 심상각은 19인의 동지회원들과 함께 광탄면사무소에 집결하여 대한 독립 만세를 외치며 시위 행진을 전개하였다. 조리, 아동, 월롱, 광탄, 교하 등지에서 온 군중과 함께 조리읍사무소와 주재소를 겹겹이 포위하자 당황한 일본 헌병의 무차별 발포로 100여 명의 사상자가 발생하였다. 이날의 시위는 파주에서 전개되었던 3.1만세시위 중 가장 규모도 크고 치열했던 것으로 알려졌다.

대한민국임시정부에 참여하다

3.1운동 이후 일제는 군경 합동으로 삼엄한 경계망을 펴고 주모자 색출에 혈안이 되었다. 이에 김웅권은 조선을 떠나 중국으로 망명길을 떠났다. 정확한 이동 경로는 기록되어 있지 않으나 상해 대한민국임시정부에 참여하여 항일 운동에 헌신하는 한편 지강(芝江)대학과 호강(滬江)대학에서 학업을 이어 간 사실이 확인된다.

1921년 4월 1일 자『신한민보』에는 임시정부에 대한 지지를 표명하는 성명서가 게재되었다.『신한민보』는 1909년부터 미국 샌프란시스코에서 매주 발간되었던 한국어 신문으로 한국의 독립 문제에 관한 소식을 전파하는 데 중요한 역할을 하였다. 원동(遠東), 즉 해외에서 활동하고 있던 인사들이 참여한 이 성명서는 3월 5일 자로 발표되었고 임시정부 대통령 이승만을 비롯 45인이 서명하였는데 김웅권도 여기에 이름을 올렸다. 이들이 결의한 내용은, 첫째, 임시정부를 절대 지지할 것, 둘째, 현 대통령 이하 각 국무원을 신임할 것, 셋째, 언론이나 행동을 막론하고 현 시국 파괴에 속하는 행위를 방지하기 위해 노력할 것으로 요약된 강령에서 확인할 수 있다.

김웅권은 임시정부에서 연통제의 연락원 내지 조사원으로 활동하였다. 1919년 4월 상해에서 제1회 임시의정원 회의의 결과 내무총장에 취임한 안창호는 특히 국내와 해외의 교통 연락 방법으로 연통제를 마련하였다. 국내에서는 도에 총괄, 군에 군감, 면에 면감을 두고 국외에는 민간인의 단체를 통하여 정부의 명령 전달과 기타 연락 업무를 처리하게 하였다. 그래서 1919년 가을부터 임시정부는 각도에 조사원을 두어 지방의 유력자, 재산가, 학교, 종교 등을 조사하여 정부에 보고 통신하게 하였는데 각도 조사원 명부를 보면 '경기도 파주 김웅권'이 포함되어 있다. 함께 활동했던 서영훈은 인우 보증서에서 김웅권이 연통제 조사원으로 임명되어 상해와 국내를 왕복하며 활동하였다고 증언하였다.

중국에서 학업을 이어 가다

김웅권이 파주를 떠나 중국으로 망명했을 때 언제 어떻게 이동했는지는 구체적으로 밝혀져 있지 않다. 다만 역시 3.1운동의 여파로 망명길에 나섰던 심훈의 이동 경로를 참고해 본다면, 심훈은 북경, 상해, 남경을 거쳐 항주에 정착한 후 지강(芝江)대학에서 공부하였다. 바로 이 지강대학은 김웅권이 다닌 학교였고 독립운동가 엄항섭도 같은 시기에 재학 중이었다.

1922년 3월 23일 자로 작성된 일본 문서 「귀향 조선인의 증명서 발급에 관한 건-항주 지강대학생 조선인 김웅권」은 항주의 영사대리 부영사(淸野長太郞)가 조선총독부 경찰국장(赤池濃殿)에게 보낸 공문으로 귀향 허가 증명서 발급을 위한 것이었다. 이 문서는 모친의 건강 악화로 귀향을 신청한 25세 항주 지강대학 학생 김웅권을 다음과 같이 소개하였다.

> 1915년 경성 배재학교 졸업, 1918년 남경 금릉대학 입학, 1919년 8월 남경 체육전문학교 입학, 1921년 6월 체육전문학교 졸업, 1921년 9월 항주 지강대학 중학부 입학, 1922년 3월 현재 재학 중.

이 문서에는 이 같은 사실을 뒷받침하는 지강대학장과 체육전문학교장의 증명서가 첨부되었다. 여기에서 주목할 점은 3.1운동 후 일본 경찰을 피해 망명한 김웅권이 1918년 남경 금릉대학에 입학했다는 서술이다. 아마도 국내 3.1만세시위 활동을 은폐하기 위한 위장으로 추정되며 첨부한 증명서로 미루어 보아 1919년 8월 체육전문학교 입학부터 실제 학력으로 간주된다.

그 후 김웅권은 상해 호강(滬江)대학으로 옮겨 가서 1924년 졸업한 것으로 알려져 있다. 지강대학과 호강대학은 기독교 선교사가 설립한 중국의 명문 대학들로 지강대학은 미국기독교장로회가, 호강대학은 미국 침례 교회가 설립, 운영한 곳이다. 지강대학 동문으로는 심훈, 엄항섭, 호강대학 동문으로는 주요섭, 주요한, 피천득, 현진건 등이 있다.

호강대학을 졸업하고 귀국한 김웅권은 일제의 감시를 받으며 광산업에 종사하기도 하고 『조선일보』에도 참여하였다. 1932년 방응모 사장의 『조선일보』 인수 작업이 지연되는 과정에서 임경래와 안재홍 두 개의 명의로 발행되었던 『조선일보』는 같은 해 11월, 통합을 알리는 속간호를 발간하였다. 이때 사장에 조만식, 부사장에 임경래, 편집국장에 주요한이 임명되었으며 김웅권은 촉탁에 선임되었다. 김웅권은 이 시기 외에도 지속적으로 『조선일보』에 관여했던 것으로 보인다.

광복 후 조선소년단과 조선민족청년단

1945년 광복이 되자 미진했던 조선소년단(조선소년군. 보이스카우트)의 활동이 대폭 활성화되었다. 조선의 보이스카우트는 1922년 10월에 조선소년군, 소년척후단으로 시작되어 23년에 이르는 오랜 역사를 가지고 있었으나 일제강점기에는 활동에 난항을 겪었다. 하지만 광복 직후 급속히 재건되어 1945년 12월 기준 서울에서만 2만, 전국적으로는 7만의 대원이 민중 치안과 적산 수호에 헌신하고 있었다. 이러한 기세에 힘입어 조선소년군 총본부는 12월 18일 이사회를 열고 임시정부 요인들을 영입하여 지도부의 진용을 강화하였다. 총재에 김구, 부총재에 김규식이 추대되었으며 김웅권은 전무이사로 선임되어 활동하였다.

1946년 1월에는 이범석을 단장으로 한 조선민족청년단이 발족하였다. 김웅권은 조선민족청년단 중앙훈련소 교무 담당으로 2년간 재직하면서 본부의 상무이사 겸 총무부장으로 활동하였다. 조선민족청년단('족청')은 비군사·비정치를 표방하였으며, 1946년 12월 제1기 훈련생 200명을 선발하여 1개월간 청년간부 훈련을 시킨 후 이들을 지방으로 파견하였다. 청년 간부들을 통한 조직 확대 방안은 이범석의 오랜 광복군 생활과 망명 생활의 체험을 통하여 터득한 독특한 조직 원리였다.

조선민족청년단은 다음 3개 조항을 기본 지침으로 삼았다.

1. 우리는 민족정신을 환기하여 민족 지상·국가 지상의 이념하에 청년의 사명을 다할 것을 기함.
2. 우리는 종교를 초월하여 대내 자주·대외 공존의 정신하에 민족의 역량을 집결할 것을 기함.
3. 우리는 현실을 직시하며 원대한 곳에 착안하고 비근한 점에 착수하여 건국 도상의 청년다운 순성(純誠)을 바칠 것을 기함.

조선민족청년단은 지방 지도급 인사들의 적극적인 호응과 협조를 얻었을 뿐만 아니라 당시 미군정 당국으로부터 재정적 지원도 받게 되었다. 그 결과, 창립 당시 30명이었던 단원이 9개월 후에는 20만 명, 창립 2주년에는 무려 120만 명에 이르는 전국적 규모의 거대 조직을 형성하였다.

제헌국회의원

1948년 김웅권은 경기도 파주에서 무소속으로 출마하여 제헌국회의원에 당선되었다. 당시 총선거 후보자 등록에서 족청이라는 정파를 표방하고 출마한 사람은 20명이었고 이 중에서 홍희종, 이정기, 정균식, 문시환, 안준상, 강욱중 등 6인이 당선되었다. 이들 외에도 족청 중앙단의 상무이사, 지방위원, 지방단 부단장 등의 단적을 가지고 있으면서 무소속 또는 국민회 이름을 표방한 김웅권, 이재형, 윤재근, 김웅진, 연병호, 윤병구, 신상학, 홍범희 등도 당선되어 족청에 힘을 보탰다. 또한 이범석 장군과의 개인적 친분과 정치적 이해득실을 감안하여 '친족청'으로 간주되는 윤재욱, 김영기, 진헌식, 남궁현, 정현모, 정도영, 황호현 등의 진출로 족청은 제헌국회에 20개 의석을 가진 청구회(靑丘會)를 출범시켰다. 청구회와 이범석 개인의 정치적 저력의 합작으로 족청은 대한민국의 초대 국무총리를 탄생시켰다.

김웅권은 제헌국회에서 외무국방위원회 국방분과위원으로 활동하였다. 1948년 10월 13일 박종남 의원이 '외군 철퇴 요청에 관한 긴급동의안'을 발의하자 이에 반발하여 11월 20일 최윤동 등 90여 명의 의원들과 함께 '미군 주둔 요청 결의안'을 발의하였다. 1949년 6월 21일 미국의 군사고문단과 원조를 환영하는 성명서에 이름을 올리기도 하였다. 1969년 12월 17일 제헌국회의원으로서 「헌법」을 제정하고 정부 수립의 기틀을 튼튼히 하는 데 이바지한 공로로 국민훈장 무궁화장을 받았다.

파주 3.1만세시위를 주도했던 애국 청년 김웅권은 파주 지역 기념비들에 이름을 남겼다. 그중 '파주 3.1운동 발상비'는 광탄면에서, '파주 3.1운동 기념비'는 조리면에서 찾아볼 수 있다. 발상비는 앞면에 '3.1운동 발상비'라는 문자가, 뒷면에는 광탄면민 명의로 된 추모의 글이 새겨져 있다. 기념비는 앞면에 '3.1운동 기념비'라는 문자와 함께 비문이 적혀 있고 뒷면에는 파주 3.1운동을 주도한 김웅권을 비롯한 19인의 명단과 당시 만세를 부르다 희생된 8인의 명단, 옥고를 겪은 22명의 명단이 새겨졌다. 이 기록들을 통해 김웅권과 동지들은 세월을 넘어 후손들과 만나고 기억될 것이다.

1 중국 대학 재학 시절
(왼쪽이 김웅권 의원)

2 중국 상해임시정부 활동 시절
(오른쪽이 김웅권 의원)

3 파주 3.1운동 발상비(광탄면 소재)

4 파주 3.1운동 기념비(조리면 소재)

10

제헌국회의원

김진구

국민훈장 무궁화장 수훈

백곡 김진구, 선의를 베풀고 대의를 이루다

김남석 | 손자[1]

필자의 어머니는 필자가 집을 나설 때 특별한 일이 없으면 200m 남짓의 골목길을 지나 방향을 틀어 사라질 때까지 뒷모습을 바라보아 주는 분이셨다. 등교하는 아이의 발걸음을 바라보며 하루를 잘 보내기를 바라시는 마음이 오롯이 느껴졌고, 누군가 사랑의 의미를 묻는다면 누군가의 행복을 빌고 지켜보는 마음이라고, 이것이 전해져서 누군가가 열심히 하루를 살게 하고 생의 의미를 주는 것이라고 대답할 것이다. 아울러 어머니는 필자에게 조부의 업적과 영광을 구현하라는 뜻으로 "왕대밭에 왕대 난다(모든 일은 근본에 따라 거기에 걸맞은 결과가 나타나는 것임을 비유적으로 이르는 말)."라고 말씀하시면서 조상의 업적에 부끄럽지 않게 노력, 성장해 가라며 자부심과 의지를 북돋아 주셨다.

이번에 필자는 조부 김진구(金振九, 1906~1987)[2] 제헌국회의원의 자취를 더 큰 관심과 애정으로 살펴볼 수 있었고, 할아버지와 얽힌 애틋하고 정겨운 기억을 나누고자 한다.

---

1 중앙대학교 법과대학, 중앙대학교 대학원 경영학과를 졸업했으며, 연세대학교 GBI, MBA 과정을 마쳤다. 한국전력에 근무하였으며, 현재는 ㈜빌텍 상임감사로 재직 중이다. 제헌국회의원유족회 부회장직을 맡고 있다.

2 삼척 출생. 1906년 7월 29일~1987년 4월 5일. 제1대, 제5대 국회의원(참의원).

김진구 제헌국회의원은 종로구 소재 배재고보를 졸업했다. 배재고보 재학 중 삼척군유학생회를 조직하여 군내 9개 면에서 순회강연과 소인극을 공연하며 농촌 계몽을 하였고 배재고보를 졸업한 후에는 개량 농업(양돈과 양계, 배설물을 활용한 과수, 양모)을 전개하였으며, 관개 수로를 정비하여 밭을 논으로 만들어 논농사가 가능하게 만들었다. 『조선일보』 지국을 경영하였으며, 탄광 갱목에 필요한 목재 지정상과 과수 판매를 통해 큰 수익을 올렸다. 광복 후에는 미군정 고문으로 선출되었으며, 대한독립촉성회 삼척지부를 결성, 지부장으로서 좌익 난동을 저지하였다. 제헌국회의원이 된 후에는 상공산업위 간사를 맡아 국가 경제 발전에 기여하였으며, 특히 삼척 지역 중공업 단지(삼화시멘트, 북삼화학, 삼화제철, 삼척탄광 등 광복 이후 삼척 지역은 지금의 포항, 울산 산업 단지의 역할을 수행) 발전에 기여하였고, 삼척 중공업 물자 수송을 위한 영주-철암 간 철도 개발을 교통부장관(허정)과 이승만 대통령에게 강력히 건의하여 1950년 2월 착공을 관철시켰다(이후 1953년 개통됨.). 이후 1960년 5대 국회 때 민주당 참의원을 지낸 후 신민당 특임고문을 역임하였다.

필자가 고 1 때인 1983년에 조부를 따라 함께 짧은 여행을 다녀온 적이 있다. 임계면사무소에 가서 공무원들과 산림 관련(산림 관리, 간벌 등) 이야기를 나누시는 것을 들었고, 이후 면사무소 인근에서 5대 참의원(1960년) 선거 당시 한 마을 전체에서 몰표를 해 주셨다는 지역 노인분들께 조부는 소주 됫병을 사서 김치 안주에 술잔을 함께 기울이면서 지난 일에 감사 표시를 하셨고, 기분 좋은 이야기를 나누셨다. 이후 조부 소유의 산을 관리하는 분의 댁에서 함께 묵었다. 마침 그 댁에서는 갓 잡은 닭에 황기를 넣은 황기탕을 끓이셨는데 귀하신 분 오셨다고 한 마리 모두와 산자수명 정선 냇가에서 잡은 민물고기 구이를 조부와 나에게 대접하셨다. 조부는 황기탕 반을 덜어 함께 드시라고 다시 보냈으나, 그 댁에서는 아침에 반 남은 황기탕을 다시 대접하셨다. 지금도 임계면사무소 근처에서 먹은 막국수(초계국수와 유사)와 정선 주택에서 먹은 황기탕 때문에 초계국수와 황기탕을 먹을 때면 조부와의 짧은 정선 여행을 떠올리게 된다.

조부가 33세(1938년) 때 농장의 실패와 부채 정리 문제로 가산이 어려워졌다. 그즈음 삼척개발주식회사(현 대한석탄공사)가 삼척에 들어왔다. 삼척 지방의 무역 탄광을 개발하기 위해서였다. 어느 날 조부가 경찰서에 볼일이 있어 들렀다가 경찰 간부들이 은밀히 말하는 것을 우연히 들으셨는데, 대화 내용은 묵호항과 정라항이 개발되고 북평에도 철도국의 기관구가 세워진다는 것이었다. 묵호항의 개발과 북평의 기관구는 삼척개발주식회사가 캐내는 석탄을 실어 나르기 위한 것이라는 내용이었다. 일대가 개발되면 땅값이 오를 것이라는 생각이 들어 일대를 돌며 1할 계약금만 주고 땅을 사들이셨다. 평당 15전 또는 30전, 최고로 좋은 땅은 1원씩, 몇천 평을 1할 계약금만 주고 사들였는데 중개인은 평당 3원 50전씩에 조부의 땅을 사들이기로 하니 뜻밖에 폭리를 취하게 되었다. 이때 조부는 “고향을 지키며 지방민을 지도하겠다고 생각한 내가 개발 붐을 타고 개발을 모르는 농민들로부터 싼값으로 땅을 사들여 폭리를 취한다는 것은 좋은 일이 못 된다. 오히려 사람들을 일깨워 싼값에 팔지 못하도록 하는 것이 옳은 일이 아닌가?” 하고 생각하셨다. 그래서 1할만 주고 사들이기로 계약한 땅을 모두 해약하자고 제의하여 대부분 해약했으나 몇 분들은 계약 당시의 시세에 팔았는데 땅값이 올랐다고 해약하는 것은 아니라고 하여 이로 인해 몇천 원의 돈을 벌었고 이때 해약을 한 사람들로부터 고맙다는 치사를 받았다. 이는 후일 제헌국회의원 선거에 큰 도움을 받을 수 있는 계기가 되었다고 한다.[3]

조부는 소탈하신 분이고 인간관계를 우선으로 여기셨다. 조카가 경영하던 동부고속을 타고 가면서 운전사와 안내양이 휴게소에서 제공하는(당시에는 고객인 고속버스 승객들이 휴게소를 이용해 주는 대가로 고속버스 승무원에게 무료로 제공함.) 제대로 된 식사를 대접하고자 했는데도, 어묵꼬치라도 대접하고 싶다는 지역민의 선의를 받아 맛있게 한 꼬치를 드셨다. 옆에 있던 손자인 필자는 제대로 된 한 상 대신 어묵 한 꼬치에 의아해했고 어린 마음에 약간 실망한 기억이 있다.

1984년경 동해 고속버스터미널에서 조부와 택시를 탔는데, 택시 기사님이 미터기 요금이 아닌 터미널에서 기다린 대기 수당을 고려한 당시 관행 요금을 청구하자, 조부는 나라가 정한 미터기 요금을 넘어서는 요금을 청구하는 것은 정당치 못하다고 말씀하시면서 당장에는 이득인 것 같지만 고객들이 감소하는 결과를 낳는다고 말씀하셨고, 올림픽과 아시안 게임을 준비하는 우리나라에서 이제는 잘못된 관행을 타파하고 제대로 된 기준을 세워 나가야 한다고 말씀하셨다. 택시 기사님은 수긍하시면서 미터기 요금만을 받으셨다. 조부 관련 신문 기사 두 편에서 본인부터 나름 기준을 세우고 원칙을 지키셨음을 살펴볼 수 있었다. 1959년 8월 6일 자 『동아일보』 기사에는 다음 내용이 실려 있다.

제헌국회의원 강원도 지구 산업 시찰단은 요 며칠 전에 시찰을 마치고 난 후 여비가 십

3 『강원도 저명인사 회고록 격랑 반세기 1권』(강원일보사, 1988) pp. 167~168에서 인용.

팔여만 환이 남아서 이것을 어떻게 처리할 것인가를 논의한 결과 김진구(민주당) 제의로 여비를 준 석탄공사(이하 석공)에 도로 반환키로 하고 그대로 석공에 보냈다는데 석공 측의 말에 의하면 석공은 과거 여러 번 여비를 낸 일이 있으나 이번같이 여비가 남았다고 도로 반환받은 일은 처음이라고. 특히 동 지구를 시찰한 제헌국회의원들은 삼척 지구 시찰에 있어서 경찰서장이 마음껏 대접하는 것을 받은 것이 인상적이었다는데, 알고 본즉 동 지구는 현 민의원인 김진만 씨가 자유당이고 제헌국회의원인 김진구 씨가 민주당이라 김씨 형제가 여야당으로 갈려져 있기 때문에 만사 트러블이 없고 또 경찰서장도 마음껏 접대를 할 수 있었을 것이라는 흥미 있는 이야기 한 토막. 그러고 보니 삼척 지구에서는 김씨 형제들의 호양 정신은 백% 발휘된 셈.

1960년 12월 23일 자『경향신문』기사 발췌분은 다음과 같다.

특히 신민당의 김진구 의원은 "각부 장관과 기관장에는 모조리 수천만 원의 판공비라는 것을 예산에 넣고 있는데 그 돈은 어떻게 쓰라는 돈인지 설명을 좀 해 주시오."라고 이야기했고, 이것이 동기가 되어 참의원 의장단의 판공비는 3분의 1을 절약하여 국고에 반납시키자는 부대 결의까지 나오고 말았는데 판공비를 들추어 낸 것은 참의원의 '히트'라는 것이 방청자들의 뒷공론이 되어 있다.

조상으로부터 받을 수 있는 것은 크게 세 가지라고 한다.

첫째는 재물이고, 둘째는 교육이고, 셋째는 음덕이다. 그중에 제일은 음덕이라고 한다. 자손에게 재물을 남기는 것보다는 교육을 해서 재산을 지킬 수 있게 하는 것이 낫고, 교육보다 더 으뜸은 훌륭한 인간관계와 베풂으로 공덕을 쌓는 것이라고 한다. 남을 돕거나 선행을 베풀 때는 그 결과를 바로 기대하지 말고 꾸준히 덕을 쌓으면 더 나은 인간관계를 형성하고, 더 행복한 삶을 살아가는 데 큰 도움이 되고, 대를 넘어 자손의 번영을 가져온다고 한다.

별세 후 38년이 지난 지금도 조부 기일 제사상에 올리라고 문어를 매년 보내주시는 분이 있다. 생전에 보살핌을 받으셔서 잊지 않고 보내시는 것이다. 조부의 음덕이 크셨음을 짐작하게 되고 귀한 음식을 필자가 누리니 베푸신 조부와 보답하시는 분 모두에게 감사한 마음이다.

증조부인 김항경 선생은 개명한 선각자로 독립 민족 사상가로서 활동하셨고, 영동 지역에 3.1상회를 주식회사로 창립하여 한국인 소비자 보호 및 일인의 폭리에 대항하셨으며, 단주회로 청장년들의 건전한 생활 기풍 확립에 기여하셨고, 새마을운동과 비슷한 민간 주도의 모임인 농회를 조직, 이후 각 동리마다 농회가 확산하는 계기를 만드셨다. 미신 타파에 앞장서셨으며, 산림계를 조직하여 식수 계몽과 애림 사상을 고취하셨다. 43세에 돌아가셨을 때는 영동 일대 주민들에 의해 사회장이 치러졌다.

아버지 김복기 님은 당신의 어머니인 할머니께서 신언서판이 모두 뛰어난 사람이라고 자랑스러워하셨을 만큼 여러 가지 면에서 균형이 잡혀 있는 멋진 분이셨고, 주위에 좋은 분들이 항상 함께하셨으며 대개의 경우 모임의 중심에 계셨다.

조상님들의 음덕으로 반백 년 넘은 인생을 큰 어려움 없이 살아왔다. 제헌국회의원을 추억하는 뜻깊은 제헌국회의원유족회 창립 30주년 행사에 동참하면서 증조부모님, 조부모님, 부모님의 인생과 시간이 오롯이 필자에게 이어져 있고, 또다시 후손들에게 이어짐을 느낀다. 가까이 있는 소중한 이에게 든든한 고리가 되어 주는 멋진 아빠, 남편, 사위, 조카, 동생, 형이 되고, 영향력의 원을 확대하여 주변인들에게 가능한 한 조건 없이 많은 것을 주고, 힘도 되어 주며 묵묵히 공덕을 쌓는 이가 되어야겠다는 다짐을 해 본다. 이를 통해 자랑스러운 대한민국 기틀을 세운 제헌국회의원의 후손으로서 드러내지는 않지만 마음 깊은 곳에 자부심을 품고 우리나라, 나아가서 세계에 기여하는 멋진 대한국인의 품격을 발휘하고 싶다.

1 19세 때 배재고보 시절 귀향하여 동생들과 함께 기념 촬영
(맨 왼쪽이 김진구, 앞줄 오른쪽이 김진만 7선 의원)

2 삼척유학생회를 조직하고 9개 면 순회강연에 앞서 기념 촬영
(뒷줄 오른쪽에서 네 번째)

3 강원도 미군정고문단 일동
(앞줄 왼쪽에서 네 번째)

4 제헌국회의원 김진구

11

제헌국회의원

김태수

진해 할아버지 김태수

김동욱 | 손자[1]

나의 할아버지 김태수(金泰洙, 1905~1970) 선생은 대한민국 제헌국회의원이셨다. 그리고 나는 그 뜻깊은 유산을 이어받아 '대한민국제헌국회의원유족회'의 일원이 되었다. 유족회가 2025년 12월 창립 30주년을 앞두고 특별한 기념사업을 준비하고 있다. 제헌국회의원의 후손들이 기억하는 아버지 또는 할아버지로서의 모습, 인간적인 면모와 소소한 에피소드를 모아 『시대의 얼굴들 – 제헌국회의원을 추억하다』라는 책을 발간하는 것이다. 의미 있는 사업에 동참할 수 있게 된 것을 기쁘게 생각한다. 할아버지가 후손들에게 더 오래 기억되기를 희망하며, 어린 시절 내 삶에 스며들었던 할아버지와의 추억을 회상해 본다. 다만 아쉬운 점은 내가 할아버지와 함께한 시간이 너무나 짧았다는 것이다. 어린 눈으로 바라본 할아버지의 모습은 단편적인 기억으로만 남아 있다. 비록 희미한 순간들뿐이지만 이 소중한 기억들이 의미 있게 기록되어 후손들의 마음에 더 오래 기억되기를 소망한다.

할아버지는 1905년 경상남도 창원군 진해면 풍호리(현 창원특례시 진해구

1 서울시립대 대학원에서 행정 관리 전공으로 행정학 석사학위를 받았으며, 서울소방재난본부 기획팀, 감사총괄팀 등에서 근무하면서 안전센터장, 현장 지휘관 등을 역임하고 퇴직하였다. 서울특별시 소방 공무원 신규 채용 시험 문제 편집위원 및 초급현장지휘관 자격인증평가 평가위원 등으로 활동하였다.

풍호동)에서 태어나셨다. 일제강점기에 겨레의 광복과 민족정신에 뜻을 같이하는 동지 사십여 명을 규합하여 경상남도 진해에서 머나먼 평안북도 정주까지 가서 3.1운동 민족 대표 33인 중 한 분인 남강 이승훈 선생이 민족정신을 고취하고 독립운동의 인재를 양성하기 위하여 설립하신 오산고등보통학교를 졸업하셨다. 그 후 신간회 창원군 지부 총무간사, 계광학교(현 웅동중학교) 교사, 조선청년총동맹 창원군위원장, 진해어업조합장, 진해금융조합장, 대한독립촉성국민회 창원군지부장 등으로 활동하셨다. 경남 창원갑 제헌국회의원을 지내시며 민족의 독립과 발전을 위해 헌신하셨다. 특히 신간회 활동 시기에는 소작 쟁의에 적극 참여하시며 우리 농민들의 권익을 옹호하는 항일 투쟁에 앞장서는 등 평생을 농촌 계몽과 농민들의 권익 향상에 매진하셨다.

내가 태어난 후 연년생인 여동생이 생기자, 나는 첫돌이 지날 무렵부터 조부모님 품에서 성장하였다. 가족은 우리 인생의 바탕을 만들고, 성격과 가치관을 형성하는 터전이 된다. 그중에서도 가족의 사랑과 지지는 한 사람의 삶에 가장 깊은 뿌리를 내린다. 나에게 그 뿌리는 바로 조부모님, 특히 할아버지의 사랑이었다. 철없던 어린 시절에도 나는 '내가 할아버지한테 매우 소중한 사람인가 보다.'라고 어렴풋이 느낄 수 있었다. 세월이 흐르고 나이가 들어서야 비로소 깨달았다. 나는 할아버지에게 눈에 넣어도 아프지 않을 손자였다는 것을. 내가 받은 것은 철이 없어 그 의미도 모른 채 마음껏 누렸던 할아버지의 깊고 넓은 사랑이었다는 것을. 지금에서야 그 사랑의 무게와 따스함을 온전히 이해하게 되었다.

할아버지는 내가 7살 때인 1970년 8월 중순, 무척 더운 여름날에 향년 65세를 일기로 세상을 떠나셨다. 사인은 뇌일혈이었다. 어린 나이였지만 할아버지의 갑작스러운 죽음은 마른하늘에 날벼락 치듯 나의 작은 세상을 완전히 무너뜨렸다. 그날의 기억은 지금도 선명하다. 할아버지가 돌아가셨다는 사실이 도무지 믿기지 않았다. 할아버지의 죽음이 너무 슬퍼 혼자 조용히 집 뒤편으로 가서, "하나님, 제발 우리 할아버지 살려 주세요."라고 한참을 흐느껴 울며 간절히 기도했다.

할아버지는 일생을 욕심 없이 살다 가신 청렴한 분이셨다. 제헌국회의원을 지냈음에도 할아버지와 내가 함께 살던 집은 남의 집 단칸방에 불과했다. 새로 부임한 경찰서장이 인사차 방문했을 때, 우리 집을 보고 몹시 의아해했다고 한다. '이런 집에 사실 분'이 아니라며 집을 잘못 찾았다고 수행 직원을 꾸짖기도 했다는 일화가 있다. 또한 내가 초등학교에 다닐 무렵 할아버지 제삿날에 종조할아버지(할아버지의 동생)께서 들려주신 일화에 따르면, 할아버지는 물질적인 유혹에 현혹되지 않도록 주변을 경계하는 분이셨다. 종조할아버지께서 공직에서 물러나신 후 관변단체장 제의를 받고 수락 여부를 할아버지와 상의하였을 때 할아버지께서는 그 단체의 일 년 예산이 상당한 규모라는 소리를 듣고는 '떡을 만지다 보면 떡고물이 손에 묻게 마련'이라며 그 자리를 만류하셨다고 한다.

할아버지는 특히 자신의 직위나 권한을 이용하여 주변 사람들의 부당한 이익을 도모하는 일을 멀리하셨다. 할아버지가 돌아가신 후, 운수업에 종사하던 일가 어른께서 "내 형님(할아버지)이 국회의원이면 뭐 해? 형님께서 교통 위반 딱지(교통 범칙금) 하나 처리해 준 적이 없다."라며 푸념 아닌 푸념을 늘어놓으시는 것을 직접 들은 적이 있다.

할아버지께서는 생전에 형식과 권위, 관례와 풍습이라는 굴레에서 벗어나 현실에 맞게 제례를 조정하고 허례허식을 타파해서 여성들의 부담을 덜어 주어야 한다는 말씀을 자주 하셨다고 한다. 당시로서는 매우 진보적인 생각이었다. 더욱 놀라운 것은 당시 보편적이었던 매장 위주의 장례 문화에 대한 할아버지의 생각이었다. 할아버지는 매장 문화의 문제점을 지적하시고 당신께서 돌아가신 후에는 반드시 화장하도록 당부하셨다고 한다. 실제로 할아버지 장례 기간에 아버지와 집안 어른들이 이 문제를 두고 격론을 벌였던 모습이 아직도 생생하다.

할아버지는 막걸리를 좋아하셨다. 지금도 막걸리를 마시면 자연스레 할아버지가 떠오른다. 지금 같으면 상상할 수도 없는 일이지만, 당시만 해도 아이들의 막걸리 심부름은 흔한 일이었다. 할아버지께서 바깥일을 마치고 집으로 돌아오실 때쯤 할머니는 낡은 놋 주전자를 들고 동네의 유일한 점방(구멍가게)으로 가서 막걸리를 받아 오셨다. 그러면 나는 "제가 갔다 올게요."라고 말하고 막걸리 심부름을 자처하고는 했다. 당시 점방에서는 막걸리를 큰 단지에 넣어 두고 주전자를 들고 오면 바가지로 퍼 주는 방식으로 막걸리를 팔았다. 사실 내가 막걸리 심부름을 자처했던 이유는 '도대체 이게 무슨 맛이길래 그렇게 찾으시나.' 하는 순수한 궁금증 때문이었다. 집에 돌아올 때는 주전자 주둥이에 입을 대고는 홀짝홀짝 맛보기도 했던 기억이 엊그제같이 생생하다. 그때를 떠올리면 지금도 입가에 미소가 떠나지 않는다.

1970년 8월 18일 거행된 할아버지 영결식에서 김성은 전 국방장관은 조사를 낭독하며 할아버지를 이렇게 추억했다.

> 달 밝은 밤이면 막걸리 한 잔에 취하셔도 안민고개(경남 창원특례시 진해구 태백동과 성산구 안민동을 잇는 고개이며, 특히 일출·일몰 풍경과 야경이 아름답기로 유명하다.)

까지 단숨에 차로 달려 진해만의 야경을 내려다보시며 곧잘 시를 읊으시기도 하셨으며, 민족의 지난날의 비애를 문장으로 달래 보시며 민족과 조국의 장래를 염려하신 적도 한두 번이 아니었습니다.

지역 제헌국회의원의 종손이라는 이유로 나는 어려서부터 주변의 많은 관심을 받고 자랐다. 동네 이발소에 머리를 자르러 가면 키 작은 꼬맹이들은 이발소 의자 팔걸이 위에 널판자를 하나 올려놓고는 그 위에 앉아서 머리를 잘랐다. 내 머리를 자르기 시작할 때면 이발사 아저씨는 차례를 기다리는 손님들의 무료함을 달래 주기 위해 "이 아이가 김태수 제헌국회의원 손자입니다."라고 나를 소개하고는 했다. 손님들은 이구동성으로 "공부 열심히 하고 잘 자라서 할아버지처럼 훌륭한 사람이 되라."라고 격려해 주셨는데 당시 나는 주변의 그런 관심이 너무 부담스러워 이발소에 갈 때마다 문 앞에서 머뭇거리기 일쑤였다.

제11대 국회의원 선거를 앞둔 1981년 3월 어느 날, 정류장에서 버스를 기다리던 와중에 동네 어르신 몇 분이 출마한 후보자들의 선거 벽보를 보면서 담소를 나누고 계셨다. 그분들의 대화 속에서 돌아가신 할아버지의 이름이 들렸는데, 하나같이 입이라도 맞춘 듯 칭찬 일색으로 할아버지를 추억하고 있었다. 그때 나는 앞으로 할아버지의 명성에 먹칠하는 일은 절대 해서는 안 되겠다고 마음속으로 다짐했다. 나는 할아버지를 통해 삶을 어떻게 살아야 하는지 배웠다. 매 순간 내 자신이 할아버지의 정신에 맞게 살고 있는지 고민했다. 할아버지가 주신 정신적 자양분 덕분에 30년이 넘는 공직 생활 동안 매사에 진중하게, 큰일이든 작은 일이든 최선을 다하는 자세로 임할 수 있었고, 덕분에 긴 공직 생활을 어떤 흠결도 없이 마칠 수 있었다.

할아버지는 이름만 들어도 누구나 알 만한 유력 정치인은 아니었지만, 언제나 주변 사람에게 존경받는 분이었다. 특히 손자인 나에게는 한없이 큰 사랑을 베풀어 주시던 분이었다. 할아버지는 내가 평생 가장 존경할 만한 분이었고, 나의 인생을 이끌어 주는 보름달 같은 존재였다. 할아버지의 손자로 태어날 수 있었음에 더없이 기쁘고 행복하다.

대한민국 근대화의 기틀을 마련하고 국가 발전에 중추적인 역할을 했던 제헌국회의원들의 진정한 애국정신은 비단 우리 후손들뿐만 아니라 모든 이가 기억하고 오래도록 계승해야 할 가치이다. 그런 의미에서 이번 책의 발간은 단순한 사료적 가치를 넘어, 제헌국회의원 한 분 한 분의 인간적 면모와 애국정신을 후세에 전하는 소중한 기록이 될 것이라고 믿어 의심치 않는다.

1 김태수 의원

2 김태수 의원(맨 오른쪽)

12

제헌국회의원

류래한

명함에 대한 소고

검소함과 청렴함에 대하여

류승현 | 증손자[1]

“대한민국은 민주공화국이다. 대한민국의 주권은 국민에게 있고, 모든 권력은 국민으로부터 나온다.”「헌법」 제1조의 조문은 민주주의가 위협받거나 대통령의 탄핵과 같은 중대한 순간마다 국난을 극복하고자 하는 국민의 의지와 단결을 떠올리게 하며 누구나 가슴 깊이 되새기게 된다. 나는 이 문장을 마주할 때마다 왠지 모를 뭉클함과 뿌듯함 그리고 말로 다 표현할 수 없는 미묘한 감정을 느끼고는 한다.

이러한「대한민국헌법」을 제정하시고 나라의 기틀을 세운 이운(怡雲) 류래한(柳來漢, 1888~1956)[2] 선생이 나의 증조부라는 사실에 대해 늘 자긍심과 깊은 존경의 마음을 품어 왔으나 그 감정을 쉽게 겉으로 드러내기보다는 조용히 마음속으로 간직해 왔다. 아마도 이러한 성향은 우리 집안의 조심스러운 분위기에서 비롯된 것이라고 생각된다. 과거 집안 어른들께서는 시대적 상황으로 인하여 할아버지의 과거 독립운동의 경력이나 정치적 이력이 혹여 자손들의 사회

---

1 현재 이운물산 대표이사, 삼진식품 이사직을 맡고 있으며, 부산광역시 북구에 거주하고 있다.

2 원명(元名)은 류래완(柳來琬), 제헌국회의원 당선 후 류래한(柳來漢)으로 개명하였다.

생활, 특히 직장 내 인사나 평가에 불이익을 줄까 염려하였고, 경제적으로 넉넉하지 못한 시기에는 자칫 자랑이 업신여김의 대상이 되지 않을까 걱정하셨던 것 같다. 그래서인지 집안의 분위기는 자랑보다는 절제와 내면의 존경이 우선시되었다. 실제로 주변에서 어쩌다 증조부님의 이력을 우연히 알게 된 이들로부터 "그때 그 자리에 있었을 때 뭐 하셨냐?", "그런 집안이면 뭐라도 됐어야 하지 않느냐.", "요즘은 조상 덕으로 잘사는 사람도 많던데."와 같은 반응을 들은 적도 있었다. 물론 그러한 시선은 오늘날 일부 정치인이나 공직자들의 모습에 익숙해진 이들이 제헌국회의원으로서 초심을 지키며 청렴하게 살아가신 선대의 삶을 쉽게 이해하지 못하기 때문일지도 모른다.

2025년은 광복 80주년이고 제헌국회의원유족회 창립 30주년이 되는 뜻깊은 해이다. 이에 유족회는 윤인구 회장과 임원진들의 노력으로 격동의 시대를 살아오신 제헌국회의원의 삶을 조명하고 그 발자취를 후세에 전할 유산으로 남기기 위한 자료를 수집하여 책으로 엮고자 한다고 한다. 삶을 살아가며 우리 모두는 각자 고유한 흔적을 남기게 되고 이러한 흔적은 후세에 전해지는 징검다리가 되어 어느 누군가의 삶에 영향을 주는 소중한 유산이 되기도 한다. 나 또한 할아버지의 다른 어떠한 유품보다도 내가 힘들고 지칠 때마다 나의 마음을 다잡아 준 명함과 몇 가지 일화를 소개하며 그분의 삶이 어떤 울림으로 남아 있는지를 나누고자 한다.

제헌국회의원 이운 류래한 선생은 평생을 검소하고 청렴하게 살며 조국과 국민을 위한 삶을 몸소 실천하셨다. 본관이 진주 류씨로 조선 초 중종반정 정국일등공신인 영의정 문성공 류순정(柳順汀)의 15세손이며 대대로 서울 지역의 명

문가로서 격동의 구한말 성균관박사와 대한제국 법관 양성소 교수이신 우강 류태영(柳台永) 선생의 3남으로 경기도 양평군 남종면 귀여리(현 경기도 광주시 남종면)에서 태어나셨다. 일찍이 개화를 위해 신교육의 필요성을 깊이 인식한 선친의 영향으로 서구 열강과 일본 제국주의 위협에서 벗어나고 조국 근대화의 큰 뜻을 품고 있던 중 대한제국 관비 유학생으로 선발되어 조소앙 선생과 함께 와세다대학 특수과에 입학, 수료한 후 고베대학 상학과에 진학, 졸업하셨다.

귀국 후 보성청년단을 조직, 단장으로 1919년 3.1만세운동에 참여하였고, 3.1운동 이후 조선 민중의 봉기에 놀란 일제가 이른바 '문화 통치'를 표방하며 일부 조선인을 공무원으로 채용하기 시작하자 이를 기회로 일제의 감시를 피하고자 위장 취업을 통해 독립운동을 은밀히 이어 가셨다. 1920년에는 조선독립단 동부 소요 사건의 핵심 인물로 한덕리, 여운형, 여중현(상해 임정 재무관) 선생 등 14인과 함께 구속되어 옥고를 치렀다. 출옥 후 일본 제국주의의 요시찰 인물로 분류되어 관리와 감시의 대상자로 활동에 제약을 받았으나, 그러한 상황에서도 민중의 무지야말로 일본 제국주의보다 더 두려운 것이라며 민중 계몽을 위해 교육의 중요성을 절감하고 사립 종남학당과 양서학당의 설립(후에 양서보통학교로 개칭)에 참여하여 후학을 양성하셨다. 또한 무엇보다 근대화를 위해서는 여성 교육과 사회 참여가 절실하다고 생각하시고 농촌 야학을 통한 여성 교육에도 힘을 쏟으셨다. 이후 조선어학회 사건과 태평양 전쟁의 발발로 사회 사업과 교육 일선에서 물러나 본의 아니게 칩거하시게 되었고, 칩거 중에는 선대의 문집과 자료를 수집, 정리하여 조선 후기부터 대한제국까지 격변기의 정치, 경제, 사회, 문화를 집대성한 『몽벽루집(夢碧樓集)』과 『왕촌록(王村錄)』, 『수견록

(隨見錄)』을 집필, 완성하셨다. 광복 후에는 몽양 여운형 선생이 주도한 건국준비위원회에 참여하였고, 1946년 초대 양평면장, 남조선 과도 정부 입법의원으로 선출되셨다(의원 90명 중 미군정 임명 45명, 민선 45명 중 민선으로 경기 동부 대표 의원으로 당선).

1948년 5월 10일 무소속으로 제헌국회의원에 당선되어 개인의 이익보다 나라와 민족을 위한 의정 활동에 전념하셨다. 임기 후 나라와 국민에 봉사하고 뜻을 이루기 위해 2대 국회의원에 출마했으나 건강상 이유로 중도 사퇴하고 지인이었던 여운홍 선생의 당선을 도우셨다. 이후에는 6.25전쟁 고아를 위한 육영사업에 힘쓰다 1956년 9월 12일 서울에서 별세하셨다. 사후 1969년 대한민국정부로부터 국민훈장 무궁화장을 추서받았다.

사람이 사용한 물건들은 단순한 도구를 넘어 그 사람의 삶과 가치를 담고 있는 소중한 유산이라고 생각한다. 더욱이 구한말을 거쳐 광복과 대한민국 건국이라는 격동의 시기를 살아오신 할아버지를 비롯한 제헌국회의원분들의 유품은 더욱 그 의미가 깊다고 생각한다. 할아버지의 문집이나 사상에 대해서는 내 짧은 지식으로 논하고 설명하기 어렵다. 그런 의미에서 할아버지의 명함은 크고 화려하지는 않지만 강렬하고 간단명료한 가르침을 주는 유품이라고 할 수 있다. 할아버지의 작고 낡은 명함은 직접 수작업으로 마분지를 잘라 떨리는 손으로 한 자 한 자 정성스럽게 세필로 '제헌국회의원 류래한'이라 쓰신 것으로, 고졸(古拙)한 글씨로 간결하게 써 내려간 담백하고 검소한 자기표현의 정신이 깃들어 있다. 이 작은 명함이 주는 의미가 크기에 부모님께서도 다른 어떤 물건보다도 우리 3남매가 장성하여 혼례를 치르고 난 후 가장 우선하여 챙겨 주셨던 물건이지 않을까 생각한다. 어린 시절 전해 줄 물건이나 가훈 등을 알아 오라는 과제를 받을 일이 있었다. 그때 부모님께서 꺼내 보여 주신 것이 할아버지의 명함이었다. 어린 마음에 '다른 크고 멋진 것도 많은데 저것이 뭐라고…….'라고 생각했었다. 그때는 몰랐었다. 세월이 흘러 이 작은 명함이 이렇게 큰 의미로 다가오리라는 것을……. 명함에는 할아버지의 사상과 청렴한 삶의 방식 그리고 제헌국회의원으로서의 사명과 국민을 위한 봉사자로서의 자세에 대한 흔적이 고스란히 담겨 있다고 생각한다.

그리고 할아버지의 철학과 삶을 단편적으로 나타내는 몇 가지 일화 중 하나는 미군정 과도 입법의원으로 활동하던 시기에 일제 적산 재산 환수법을 만들어 남아 있던 일제의 적산을 다가올 건국을 위한 자산이라고 생각하여 한치의 사심도 없이 원리 원칙에 맞게 처리하셨다. 그러나 광복 후 공권력이 없던 혼란한 시기 일제 적산에 대한 관리가 허술한 틈을 이용하여 사리사욕을 채우는 자들이 있기 마련이고, 때마침 그런 상황이 안타까웠던 자제분들이 "아버지께선 일제 식민지 시절 갖은 고초를 겪으시고 여러 일을 하시느라 집안의 살림도 곤궁해졌는데 보상이라 생각하시고 적은 것이라도 취하심이 어떠하시냐."라고 볼멘소리를 하자 할아버지께서는 "과거 부정부패로 세계의 흐름을 놓쳐 36년간 일제 식민지로 국토가 유린당하고 이제 겨우 광복이 되었거늘 새 나라의 기초가 될 자산에 나의 자식들이 사심을 품는다는 것은 도저히 용납할 수 없는 일이다."라며 처자식이 있는 자제분들을 따로 불러 엄히 훈계하셨다고 한다. 또한 제헌국회 의정 활동 중 의원 예우 차원으로 정부에서 의원 전용 고급 궐련을 별도로 제조해 제공하는 것에 대해 그 부당함을 지적하셨는데, 국회 단상에 올라 “새로운 국가 건설과 국민의 어려움을 외면하고 의원의 입맛부터 챙겨야 하겠느냐.”라며 일반 연초인 장수연을 가져오라며 관료와 동료 의원들의 각성을 촉구하셨다고 한다.

국회의원은 국민을 대표하여 정책을 만들고 법을 제정하는 막중한 책임을 지고 있다. 이러한 임무를 수행하는 사람이라면 무엇보다 청렴, 검소해야 하며 그 청렴함과 검소함은 삶의 방식에서도 자연스럽게 드러나야 한다. 할아버지께서 남기신 명함과 일화에 나타난 검소함은 단순히 적게 쓰고 절약하는 것이 아니라 국민의 세금으로 운영되는 공직자의 도리로서 사적인 이익을 탐하지 않고 국가와 국민을 위해 헌신하겠다는 다짐의 표현이다. 다산 정약용 선생은 “그윽이 생각건대 털끝만큼 작은 것이라도 병들지 않은 것이 없으니 지금 이를 고치지 않으면 반드시 나라가 망하고 말 것이다.”라고 하였다. 다산 선생의 말씀과 같이 할아버지께서는 제헌국회의원으로 당선되신 후 친인척의 인사 청탁을 철저히 배제하였으며, 어렵고 힘든 자들 중에 재능 있는 자를 발탁하고 교육의 기회를 주어 나라의 동량으로 키우는 데 주저하지 않으셨다 한다. 또한 당시 넉넉지 않은 세비에도 나라를 위한 국공채 매입이 먼저였고, 어렵고 힘든 자들을 위해 베푸는 삶을 실천하셨다. 할아버지께서는 늘 “넉넉하지 않게 살아도 비루하게 살지 말라.”라고 하셨는데 그 가르침은 지금도 우리 집안의 가풍으로 이어지고 있다.

대한민국은 제헌국회 헌법의 기초 위에 민주공화정으로 발전해 왔다. 「헌법」 제1조는 “대한민국은 민주공화국이다. 대한민국의 주권은 국민에게 있고 모든 권력은 국민으로부터 나온다.”라는 말과 같이 대한민국은 국민이 주인이 되는 민주적 국가이며 특정 계급이나 세습 권력에 의해 지배되지 않는 공화국임을 선언하는 것으로 할아버님을 포함한 제헌국회의원들께서 어려운 여건 속에서도 추구하고자 했던 민주공화정에 대한 열정과 열망이 잘 나타나 있다 하겠다. 정치는 국민을 위한 봉사이며 봉사의 출발점은 자신을 낮추는 태도에서부터 시작된다고 믿고 있다. 국회의원을 비롯한 지도층이 검소하고 청렴한 삶을 실천할 때 국민도 정치에 대한 신뢰를 가지며 더 나은 사회를 만들어 갈 수 있다고 생각한다. 청렴함과 검소함은 단순한 미덕이 아니라 정치인이 지녀야 할 기본 원칙이며, 국민을 위한 참된 길이다. 이러한 의미에서 할아버지의 명함은 단순한 한 집안의 소유물을 넘어 당시 제헌국회의원으로서 가졌던 사명감과 의무감을 후세에 이어 주는 귀중한 유산이라고 생각한다. 이러한 유산을 소중히 간직하고 그 의미를 되새기는 일은 우리에게 삶의 지혜와 가치를 전해 주는 중요한 과정이고 나아가 그분의 삶과 가치를 기리고 그 가르침을 이어받아 현재를 살아가는 우리의 삶에 되새기고 실천해 나가는 것이야말로 진정한 의미의 유산을 계승하는 길일 것이다.

1 과도 입법 개원 사진

2 『몽벽루집』

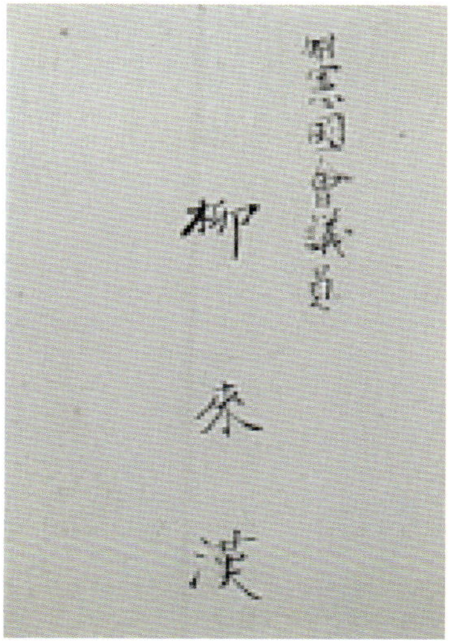

3 명함 사진
(당선 직후 류래한으로 개명)

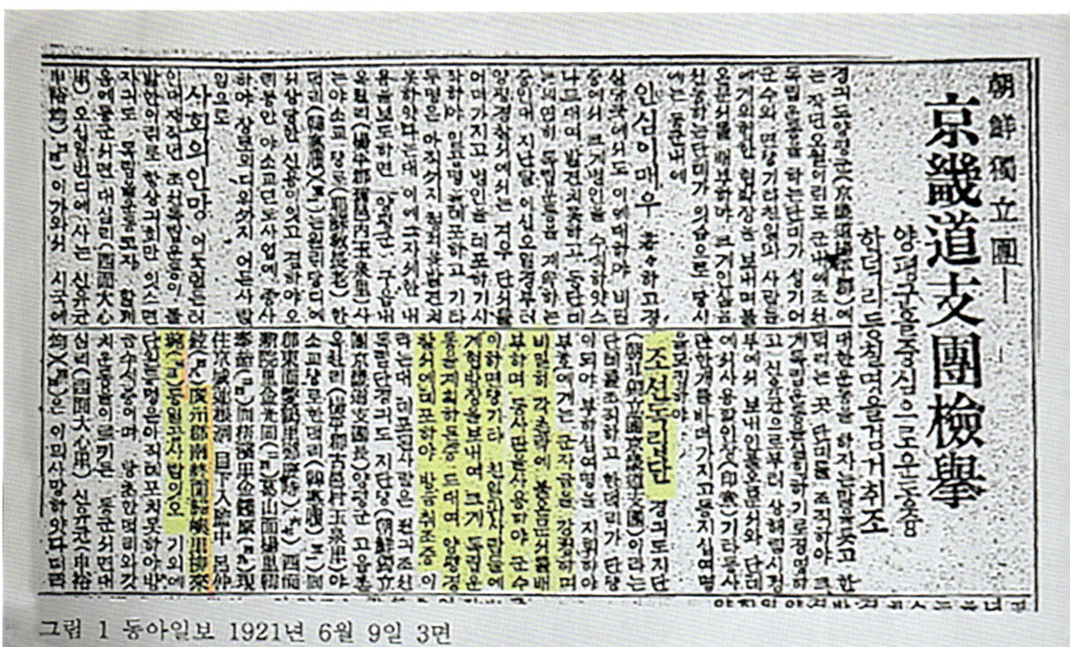
朝鮮獨立團—
京畿道支團檢擧
양평군을중심으로운동하던
리등칠명을검거취조

그림 1 동아일보 1921년 6월 9일 3면

4 조선독립단 신문 기사 내용(『동아일보』 1921년 6월 9일 자)

13

제헌국회의원

류준상

제헌국회의원 소정 류준상

유민호 | 손자[1]

나의 할아버지 소정 류준상(柳俊相, 1911~1950) 선생은 고흥 류씨로 1911년 4월 19일 전북 완주군 비봉면 소농리에서 출생하셨다. 위로 영밀공, 배정공, 어우공 등 걸출하고 훌륭한 조상을 모셨으며 의병장 의암 류인석, 류관순 열사와 일문구의사[2]의 위국 충정이 도도히 흐르는 집안이다.

광해군 때 이조참판을 지낸 고위 관리이자 외교관, 문학가이신 어우공의 야담,「양양 도중에」에 이런 부분이 있다.

북 놀리는 가난한 여인 뺨에 눈물 가득하니
처음엔 낭군 위해 겨울 옷 지으려 하였다오
아침에 세금 독촉하는 관리에게 갈라 주었는데
한 관리 막 돌아가자 다른 관리가 또 오네

이 시는 그 시대 민초들의 고단한 삶을 짐작할 수 있게 한다. 이런 시대인 1863년에 흥선군 이하응의 둘째 아들 명복(11세, 고종)이 왕위에 올랐다. 수렴청

---

1 캐나다 장로교 목사로 캐나다 매니토바주 노회장을 역임하였고, 카베리교회 담임목사로 섬기고 있다.

2 '일문구의사'는 전북 완주군 비봉면 내월리의 고흥 류씨 가문 출신으로, 익산시 여산면과 완주군 비봉면을 중심으로 항일 운동을 전개한 아홉 명의 의사를 말한다.

정하던 조 대비가 경복궁 중건을 명하고, 7년 공사에 경비 헌금 784냥이 들어갔는데, 그중 왕실 자금 11만 냥, 왕족 원납금(자발적으로 낸 돈) 34만 913냥, 나머지 백성 원납금이 727만 7784냥 4전 3푼이다. 말이 원납금이지 사실상 강제 징수였는데, 그 당시 완주군 고산군수는 배정금에다 자기 사용 목적의 금액을 더하니 그 금액이 너무 많아 백성이 도저히 감당하기에 너무 버거운 금액이었다. 이에 분개한 백성이 고산 장날에 모여 큰 시위를 하였다. 당시 권력이 막강한 군수였지만, 사태의 심각성과 군중 심리의 위협을 느껴 정문을 걸어 잠그고 샛문을 열고 이의가 있으면 대표로 한 사람만 들어오라고 하였다. 그러니 겁이 나서 아무도 들어가려는 사람이 없는데, 열아홉 더벅머리 총각이 서슴없이 들어갔다. 군수가 어디 사는 누구냐고 물으니, "다래실 (내월리) 고흥 류문 아무개입니다."라고 대답하고, 분명한 목소리로 "백성으로 국가 시책인 원납금을 안 내려고 하는 것은 아니지만, 흉년이 들어 먹고살기 힘든데, 도저히 감당하기 어려운 금액이니 대폭 감면해 주셨으면 합니다."라고 대답하였다고 한다. 이분이 제헌 국회의원 소정 류준상 선생이다.

당시에는 취사, 난방 등을 대부분 산에 가서 나무를 해다 해결하는 시대였고 낙엽 채취도 국가 허가 사항이어서 때로는 나무를 허가 없이 채벌하다가 분쟁이 있기도 하였다. 또한 대부분의 가정에서는 생활이 어려워서 주류를 직접 제조했는데, 이 또한 허가 사항이어서 관리들과 분쟁이 많았다. 국가에서 주관하는 토목 공사 또한 서민들에게는 어려움이 많은 부문이었다. 그 시대에 소정 류준상 선생은 지역 사회에서 항상 억울한 자, 약자 편에서 모든 것을 정의롭게 조정하여 많은 사람의 존경을 받았었다.

소정 류준상 선생은 1929년에 조경환, 조재관, 이교형, 류중억, 류연홍, 배병일 등과 내월리 어귀에 월봉학교를 세웠는데 후에 이 학교는 비봉보통(초등)학교가 되었다. 류준상 선생은 1946년 1월부터 1년간 광복 후 초대 비봉면장을 역임했고, 1948년 5월 10일 비봉, 봉동, 삼례, 조촌, 초포, 용진 등 완주갑 선거구에서 다수표로 당선되어 중앙 정치에 진출하셨다. 류준상 선생은 키가 훤칠하여 전주공설운동장에서 국회의원 후보자 정견 발표를 하실 때 다른 사람보다 훨씬 두드러졌으며, 제헌국회의원 전체에서도 제일 크셨다고 하였다. 또한 류준상 선생은 서른여덟의 패기 넘치고 당당한 제헌국회의원으로 이승만, 신익희, 조봉암, 곽상훈, 장면, 허정, 임영신, 윤치영 등 198명의 다른 의원들과 친분이 두터워 항상 정파를 뛰어 협력하셨고, 정부 조직 등 건국에 필요한 여러 제도를 마련하는 데 앞장서셨으며 재정경제위원으로서 1948년 6월 26일 본회의에서 독과점 배제 원칙을 확립시키는 데 공로를 세우셨다. 이는 「헌법」 제103조로 1948년 7월 17일에 공고되었고 동년 8월 15일 대한민국 민주공화국이 수립되는 데 근간이 되었다. 또한 「정부조직법」, 「국회법」, 「지방행정조직법」을 비롯한 각종 경제 관련 입법을 제안하셨다.

그러나 그 기쁨도 잠깐이었고 6.25전쟁으로 구금되어 1950년 9월 26일 전주형무소에서 순국하셨다.

소정 류준상 제헌국회의원은 1969년 12월 17일 박정희 대통령으로부터 국민훈장 무궁화장을 추서받았다. 유족으로는 고 남군희 여사, 장남 고 류희택 씨(전 중고등학교 교장), 차남 고 류희창 씨(전 통일주체국민회의 대의원), 차녀 류희선 씨(침례교회 권사), 그리고 사위 백성기 씨(전 부산 고신의료원 재단이사, 침례교회 장로)가 있다.

14

제헌국회의원

문시환

나라 없는 설움처럼 뼈아픈 서러움이 없다

박영인 | 외손녀[1]

일성(一聲) 문시환(文時煥, 1897~1973)[2]은 나의 외할아버지이다. 1897년 8월 12일 경남 동래군 남면(현 부산광역시 연제구 연산동)에서 아버지 문정두와 어머니 김은경의 1남 5녀 중 외아들로 태어났다. 동래 동명학교(현 동래고교)에 수학하던 중 교사 김병규의 교육에 영향을 받아 항일 감정에 가출하여 만주 안동현(安東縣, 현재의 중국 단둥)으로 갔다. 독립운동계의 연락 거점인 신동상회에서 일하며 독립운동 지사들을 도왔다. 1920년 기미육영회(己未育英會)의 장학생으로 선발되어 일본 동경정칙영어학교로 유학, 2년 과정을 수료한 후 미국 유학을 위해 밀항을 시도하였으나 일경에 발각되어 뜻을 이루지 못했다. 이후 상해로 가 다시 미국 유학을 시도했지만 실패했고, 우여곡절 끝에 모스크바로 가 동방노력자공산대학에 입학하였다.

하지만 공산주의자들이 유학생을 국력에 따라 차별 대우 하고, 공산주의 사상이 자신과는 맞지 않음을 깨달아 학업을 중단하고 고향으로 돌아왔다. 1973년 3월 2일 자 『부산일보』의 '그 사람은 지금 – 제헌국회의원 문시환 씨'에서 "공산

1 前 고등학교 과학 교사 및 전문 상담 교사, 과학교육학 석사, 명예퇴직 후 현재 초·중·고교 강사로 출강 중이다.

2 이명이 문세환(文世煥)이다. 1920년대에 잠시 사용했다.

당 소굴에서 배웠지만 세계에서 가장 공산당원을 미워하는 사람 중의 한 사람”이라고 하였다. 이후 『동아일보』 부산지국 기자로 일하다 1923년 상해에서 개최된 국민대표회의에 경남기성회 대표로 참가하여 노동위원으로 선출되었고, 의열단에 입단했다. 문시환의 이런 활동으로 경남 동래군에 있던 본가는 항상 일경에 의해 감시당했다. 아버지는 만주 안동현으로 가출했을 때 충격으로 갑자기 사망하였다. 사망 소식을 듣고 일경의 감시를 피해 겨우 본가에 왔으나, 일경이 본가를 완전히 포위하여 감시하고 있었기에 상복을 입고 변장을 하고 들어가 아버지의 시신만 보고 나왔다. 어머니와 5명의 여동생들이 걱정하고 있었기에 아주 가끔 편지를 전하였지만, 본가 밖에서 감시하는 일경들에게 들킬까 두려웠던 어머니는 저녁이나 이른 새벽, 밥을 하기 위해 아궁이에 불을 지필 때를 이용해 편지를 읽고 옆에 있는 아궁이에 넣어 태워 버렸다. 문시환은 ‘의열단 제3차 암살 파괴 계획’에 투입되어 국내에 들어왔다. 임무는 군자금을 모금하는 것이었다. 군자금을 낼 만한 사람들을 접촉하던 중 1923년 12월 29일 일경에 체포되어 서대문형무소에서 2년간의 옥고를 치렀다. 1997년 2월 14일 자 『부산시보』에 따르면, 1924년 2월 14일, 2월 23일 공판정에서 열렬히 법정 투쟁을 하였고, 2월 28일 결심 선고 공판에서 일제의 소위 제령 제7호 제1조[3]에 대한 공격 반문에 있어 “너희들은 나를 제령 제7호 제1조로 죄를 뒤집어씌우는데 제령 제7호 제1조가 무엇인지 설명하라.”라고 호통쳤다. 아무 대꾸가 없어 “그러면 나는 즉시 공소를 포기한다.”라고 하여 용수를 벗어 마룻바닥에 집어던지며 “이놈들

3 정치의 변혁을 목적으로 하여 다수 공동으로 안녕질서를 방해하거나 방해하고자 하는 자는 10년 이하의 징역 또는 금고에 처한다.

죽일 놈." 하고 야단을 하여 법정에서 공소 포기하였다. 선고를 받고 형무소로 가는 호송차 안에서 "대한 독립 만세!"를 소리 높여 외쳐 방청자들과 행인들에게 깊은 감명을 주었다고 한다. 후일 결혼한 후 아내에게 이 시절을 회고할 때, 일경에게 고문받을 당시 혹대로 온몸을 많이 맞아 비가 오는 날이면 당시의 고통이 온몸에 신경통처럼 느껴진다고 했다.

서대문형무소에 수감 중일 때 쉬는 시간이 되면 다른 조선인에게 한글을 가르쳐 주었다. 이것이 소리 소문 없이 퍼져 쉬는 시간마다 여러 조선인이 "선생님, 저도 한글 가르쳐 주세요."라며 곁으로 다가와 부탁했다. 1926년 출소하였으나 '불령선인(不逞鮮人)[4]'으로 지목되어 일경의 감시를 받으니 어떤 사회 활동도 할 수가 없었다.

1932년 왕신봉과 결혼하였다. 아무것도 가진 것 없는 노총각이었지만 장인은 그의 인품을 높이 평가하였다. 장인은 당시 한약방을 하여 돈을 꽤 모았기에 내 외할머니인 왕신봉은 유복하게 자랐다. 시집을 오니 살림이 매우 궁핍했다. 땔감을 아끼고자 풍로에 왕겨를 넣어 돌리며 밥을 하는 시어머니 모습을 보고 친정에 가 쌀을 한 포대 얻어 왔다. 문시환은 즉시 그 쌀을 처가에 갖다 놓고 왔다. 왕신봉은 남편의 이런 모습에 친정으로의 발길을 끊었다. 1945년 조국이 광복을 맞이하게 될 때까지, 매일 아침 수레에 직물을 실어 앞에서 수레를 끌고 아내는 뒤에서 밀며 동래에서 경남 서창 장으로 가서 포목 행상을 하여 생계를 꾸렸다. 그는 유학 생활과 독립운동을 하며 여러 언어를 배웠는데, 영어, 중국어, 일본어, 러시아어 등 4개 국어를 유창하게 구사하였다. 내 국민학교 동창 박종선

4 일제가 조선인 중 자신들의 명령 및 지도를 따르지 않고 저항 및 반항하는 조선인들을 지목하여 만든 용어.

의 어머니는 동래가 고향인 동래 사람이었고, 1970년대 부산 수산대학교(현 부경대학교) 영문학과 교수였다. 어느 날 종선이네 집에 놀러 갔다가 종선이의 어머니를 만났을 때, 외할아버지 문시환이 영어를 매우 잘했고, 4개 국어를 유창하게 하였다는 이야기를 하며 존경하는 분이라고 했다. 1945년 광복 이후 미군정 시절 유창한 영어 실력으로 미군정의 통역을 하게 되었다. 이후 미군정이 동래군수로 발탁했다. 문시환은 공산주의자들이 관공서를 습격하는 난동을 부릴 때 동래군청을 지켜 냈다. 다시 경상남도 노동국장으로 기용됐고 부산 부두 노무자 파업 소동을 진압하였다. 경상남도 상공국장을 하던 중 1948년 5월 10일 총선거를 하게 되자 부산 갑구에 출마, 제헌국회의원으로 당선되었다. 산업노동위원회 소속으로 활동하면서 제헌 과정에서 근로자의 이익을 적극적으로 대변했다. 1973년 3월 2일 자 『부산일보』의 '그 사람은 지금 – 제헌국회의원 문시환 씨'에 따르면 "헌법 제정 때 특히 노사 대립이 없는 법 테두리 안에서 근로자에 대한 이익 균점권을 주장, 그것이 채택된 것이 평생을 두고 잊혀지지 않는다."라고 했다. 1948년 10월 3대 경남도지사에 임명되어 의원직을 사임했는데 5개월여의 제헌국회의원 활동 기간 중 독자적 의정 발언 횟수가 62회에 이른다. 도지사로 재임하던 1949년 3월 경상남도 임시비상사태대책위원회 위원장으로 여수·순천 10.19사건 작전 비용, 상해 군경 및 이재민 구호금을 조달하기 위한 회의를 개최해 금 1만 원을 내는 등 솔선수범했다.

사진 1은 경남도지사 시절 도지사 관사에서 찍은 가족사진이다. 문시환은 가족사진에 비서와 운전사, 관사 살림을 도와주던 찬모와 가정부까지 불러 같이 촬영했다. 관사에는 아주 긴 식탁이 있었고, 식사 시간이 되면 아내와 어머니,

7남매 자식들뿐만 아니라 일하는 사람 모두 불러 언제나 같은 음식으로 같이 식사를 했다. 일하는 사람들도 모두 내 가족으로 대했다. 인간은 모두 평등하다는 생각을 항상 가지고 있었다(사진 1 참고).

6.25전쟁 때는 영어 실력에 힘입어 미8군사령관 월턴 H. 워커(Walton H. Walker) 장군의 특별 고문이 되었다. 6.25전쟁 이후 정계를 떠나 흥아타이어(주)를 창립·운영하였고, 강성화학(주)의 회장을 지냈다(사진 2 참고).

남편, 아버지로서의 문시환은 가정에서 말없이 조용한 성격이었다. 퇴근 후 저녁을 먹고 나면 영자 신문『Time』을 읽거나 기술 서적을 읽었다. 자식들에게 무얼 어떻게 하라는 이야기를 한 적이 없었으나 자식들은 주변에서 아버지를 존경하는 이들이 워낙 많았기에 아버지에게 누가 되는 일은 하지 않아야 한다는 생각을 자연스럽게 하게 되었다. 일요일이 되면 가족 모두를 동원하여 대청소를 하였다. 문시환은 먼지떨이를 들고 여기저기 먼지를 떨면서 자식들에게 한 가지씩 임무를 부여했다. 큰자식은 마당을 쓸게 하고 둘째는 방을 쓸게 한다든가, 셋째는 걸레로 닦으라고 한다든가 하여 가정부가 있었지만 청소는 모두 다 같이 하고, 어머니 방의 요강은 직접 들고 나가 닦았다. 식사는 항상 소식을 하고, 죽을 자주 먹었다. 유학생 시절 학비는 장학금으로 충당했지만 생활비는 직접 벌어야 했는데, 그러다 보니 끼니를 거르는 일이 잦았다. 어느 책에서 일제강점기 독립운동가들이 '풍찬노숙(風餐露宿)'했다는 글을 본 적이 있다. 문시환도 독립운동을 하던 시절 마찬가지였다. 그 때문에 만성 위장병을 달고 살았다. 문시환이 유일하게 자식들에게 당부한 것은 "기술을 배우라"는 것이었다. 흥아타이어(주)를 운영하던 시절 장남을 데리고 직접 전문 서적을 탐독하며 공업 기술을 익히고 작업복을 입고 직원들과 같이 일했다. 강성화학(주) 회장일 때 직접 플라스틱 사출을 하였고 옷걸이, 바구니 등을 상품화하여 매출이 많았다고 한다. 이 시기 기계에 손가락 한 마디가 잘려 나가는 사고를 입었다. 문시환은 1973년 11월 11일 갑작스러운 심장마비로 사망하였다. 유산으로는 15년 상환 주택 1채가 전부였다. 자녀들은 평생 청렴하게 살았던 아버지의 뜻을 받들어 장례식을 검소하게 하고 20만 원을 인재 양성에 써 달라며 원불교에 장학금으로 기탁했다. 1995년 정부는 건국훈장 애족장을 추서했다.

1 경남도지사 시절 가족사진
(앞줄 가운데가 문시환, 뒷줄 가운데 안경 쓴 남성은 도지사 비서, 문시환 뒤에 서 있는 남성은 도지사 관용차 운전사, 문시환 오른쪽 두 여성은 찬모와 가정부)

2 도지사 재임 시절 부산항에 입항한 미국 함정 환영 파티에 참석, 왼쪽에서 세 번째가 함장, 다섯 번째가 문시환

3 흥아타이어(주)를 운영하던 시절. 기술을 배우기 위해 외국 기술자들을 초청함.
앞줄 오른쪽에서 두 번째가 문시환, 문시환 바로 뒤에 안경 쓴 작업복 차림의 남성이 장남 문한식

4 1969년 국민훈장 무궁화장 수훈 후 아내와 기념 촬영

15

제헌국회의원

박기운

명암(明岩) 박기운(朴己云) 선생의 생애와 정치

박준휘 | 손녀[1]

나는 늦둥이 막내로 태어난 아버지[2]로부터 할아버지 명암(明岩) 박기운(朴己云, 1912~1993) 선생에 대한 이야기를 들으며 자랐다. 할아버지는 단순한 정치인이 아니라, 민족을 위해 헌신한 독립운동가셨고, 신념을 지키기 위해 어떤 고난도 마다하지 않으셨다. 어린 시절, 가족이 어려운 형편에서도 끝까지 원칙을 지키셨다는 이야기를 들을 때마다 나는 할아버지의 삶이 얼마나 치열했을지 상상조차 하기 어려웠다. 이 글은 아버지의 말씀과 『청주 근세 60년 사화』[3] 및 매체 보도 내용 등을 근거로 작성하였다.

청소년기와 독립운동

할아버지께서는 1912년 10월 3일(음력), 경상북도 선산군에서 태어나셨다. 네 살 때 부모님을 따라 충청북도 충주로 이사하셨고, 일제강점기 청소년 시절부터 민족의식을 키워 나가셨다. 1924년에는 일본 상품 불매 운동에 동참하며 항일 운동의 첫걸음을 내딛으셨다. 1929년 광주학생운동이 전국적으로 확산되던

1 시립 어린이집 교사로 재직 중이며 유아교육학 석사, 보건복지부 장관상을 수상하였다(2023). 2024년부터 대한민국 제헌국회의원유족회 이사직을 맡고 있다.

2 前 유족회 사무차장 박형진

3 청주근세육십년사화편찬위원회 편(1985), 『청주 근세 60년 사화』.

당시에는 충주공립보통학교 고등과 시절이었으며, 학생 운동을 주도하셨다. 일본의 식민 통치에 항거하는 시위를 조직하고 주도하다가 체포되어 호된 곤욕을 치렀지만 이에 굴하지 않으셨다. 1931년에는 애국 동지들과 함께 항일 비밀 결사인 '근화비밀결사대(槿花秘密結社隊)'를 조직하셨고, 표면상 명칭인 '근화구락부'(지도자: 유석현 전 광복회장)를 통해 활동을 이어 가셨다. 같은 해 10월, 충주 남산성에 태극기를 게양하는 사건을 주도하시다가 다시 체포되셨지만, 결코 신념을 꺾지 않으셨다. 이후 근화비밀결사대 동지들의 결정에 따라 할아버지는 일본 경찰 내부로 침투하여 독립운동을 지원하는 위험한 임무를 수행하셨다. 말단 경찰관으로 고되고 누구나 싫어하는 유치장 근무와 외부 순찰 보직을 자원하시어, 체포된 독립운동가들에게는 정보를 전달하시고 사식과 약품을 지원하셨으며, 체포 직전의 요시찰 애국지사에게는 사전에 도피할 수 있도록 알려 주셨다.

일본 와세다대학 법학부 교외생으로 3년을 수료하신 할아버지는, 일제의 조선어 교육 폐지, 일본어 상용, 창씨개명 등 민족문화 말살 정책에 맞서 충주, 청주, 청원군 등지에서 불우한 청소년들에게 40여 개소의 야학당과 학술 강습소를 운영하시며 한글 교육과 문맹 퇴치로 항거하셨다. 8천여 명의 학생들에게 무보수 강의와 학용품을 무상으로 제공하시며, 청소년들의 민족의식을 고취하는 데 힘쓰셨으며, 청주에서는 본업이 선생이고 경찰은 부업이라고들 했다.

중일 전쟁 당시 일본의 과장 선전에 맞서, 북이공립보통학교 수업 중 프랑스 소년의 무용담을 인용해 "쥐도 고양이를 이길 수 있다."라는 상징적인 말이 말썽이 되어 사표 요구 등 고초를 겪으셨지만, 전국유도대회 대표 출전 이유로 면직 직전에서 저지되었다.

광복 이틀 전인 8월 13일, 만주에서 독립운동 중이던 근화비밀결사대 동지가 만주 목단강에서 보낸 해방 암호 전문 '친환전쾌 8.15[親患全快 八一五(친환시대는 일본의 압박 정치를 의미)]'[4]를 받고, 청주경찰서에 수감되어 있던 애국지사와 동지들에게 광복 소식을 전하셨다. 광복 후 형무소 옥문을 열고 청주중앙공원에 모여 군중들과 함께 독립 만세를 외치셨다.

일제강점기 경찰 경력이 있다는 이유로 제헌국회 당시 반민특위에 고발되셨으나, 친일 행위가 없었던 사실이 밝혀졌고, 오히려 비밀 애국 운동을 한 것으로 드러나 반민특위 조사관으로 참여하시기도 했다. 아버지는 할아버지께서 독립유공자로 선정받지 못한 것이 당시 활동을 입증할 자료가 이 시점에서 부족했기 때문이라며, 그 점에 대해 안타까워하시고 할아버지께 죄송해하신다.

광복 이후 반공 투쟁과 정치

광복 후 할아버지는 조국의 재건과 민주주의 실현을 위해 헌신하셨다. 청주시 최초로 치안대를 조직하시고 광복 직후의 혼란기, 일본 무장 세력으로부터 동포들을 보호하고 지역의 치안을 유지하셨다. 이어 전국독립촉성연맹 충청북도위원장, 신탁 통치 반대 궐기 대회 충북동원부장, 태극청년단 단장, 통일결사대 조직 부대장, 국민회 충북 지구 청년부장, 대동청년단 충북 부단장 등을 역임하시며 활발한 활동을 이어 가셨다.

---

4 이 부분은 역사적 증빙 자료에 근거한 내용이 아니라, 중국으로 독립운동을 가신 근화비밀 결사대 동지와 할아버지께서 함께 정하신 암호이며, 이는 아버지께서 할아버지께 직접 들으신 구전 내용이다. 따라서 해당 단어는 할아버지와 동지들께서 암묵적으로 만들어 사용한 표현이며 '친환전쾌' 또한 동일한 맥락으로 이해되는데 '일제의 압박이라는 병환에서 쾌유되었다'는 뜻으로 추정된다.

이 무렵, 할아버지는 좌익 세력 타도를 위해 적극적으로 활동하셨다. 청원군 부강 태극기 모독 사건, 청주시 삼충사 좌익 거점 분쇄 사건, 옥천군 청산 폭동 사건, 이월 사건 등을 진두지휘하시며 공산주의 세력에 맞서 싸우셨다. 이 과정에서 큰 부상을 입고 병원에 입원하셨고, 자택에서는 암살 시도를 당해 목숨을 잃을 뻔한 일도 있었다.

1947년에는 김구 선생이 광복 후 중국에서 귀국하시어 국가 건설을 위해 전국 각지의 우수한 애국 청년들을 선발하여 건국 운동의 중견으로 양성하고자 개설한 '건국실천원양성소' 1기생으로 졸업하셨으며 동창회장을 지내셨다.

이후 한국독립당에서 활동하시다 김구 선생의 허락을 받아 제헌국회(청주, 무소속)에 출마하셨다. 일제에 항거한 할아버지의 오랜 신념과 교육은 광복 이후 제자들의 보답으로 이어졌다. '무산 아동의 아버지'로 불리던 할아버지가 가르치신 제자들이 1948년 제헌국회의원 선거에서 자발적으로 선거 운동에 나섰고, 그 결과 36세의 나이로 당선되는 기쁨을 누리실 수 있었다. 이는 단순한 정치적 성과를 넘어, 교육자로서의 헌신이 다음 세대에게 어떤 영향을 주었는지를 보여 주는 상징적인 일이었다. 할아버지의 삶은 광복 후 한국 사회가 나아갈 방향에 의미 있는 발자취를 남기셨다. 이후 제3대 의원(청주, 제헌국회의원동지회), 제5대 참의원(충청북도 최고 득표 당선, 민주당)을 역임하셨다. 그러나 5.16군사정변으로 인해, 참의원 6년 임기가 시작된 지 6개월 만에 국회가 해산되는 아픔을 겪으셨다. 제헌국회에서는 재정경제위원회에서 활동하시며 농지개혁에 큰 관심을 가지셨고, 3대 국회에서는 "국회의원 출석률이 낮아 국회의 존재 의미가 사라졌다."라고 질타하기도 하셨으며'애국 복권 부정 사건'에 대한 국정감사를 추진하셨다.

끝까지 지킨 신념과 검소한 삶

6.25전쟁 발발 이후에도 민주주의 수호를 위한 활동은 계속되었다. 사사오입 개헌 반대 시위에 앞장서 싸우셨으며 독재정권의 위험성을 경고하셨고, 정치적 압력에도 불구하고 끝까지 자신의 신념을 지키셨다. 하지만 오랜 야당 생활과 원칙을 지키는 정치 활동으로 인해 경제적인 어려움을 겪기도 하셨다. 5.16군사 정변 이후, 참의원 임기가 불과 6개월 만에 종료되었다. 할아버지는 공화당 초대 총재인 정구영 총재의 조카사위이다. 정 총재께서 "자네는 3선 의원에다 참의원까지 지냈으니 전향하면 박정희 대통령과 상의하고 출세는 보장될 걸세." 라고 같이 일하자는 제의를 받았으나 3일 동안 이불을 뒤집어쓰고 단식하시며 입술이 부르트도록 고민하시다가 끝내 거부하셨다. 이후 정치적 탄압과 무직으로 야인이 되어 생계와 자식들의 등록금 조달을 위해 동대문시장에서 리어카를 끌며 가족을 부양해야 했다. 이런 상황이 박정희 대통령께 보고되자 무주택자로서 당시 전세 거주 기간이 6개월로 전세로 전전하는 어려운 생활을 비서를 통하여 조사하고 서울시장을 통하여 17평 시영 아파트 입주권을 제공하여, 아버지는 어린 시절에 최초의 우리 집에서 이사 걱정 없이 살았다고 하신다. 이는 원칙을 지키며 청빈한 삶을 사신 할아버지를 대통령과 국가가 유공자로 인정한 순간이었다.

가족의 기억 속에서

할아버지는 평생을 검소한 삶을 실천하며 사셨다. 제헌국회의원 시절, 양복 없이 국민복과 당꼬바지를 입고 국회에 출입하셨다가 경비에게 제지를 받자 의원증을 보여 주며 등원하신 일화도 있다. 아버지의 초등학생 시절에는 봉지쌀로 끼니를 해결해야 했고, 할머니는 생계를 걱정하셨다고 한다. 어느 날 할아버지 동료분이 방문하셔서 대청마루에서 막걸리를 드시며 정치적 전향을 하시면 공기업 사장 등의 자리도 있을 거라고 말씀하실 때, 할아버지는 돈 보따리를 마당에 던지시며 "이러려면 다시는 보지 말자." 하며 역정을 내시던 모습이 선명하다고 아버지께서 이야기하신다.

계엄 시기에는 술 한잔 하신 뒤 군사 독재 정권이라고 비판하셨다가 택시 기사가 경찰서로 신고한 일도 있었다고 한다. 아버지의 기억 속에서 할아버지는 제헌절을 가장 기쁜 날이라고 하시며, 흰 고무신을 신은 노구의 몸으로 양복 주머니에 국민훈장 무궁화장을 넣고 시내버스를 타고 제헌절 행사에 가시던 모습이 지금도 아버지에게 안쓰러운 기억으로 남아 있다고 하신다. 제헌국회의원들께서는 모두 청렴하고 강직하셨다는 말을 할머니께 늘 들으셨다고도 한다.

할아버지는 화초와 강아지를 좋아하시던 분이셨고, 독실한 기독교 신자로서 신앙을 중심으로 한 삶을 살아가셨다. 어려운 상황에서도 믿음을 지키셨고, 정의롭고 바른 삶을 실천하셨다. 이러한 삶의 태도는 아버지께 깊은 영향을 주셨고, 아버지께서는 지금도 그 신념과 가치관을 이어 가야 한다고 항상 말씀하신다.

할아버지를 기리며

1993년 10월 24일(양력) 내가 한 살이었을 때, 할아버지는 가족의 품에서 81세를 일기로 평온히 생을 마감하셨다. 할아버지의 묘소는 충청북도 충주시 목행동공원묘지에 자리하고 계시며, 그 정신과 업적은 우리의 마음속에 깊이 살아 있다.

이렇게 할아버지의 이야기를 정리하며 다시금 깨닫는 것은, 할아버지의 삶이 단순한 개인의 역사가 아니라 대한민국의 역사 그 자체라는 점이다. 독립운동가로서, 교육자로서, 정치인으로서, 시대의 변화 속에서도 신념을 지키며 살아오신 길은 우리 모두가 배워야 할 삶의 본보기이다. 나는 할아버지의 신념과 희생을 기억하며, 후손들에게도 이 이야기를 전할 것이다. 할아버지의 삶은 기록이 아닌 교훈이고, 우리가 이어 가야 할 가치이다. 할아버지께서 보여 주신 용기와 원칙, 정의, 그리고 희생의 정신을 기억하며, 우리도 보다 나은 미래를 위해 살아갈 것이다. 명예와 국가를 위한 신념을 끝까지 지키신 할아버지! 사랑합니다. 감사합니다. 우리는 할아버지를 잊지 않을 것입니다.

야학의 노래[5]

야학생 우리들이 밤길 걸으면
배고프고 쓸쓸한 개 짖는 밤길
여기서 너와 나와 이별하려까
이왕이면 조금 더 바래 주려까
어떤 아해 팔자 좋아 학교 가건만
우리는 주경야독 야학생이다
가갸거겨 얼을 받아 공부하면서
무궁화 꽃봉우리 피워 봅시다

5 야학당 선생 시절 할아버지 작사, 작곡

명암 박기운 옹의 영면에

조시 미당 서정주

오호라 명암 선생 / 천수가 어디 한정이랍니까 / 쓰러진 이 나라의 기운을 일으켜 세워 놓고 / 이 나라의 강토에 덕지덕지 묻어 있던 / 식민지의 회한과 부끄러움을 / 남한강 푸른 물로 씻어 내리시던 제헌국회 / 그 어렵고 어지럽던 시절 / 불끈불끈 솟던 힘은 어디에 뉘이시고 / 이제는 평안의 영면의 길로 떠나십니까 / 선생께서 일찍이 제헌국회의원으로 / 민의원으로 참의원으로 정성스레 키워 오신 이 나라 / 이제는 조금 살 만하여졌으니 / 가시는 길 평안은 되리다마는 / 아직도 이곳은 선생의 꾸지람과 호령이 소용되는 나라 / 오호라 명암 선생 / 가시려도 그 정정한 꾸지람과 호령 소리는 두고 가소서 / 그것이 모두 선생과 이별하는 이 제전 마당에 부려 놓고 가벼이 가시어서 / 그때에 남한강 물줄기보다 / 더욱 푸른 하늘빛을 많이는 / 보내 주소서 / 그러기 위해 떠나시는 줄 알면서도 / 어쩐지 마음이 허전해지는 것은 / 선생의 발자취가 너무나 크고 뚜렷했기 때문입니다 / 오호라 명암 선생 / 천수가 어디 한정이라면 / 크시고 뚜렷한 생전의 발걸음을 / 이제는 평안히 옮겨 가소서

1993년 10월 27일 후인 미당 서정주 근조

1 근화비밀결사대(근화구락부) 대원들 사진

[앞줄 맨 왼쪽 박기운, 뒤편 왼쪽(흰옷)이 유석현 전 광복회장. 운동복 앞가슴 흰천 삼각형 단체 마크(흰 바탕은 백의민족 상징, 삼각형은 삼천만 동포와 삼천리 금수강산을 나타내며, 근(槿) 자는 무궁화 근 자로 나라꽃을 상징함.)]

2 사사오입 개헌 반대 시위
(오른쪽 옆 김영삼 전 대통령, 뒤 이철승 의원)

3 국회 연설

4 할아버지와 할머니(1986년)

16

제헌국회의원

박상영

외조부 계당(桂堂) 박상영(朴湘泳) 제헌국회의원을 추모하며

태준호 | 외손자[1]

나는 고등학교 시절 외할아버지 댁에서 1년 동안 함께 지낸 적이 있다. 당시 냉전이 끝나고 소련과의 수교가 수립되면서 아버지는 대사관 개관을 위해서 모스크바로 파견되었고, 어머니도 아버지를 따라가야 했기에 나는 외할아버지 집에 맡겨졌다. 지금 돌이켜 보면 그 시간이 참 감사하다. 외할아버지의 삶을 가까이에서 볼 수 있었기 때문이다.

외조부 계당(桂堂) 박상영(朴湘泳, 1918~1995) 선생은 1918년 경상북도 예천군에서 태어나셨다. 광복 이후 예천여자고등학교 영어 선생님으로 교편을 잡으셨다. 그리고 1948년 만 29세 나이에 제헌국회의원으로 당선된다. 그 당시 외할아버지는 임산부인 외할머니와 4살 아들(외삼촌 고 박영충)을 데리고 상경을 한다. 그리고 그해 9월 나의 어머니(박혜숙)가 서울에서 태어나게 된다.

지금으로 치면 사회 초년생이 대한민국 제헌국회에 입성을 한 것이다. 과연

1 변호사로 현재 Skadden, Arps, Slate, Meagher & Flom LLP에 근무하며 한국 기업을 대리하여 국제 소송 및 중재 업무를 담당하고 있다. 태완선 전 경제기획원 장관 겸 부총리(제2대·5대·10대 국회의원 역임)의 손자이며, 태석원 전 카자흐스탄 대사의 아들이고, 아버지에 이어 대한민국 해병대에서 군 복무를 마쳤다.

외할아버지는 어떤 심정으로 제헌국회에 입성셨을까? 과연 대한민국의 기초를 다지는 제헌국회의 무게와 의미를 알고 계셨을까?

외할아버지는 대한민국의 「헌법」을 제정하는 임무를 부여받은 것을 평생의 자랑이자 영광으로 생각하셨다. 국가 기초 작업을 수행했다는 사명감과 자부심이 매우 강하셨다. 그리고 "우리 제헌국회가 만든 「헌법」이 최선의 「헌법」"이라고 늘 강조하셨다.

나는 훗날 대한민국 최고 「헌법」 권위자이신 허영 교수님의 강의를 들으면서 외할아버지가 말씀하신 '최선의 「헌법」'이 무엇인지를 공부하게 되었다. 제헌국회에서 대한민국의 정체를 「헌법」 제1조 제1항 "대한민국은 민주 공화국이다."로 압축했고, 제헌 이래 한 글자도 바뀌지 않았다. 이 짧은 열두 글자가 제헌 「헌법」의 핵심이다. 이 짧은 열두 글자는 이제 누구도 부정할 수 없는 대한민국의 핵심 가치가 되었다.

외할아버지는 2대 국회의원 선거에서 낙선하셨다. 그리고 다시는 국회의원으로 국회에 입성하지 못하셨다. 낙선과 안정적인 수입이 없는 정치인의 삶을 경험해서 그럴까? 후손들은 정치와 거리를 두고 있다. 빛나는 외할아버지의 자부심의 그늘에는 외할머니와 자손들의 희생이 있었다.

외할아버지는 돌아가시기 직전까지 헌정회 활동을 계속하셨다. 1994년 김영삼 대통령이 제헌절에 앞서 청와대로 초청을 했는데 당시 생존한 8명의 제헌국회의원 중 한 명으로 참석하시기도 했다.

외할아버지는 1995년 크리스마스 즈음에 돌아가셨다. 당시 대학교 3학년이던 나는 외할아버지가 돌아가시기 직전 단둘이 병실에 있었던 기억이 생생하다. 인공호흡기에 의존하신 외할아버지와 눈이 마주쳤다. 잠시 나를 보시더니 동공이 흔들리셨다. 그 흔들림, 그 눈빛이 무엇을 의미했는지 정확히 모르겠지만 그 순간 나는 무언의 작별 인사를 하고 있었다.

우리 할아버지 세대는 새 국가의 초석을 세우고 전쟁과 폐허 속에서 경제 발전에 이바지했으며, 아버지 세대는 민주화와 세계화에 기여했다. 그리고 이 모든 것이 우리의 삶에 스며들어서 새로운 시대적 사명으로 이어져 가고 있다.

1 제헌국회의원 박상영(↘ 표시)

2 1973. 7. 큰사위 미국 유학 공항 영송 사진
(왼쪽부터 아들 박영충 전 한국IBM 고문, 이순녀 여사, 박상영 제헌국회의원, 큰사위 태석원 전 카자흐스탄 대사, 큰딸 박혜숙 전 MBC 아나운서)

3 1990년 박상영 제헌국회의원 두 딸 가족과의 사진
(왼쪽부터 외손자 태준호, 둘째 사위 조영빈 소아과 원장, 첫째 딸 박혜숙, 박상영 제헌국회의원, 둘째 딸 박은숙 전 고려대 간호대학장, 이순녀 여사, 첫째 사위 태석원)

4 박상영 제헌국회의원 묘소 사진
(2022년 저자 태준호 변호사 방문 시)

17

제헌국회의원

박종남

제헌국회의원 박종남(朴鍾南)을 추억하다

박경수 | 아들[1]

저의 아버지 박종남(朴鍾南, 1915~1968) 의원은 1915년 7월 27일 전라남도 광산구 하남면 진곡리 169번지에서 태어나셨습니다. 아버지 박응규, 어머니 김세동의 4남 2녀의 장남으로 태어나셨으며 최애진과 결혼하여 저를 포함해서 1남 4녀를 두셨습니다. 본관은 순천(順天)이며 호는 청헌(靑軒)입니다.

어린 시절부터 아버지는 타고난 자질이 맑고 고결하였으며 재능이 총명하여 투명한 보석처럼 빛났으며 여섯 살 무렵부터 형제간의 도리를 잘 지켜 아이답지 않는 깊은 생각을 지녀 고향 사람들로부터 장차 큰 인물이 될 것이라고 칭찬받았다고 들었습니다. 자녀가 없었던 큰아버지의 양자가 되어 홀로 계신 큰어머니를 극진히 모셨습니다.

소학교(小學校)에 다니던 시절부터 수학에 뛰어난 실력을 보여 주변의 주목을 받았고 수학 시간에는 질문을 자주 하여 선생님을 당황하게 했다고 당시 학교를 같이 다니던 친척들께서 자주 말씀하셨습니다. 14세 때에는 광주학생독립운동으로 유명한 광주서중학교에 입학하였고 학업에 정진하던 중 당시 항일 운

1 1981년 전남대학교 사범대를 졸업하고 교사로 임용된 후, 2018년 8월 전남 목포 유달중학교장으로 퇴임하여 현재는 은퇴 생활을 하고 있다.

동에 학생으로 참여하여 국권 회복 운동을 전개하는 항일 선전문을 배포하다가 왜경에 적발되면서도 "대한 독립 만세!"를 외치다가 체포되어 상당 기간 옥고를 치른 끝에 연소자로 석방되었지만 학교 측으로부터 사상범이라 하여 퇴학 처분을 받고 말았습니다. 그 이후 상경하여 연희전문학교 수학물리과를 1936년에 졸업하셨습니다.

1937년 목포상업전수학교 교원으로, 1940년에는 고창중학교 교원으로 근무하셨으며, 광복 후에는 이름이 널리 알려져 송정여자중학교 초대 교장으로 초빙받으셨고, 1946년에는 광주의과대학 교수가 되셨으며 교무과장으로 일을 하셨습니다.

1950년 5월 10일에 학생들과 동료 교수들의 강권과 설득으로 출마하셔서 전라남도 광산군(제3선거구)에서 한국민주당 홍성하 후보(득표수 14,901표, 37.35%)와 무소속 김병한 후보(득표 수 4,171표, 10.45%)를 큰 표차로 누르고 무소속으로 득표수 20,817표, 득표율 52.18%로 약관 32세의 나이로 제헌국회의원에 당선되셨습니다.

아버지께서는 제헌국회의원 재임 중에 1949년 십이지장 궤양 수술로 60일간 입원 치료를 받았음에도 불구하고 열정적으로 의정 활동에 임하셨습니다. 젊은 나이의 국회의원이셨지만 항상 신중하고 논리정연하며 공정하고 사심 없이 행동하셔서 동료 의원들의 신뢰를 받으셨습니다. 대통령 직선제를 강력히 주장하셨으며 이념이나 사상이 아닌 오직 자주독립국가 대한민국을 만들려는 애국심의 발로에서 46명의 국회의원의 동의를 받은 외군 철퇴 요청에 관한 긴급동의안을 제출하는 등 「헌법」 제정과 대한민국의 발전을 위하여 헌신하셨습니다.

6.25전쟁 발발 후 향리에서 체포되어 광주교도소에 수감되셨고 우군회복(友軍回復)과 파옥(破獄)으로 생명을 부지하셨습니다. 이후 건강을 회복하시고 1952년 함평농업고등학교 교장과 1955년 전북대학교 문리과대학 전임강사를 거쳐 부교수 겸 교무과장, 동 대학원 수학과 주임 등을 역임하셨습니다. 1960년 광주상업고등학교로 취임하셨지만 교장 취임 전 학급 증설 건으로 학교가 불이익을 받게 되자 책임을 지고 사임하셨습니다. 이후 동신고등학교 초대 교장으로 취임 직전 지병인 십이지장 궤양이 악화되어 1968년 10월 11일 53세의 나이로 별세하셨습니다.

아버지는 제헌국회의원으로 활동하신 기간을 제외하면 평생을 교육자로 살아오셨습니다. 학생들에게는 "사사로운 욕심을 추구하지 말고 나라를 위해 훌륭한 인재가 되라."는 가르침을 주셨으며 이를 몸소 실천하셨습니다.

아버지께서는 대학교, 고등학교, 중학교를 가리지 않고 학생들의 수준에 맞추어 가장 쉽고 명확하게 가르치기 위하여 최선을 다하셨습니다. 그 결과 수업은 늘 열정적인 분위기 속에서 진행되었고 학생들은 배우는 즐거움과 아는 기쁨으로 가득 찼습니다. 대학이나 중·고등학교에서나 아버지는 신뢰와 존경의 대상이었습니다. 수업 준비에 얼마나 정성을 쏟으셨는지에 대한 일화로, 전북대 문리대 재직 시절, 내일 가르칠 수학 문제가 풀리지 않아 밤중에 화장실에서 몇 시간을 고민하셨다는 이야기를 어머니께 들었습니다. 학교에서는 지혜롭고 능숙하게 업무를 처리하여 교무주임, 교무과장, 과주임 등 핵심 보직을 맡으셨습니다.

아버지께서는 청렴한 가풍 속에서 자라나 사사로운 일에는 관심이 없으셨고 집안 사정에도 크게 신경 쓰지 않으셨습니다. 돈이나 명예, 권력과는 거리가 먼 분이셨습니다. 한 번은 학교 직원이 학부형이 보낸 쌀 한 가마니를 가져왔을 때 아버지께서는 당장 돌려보내라고 하셨습니다. 어머니께서는 존경의 표시로 보낸 것이니 받으시라고 권유하셨지만 아버지께서는 사사로이 받을 수 없다며 정중히 거절하셨습니다.

학생들이 집에 찾아올 때면 항상 따뜻하고 인격적으로 대하셨습니다. 학생들은 과목뿐만 아니라 학교생활이나 세상 돌아가는 일에 대하여 밤늦게까지 이야기하고는 했습니다. 그들을 위해 식사나 간식을 챙기느라 할머니와 어머니께서 적은 봉급으로 많은 고생을 하셨다는 말씀을 들었습니다. 동료 교수는 물론 아랫사람이나 학생들까지 아버지의 인간적인 모습에 감화를 받고 존경하여 따르는 사람이 많았습니다. 또한 아버지께서는 바둑을 잘 두셔서 동료 교수들이나 바둑 실력을 겨루려고 오는 이들의 방문이 잦았으며 온화하고 단아한 선비다운 면모로 바둑을 두시면서 학문이나 시국에 대한 담소를 나누셨습니다.

국회의원 선거 당시 아버지의 높은 학문과 겸허함 그리고 평소 나랏일을 염려하는 마음을 존경해 왔던 동료나 지인 특히 가르침을 받은 학생들이 스스로 앞장서서 "박종남 선생님이 이번 선거에 꼭 출마하셔야 한다. 이런 분이 나가셔서 나랏일을 보셔야 한다."라며 열성적으로 주장하고 설득하여 제헌국회의원에 출마하게 되었습니다. 이후 선거에서도 내리 세 번 연속 낙선하셨지만 고향에 있는 논과 밭, 집까지 팔아 가며 출마를 계속하셨습니다. 이러한 동력은 아버지를 존경하고 따르던 이들의 열정에서 비롯되었습니다.

할머니와 어머니께서는 아버지의 적은 봉급으로 어려운 가정 살림을 꾸려야 했고 아버지께서 돌아가시기까지 서른여덟 번의 이사를 하면서 경제적으로 많은 고초를 겪으셨습니다. 특히 네 번의 국회의원 출마 시기에는 거리의 시장에서 표를 얻기 위해 값 흥정도 못 하는 어려움이 있었고, 선거 운동을 도와주는 학생들의 식사를 준비하기 위하여 엄청난 양의 국수를 끓이는 고생도 하셨습니다. 아버지가 돌아가시기 전에는 셋방살이 환경이셨음에도 불구하고 아버지의 고상하고 순수한 인품을 항상 존경하면서 자부심을 가지고 살아오셨다는 말씀을 들었습니다. 이러한 말씀을 들을 때마다 비록 가난한 환경이었지만 아버지에 대해 항상 자랑스러움을 느끼고 살아왔습니다. 지금 아버지를 추억하며 다시 한번 학처럼 고매하고 백옥처럼 순수했던 아버지를 떠올리며 이 글을 마칩니다. 감사합니다.

1 전북대학교 문리대학 교수 시절

2 전북대학교 수학과 동료 교수, 학생과 함께

3 학생들과 함께

4 광주상업고등학교 교장 시절

18

제헌국회의원

박찬현

제4대 국회의원 선거 포스터 사진

항상 등대가 되어 주신 나의 아버지

박순용 | 아들[1]

나의 아버지 하정(霞庭) 박찬현(朴瓚鉉, 1917~1991) 선생을 추억하기 위해 오랜만에 오래된 서류 보관함을 꺼냈다. 그 속에는 익숙하면서도 늘 새롭게 다가오는 당신의 이력을 증명하는 각종 서류뭉치와 사진첩이 곱게 정리되어 있다. 언제나 그렇듯 문서 속 활자들이 하나둘 나의 시선을 채우기 시작하면, 나는 한껏 아버지의 존재를 느끼게 된다. 아버지의 주요 경력을 열거해 보면 4선 의원(1, 4, 5, 9대 국회의원), 부산일보사 사장, 경향신문사 사장, 주튀르키예대사(사우디아라비아 및 요르단 대사 겸임), 주인도대사(아프가니스탄 및 방글라데시 대사 겸임), 보건사회부차관, 교통부장관, 문교부장관, 동아대학교 교수, 한국외국어대학교 교수, 건국대학교 상임이사, 세종대학교 이사장 등 실로 화려하다. 당신의 업적이 담겨 있는 색 바랜 문서들을 대할 때마다 대한민국 건국과 더불어 이토록 다채로운 궤적을 걸어오신 분이 바로 나의 아버지였음에 새삼 감탄하게 된다. 여러 직무를 수행하시면서 수많은 인고와 보람으로 점철된 서사가 있었으리라고 상상해 보며 손때 묻은 서류들에 나의 손자국을 보탠다.

---

1 서울 출생으로 미국 스탠포드대학교에서 국제개발교육 석사, 위스콘신대학교에서 인류학 박사학위를 취득하였으며, 현재 모교인 연세대학교에서 교육학과 교수로 재직하며 한국국제이해교육학회 회장, 한국교육인류학회 회장 등을 역임하였다.

내가 철없던 학창 시절에 어머니께서 종종 하시던 말씀이 있다. “아버지의 경력 중 단 하나만 골라 따라가도 후회 없는 삶이 될 거다.” 그 말씀을 들을 때마다 나는 막연한 자부심과 동시에, 어떤 무게감도 함께 느끼고는 했다. 이제 와 돌이켜보면, 그 무게는 단순한 비교의 부담이 아니라, 삶을 대하는 진지함이 주는 감동이었는지도 모른다. 아버지는 정치인으로서의 단호함, 언론인으로서의 책임감, 외교관으로서의 유연한 품격, 공무원으로서의 헌신, 그리고 학자로서의 깊은 사유까지, 활동하셨던 시대의 여러 전선에서 누구보다 치열하게, 또 성실하게 자신의 몫을 다하셨다. 따라서 그 다양한 직함들은 단지 경력의 나열이 아니라, 삶의 태도이자 철학의 실천이었다는 생각이 든다. 어느 하나도 가볍게 지나치지 않으셨고, 어느 역할에서도 자신을 유예하지 않으셨다. 그런 당신의 일관된 삶의 자세는 말보다 더 큰 울림으로 나에게 전해졌고, 그것은 오늘날 나의 세계관과 선택들, 심지어 나의 학문적 여정까지도 지대한 영향을 미치는 보이지 않는 기준이 되었다.

아버지는 서른두 살, 인생의 봄이라 할 그 나이에 제헌국회의원으로 당선되며 본격적으로 정치의 길에 들어서셨다. 그 이후 긴 세월을 주로 야당의 일원으로 묵묵히 걸으시며, 시대의 흐름에 흔들림 없이 자신의 신념을 따라 목소리를 내셨다. 젊은 정치인이던 그 시절, 아버지는 언제나 바른말과 곧은 뜻으로 세상을 마주하셨다. 나는 아버지의 강직한 기개와 행동하는 양심의 실체를 성인이 된 후에야 알게 되었다. 내가 세상에 태어나기 전, 아버지가 어떤 발걸음을 내디뎠는지 모두 알 수는 없지만, 4.19혁명의 격랑 속에서 젊은 국회의원으로 앞장섰던 투사의 모습은 많은 이의 기억과 증언을 통해 전해 들은 바 있다. 하지만 내게 아버지는 공적인 투쟁의 얼굴로 기억되지 않는다. 가족과 이웃에게 언제나 너그러움과 온정을 아끼지 않던 따뜻한 존재였다. 지금도 아버지를 떠올릴 때면, 날카로운 결기보다 먼저 생각나는 것은 부드럽고 인자한 눈빛, 조용히 도움의 손을 내미는 따스한 마음이다. 한 일화를 예로 들자면, 주튀르키예대사 시절 어느 날, 아버지는 두 눈이 붉게 충혈된 채 귀가하셨다. 놀란 어머니의 물음에, 아버지는 조용히 그날의 이야기를 꺼내 놓으셨다. 그날 아버지는 6.25전쟁에 참전했던 튀르키예의 용사들과 만남을 가졌다고 했다. 연설을 준비했지만, 정작 단상에 서자 마음속에서 밀려오는 감정에 말문이 막혀 버렸다. 어느새 눈물이 흐르기 시작했고, 이를 본 참전 용사들도 흐느끼기 시작하면서 곧 방 안 가득 눈물의 바다가 되었다. 아버지는 그날 외교적 격식도, 준비한 원고도 내려놓고, 참전 용사 한 분 한 분을 껴안으시며 함께 울었다고 했다. 말보다 먼저 흐른 눈물이 마음을 열었고, 언어보다 깊은 울림으로 서로의 진심을 마주했다고 하셨다. 아버지는 사람과 사람을 잇는 그 순간이야말로 진정한 외교였다고 말씀하셨다. 그 당시 나는 열 살 소년에 불과했지만, 아버지의 이야기에 따스함과 뭉클함을 느낄 수 있었다.

사실 나는 아버지께서 마흔여섯의 나이에 얻으신 늦둥이 아들이다. 오늘날의 기준으로 보아도 꽤 늦은 나이에 찾아온 자식이었고, 그만큼 아버지의 인생 여정 속에서도 다소 뜻밖의 선물처럼 다가온 존재였을 것이다. 나보다 거의 열 살 위인 누나가 있으니, 늦어도 한참 늦은 늦둥이 아들인 셈이다. 내가 태어난 1963년의 11월, 아버지는 서울이 아닌 부산에 계셨다. 당시 제6대 국회의원 선거에 출마하시며 지역구에서 치열한 선거전을 치르던 중이었다. 결과는 낙선. 패배의 쓰라림 속에 서울로 올라오신 아버지는 갓 태어난 나를 처음으로 번쩍 들어 품에 안으셨다고 한다. 며칠 동안 만나지 못했던 갓난아기, 그 아이가 바로 나였다. 내가 철들 무렵 아버지께 언젠가 조심스레 여쭌 적이 있다. 그때 어떤 심정이었냐고. 선거의 실패로 무척 힘들었지만 나를 보는 순간 기뻤노라고 말씀하시던 표정에는 당시를 떠올리는 어떤 복잡한 감정이 온화함 속에 잠겨 있었다. 어렸을 적의 가족사진을 보면 늦게 본 아들을 애지중지하셨던 것 같다. 실제로 내가 어떤 잘못을 저질렀을 때, 아버지는 단 한 번도 화를 크게 내신 적이 없었다. 꾸짖는 대신, 조용한 음성으로 나직이 이끄시거나, 때로는 말없이 실망이 담긴 눈빛으로 나의 부족함을 일깨워 주셨다. 그것으로 충분했다. 내가 청소년기였을 때는 가끔 단호한 어조로 주의를 주시기도 했는데, 그것은 겸손함을 잊었거나, 삶을 가볍게 대하려는 안일함을 보였을 때였다. 이처럼 늘 타인에 대한 존중과 자신에 대한 엄격함을 강조하셨던 아버지는 내게 정치인으로서의 사회적 역할 이전에, 인간과 세상에 대한 깊은 애정을 지닌 분으로 기억된다.

내가 학령 전의 어렸던 시절, 주위 사람들은 아버지와 나를 번갈아 쳐다보며 종종 물었다. "손자세요?" 아버지는 특유의 인자한 미소를 띠며 "손자 겸 아들이지요."라고 대답하셨다. 그 말에는 어떤 유쾌한 자조와 함께, 나에 대한 남다른 애정이 깃들어 있었다. 늦게 얻은 아들이라 더욱 그러셨을까. 아버지는 나를 특별히 사랑하셨고, 그 사랑은 늘 표현으로도, 행동으로도 아낌없이 전해졌다. 비록 아버지와 나 사이에는 반세기에 가까운 시간의 간극이 존재했지만, 아버지는 그 세월의 틈을 단지 세대차라는 표현 아래 방치하지 않으셨다. 오히려 지혜와 지식, 그리고 끊임없는 사유의 언어로 그 거리를 메우고자 하셨다. 내가 종종 던진 하찮은 질문에도 항상 성의 있게 대답해 주시고, 질문 이상의 무언가를 깨닫도록 유도하셨다. 그 가운데 우리는 시대를 달리한 두 존재가 아니라, 서로를 이해하고 닿으려는 인간적 만남을 실현하는 부자지간이 되었다.

아버지는 바쁘신 가운데도 가족과의 시간을 귀히 여기셨다. 특히 산책과 여행, 자연 속에서 함께 걷는 시간을 좋아하셨다. 누나와 나를 데리고 공원이며, 산이며, 강과 바다를 즐겨 찾으셨고, 때로는 먼 여행길에도 기꺼이 동행시키셨다. 함께 걸을 때면 아버지는 늘 나의 눈높이에 맞추어 대화를 이끌어 주셨다. 어쩌면 그것은 단지 유년기의 한 장면이었을지 모르나, 지금의 나에게 있어서 그것은 감정의 토대이자, 사유의 원형이며, 인간됨의 언어를 학습한 귀한 배움의 시간이었다. 그러한 기억들은 이제 단순한 회상이 아니라, 나를 지탱하는 정신의 뿌리가 되어 있다. 아버지의 말투, 걸음걸이, 그리고 인생에 관한 이야기 하나하나가 교육이었고, 그것은 세월을 건너 지금, 이 글을 쓰는 나에게까지 살아 있다.

내가 스물일곱이 되던 해인 1991년에 아버지가 세상을 떠나셨다. 그때 나는 미국에서 유학 중이었고, 박사 과정의 첫 학기를 막 시작한 참이었다. 학문의 길목에서 이제 막 본격적인 여정을 시작했건만, 인생의 굽이굽이에서 가장 절실하게 조언과 격려가 필요했던 시기에 아버지를 여의게 된 것이다. 그 상실은 단순한 슬픔을 넘어, 내 삶 전체에 커다란 공백으로 다가왔다. 한때 나는 학업을 접고 영영 귀국할지 진지하게 고민했었다. 낯선 길 위에서 흔들리며, 삶의 방향을 다시 그려야 할지 몰라 잠시 방황도 했던 것 같다. 하지만 결국 나를 다시 정신 차리게 한 것은 몇 년 전 유학길에 처음 오를 때 아버지께서 손수 써 주신 편지였다. 그 편지는 내 마음의 등불이 되었고, 다시금 공부에 매진할 수 있는 힘이 되어 주었다. 나는 지금도 그 편지를 책상 서랍 깊숙이 간직하고 있다. 내게 가장 소중한 물건을 꼽으라면 단연코 그것이다. 간혹 꺼내어 펼쳐 보면, 종이 위에 적힌 글자들이 마치 아버지의 육성처럼 들려온다. "청운의 꿈을 품고 멀리 유학의 길을 떠나는 아들에게"로 시작되는 그 편지에는, 아버지의 삶의 철학과 자식에 대한 기대, 그리고 진심 어린 격려가 녹아 있다. 넓은 세상을 두 눈으로 직접 보고, 당대의 지성들과 교류하며, 고된 길일지라도 학문의 길을 성실히 걸어가기를 바란다는 말씀이 담겨 있었다. 훗날, 아버지의 당부를 마음에 간직하며 완성한 박사학위 논문의 첫 장에는 "항상 등대가 되어 주신 아버지께"라는 한 줄의 헌사 문구가 새겨졌다. 이를 통해 오랜 시간 품어 온 감사와 그리움을 담았다.

내가 유학을 결심했을 무렵, 나는 아버지와 진지한 대화를 나눈 적이 있었다. 그 자리에서 아버지는 만약 당신께서 정치인의 길을 걷지 않으셨다면 학자의 삶을 주저 없이 선택했을 것이라고 말씀하셨다. 나에게 있어서 아버지는 언제나 품위 있고, 사려 깊고, 깊은 사유를 즐기시는 분이었다. 그래서인지 나는 늘 정치인보다는 학자로서의 아버지 모습이 더 잘 어울린다고 생각하고는 했다. 비록 아버지는 잠시 교수 생활을 하시기도 했지만, 시대의 제약 속에 온전히 학문의 세계에 몰두할 기회는 얻지 못하셨다. 아버지의 그런 아쉬움을 알게 되었을 때, 나는 당신께서 내게 거셨던 기대가 단순한 성공이나 성취 이상의 것임을 깨달았다. 그것은 곧 아버지가 이루지 못한 지적 여정의 연장선 위에, 아들이 힘차게 나아가기를 바라는 간절한 마음이었을 것이다.

아버지의 이력은 누구의 눈으로 보더라도 특별하다. 그러나 나에게 있어서 그것은 단순한 성공의 기록이 아니다. 오히려 그 너머에 있는 치열함과 겸허함, 그리고 시대 앞에 선 한 인간의 윤리적 태도에 대한 증거이다. 당신의 삶은 단순한 성공을 넘어서, 품격과 균형, 그리고 다방면의 조화를 품은 빛나는 인생으로 나에게 각인되어 있다. 세상을 향한 호기심과 사람에 대한 존중을 한 몸에 지닌 그 태도가, 내게는 아버지의 가장 본질적인 모습으로 남아 있다. 나는 오늘도 아버지의 인생 여정의 기록들 앞에서 나의 삶을 되돌아보며, 스스로에게 묻는다. 나는 얼마나 충실히 살아가고 있는가. 나는 어떤 방식으로 나의 시대와 마주하고 있는가. 이러한 질문의 연원에는 언제나 아버지, 당신이 계신다.

1 1968년 아버지와 남산에서

2 1974년 초대 주인도대사 부임 당시

3 1968년 경향신문사 사장 재임 시절

4 1979년 문교부장관 시절

19

제헌국회의원

백형남

젊음을 조국에게

백운선 | 아들[1]

나의 선친 백형남(白亨南, 1915~1950) 선생께서는 내가 태어나기 11개월 전에 제헌국회의원에 당선되셨고, 내가 태어난 지 1년 5개월 후에 세상을 떠나셨다. 33세에 의원이 되신 그분이 6.25전쟁 중 35세에 순국하신 것이다.

백형남 의원은 원내 소장 그룹에 속하여 진정 국민을 위한 민주 정치의 실현을 꿈꾸며 의정 활동을 펼치셨다. 그러나 국가와 민족을 위한 열정을 담아내기에는 그의 삶이 너무 짧았다. 나의 아버지께서는 불꽃 같은 짧은 삶을 나라에 바치셨다.

선친의 아버지, 나의 조부께서는 동학군의 소접주로 크고 작은 전투에 참여하였으나 공주 부근의 우금치전투에서 패하자 도망자 신세가 되어 고향으로 돌아가지 못하고 익산 황등 지역에 정착하셨다. 그분께서는 이 지역에 1900년에 교회를, 그리고 1907년에는 민족의식과 신학문 교육을 위해 계동(啓東)학교를 세우셨다. 백형남 의원은 그분의 6남 2녀 중 4남이셨다.

---

1 서울대학교 정치학과, 동 대학원 정치학 박사를 졸업하고 호남대학교 교수로 재직하면서 사회대학장, 대학원장을 역임하였고, 대통령 자문기구인 '역사와 미래를 위한 범국민 자문위원회' 및 문화재위원회, 간행물윤리위원회 위원으로 활동한 바 있다.

백형남 의원의 묘비문과 묘비 제막에 즈음한 제자의 추모사, 미망인의 회고담을 발췌하여 여기 추억의 공간을 채운다.

1. 묘비문

여기 인간의 은혜에는 물질의 은혜보다도 믿음과 정신생활에 끼쳐 준 은혜가 더욱 귀중한 일이라면 한 시대 한 사람의 뿌리 역사란 한 민족과 한 국가의 끊임없는 발전 속의 모체를 의미할진대, 한 손에는 성경을 드시고 한 손에는 백묵을 드시어 후세인을 인도하고 가르치신 이 시대의 참스승이요 참선비이며 참빛과 소금의 역할을 다하신 백림(白琳) 백형남(白亨南) 선생님은 1915년 11월 3일 전북 익산군 황등면 동련리에서 수원 백씨 옥봉공파 13대손이며 동련교회 설립자이신 백낙규(白洛奎) 장로님의 6남 2녀 중 4남으로 태어나셨다.

백 선생님은 어릴 때부터 남달리 총명하여 전주 신흥중학교를 거쳐 동경 일본대학을 수학하고 귀국하여 부친께서 설립한 황등 계동학교 교원 및 교장직을 역임하셨다. 조국의 해방과 함께 청년들의 생활과 정신을 지도하여 그들에게 애국애족의 혼을 불어넣어 주셨고, 한국광복청년회 전북감찰위원장 및 익산군 위원장 대동청년당 익산군단장 등을 역임하시면서 1948년 5월 대한민국제헌국회의원(익산)에 당선하여 한국의 입법 기초를 닦아 놓으셨다.

그러던 중 민족의 비극인 1950년 6.25전란에 국가의 번영을 눈앞에 두고 순국하셨다. 그러기에 겨레의 가는 길에 횃불이 되신 백 선생님은 소천하셨어도 국가와 민족을 위한 그 높은 뜻과 공덕은 이 나라 역사와 민족 위에 오래 남을 것이며 후손과 후학과 후신도 들의 귀감으로 마음 깊은 곳에 남을 것이다.

그 후 백 선생님께 대한민국 정부에서는 1969년 헌법 제정과 정부 수립의 공로를 높이 평가하여 국민훈장 무궁화장을 추서하였다.

이 후손과 후학과 후신도 들은 백 선생님 고향의 묘소 앞에 정성을 다한 묘비를 세우니, 백 선생님의 청렴과 바름의 고귀한 뜻과 믿음의 빛이 영원히 칭송받으며 이 나라 자유 평화와 진리와 사랑과 기독 사상 위에 길이 남으리라.
시인·문학 박사 김해성(金海星) 짓고, 서예가 이품당(二品堂) 이무기(李武基) 쓰고, 아들 정치학 박사 백운선(白雲善) 세우다.

2. 추모사[2]

백형남 선생님
선생님께서 가신 지 벌써 반세기. 세월의 무상함과 인생의 무상함을 새삼 느끼게 됩니다. 절통하게도 선생님을 여의고 46년이 지난 지금, 돌이켜 생각하면 항상 앞서 주도하시던 선생님을 잃은 우리가 마치 목자를 잃은 양 떼처럼 거친 황야에서 갈 곳을 몰라 했던 그때가 주마등처럼 머리에 스쳐 갑니다.
혼란한 해방 정국, 국가를 위한 선생님의 피땀 어린 업적을 어찌 우리가 잊겠습니까? 선생님께서는 가업이나 가사는 염두에 두지 않으시고 불철주야 오직 국가의 난국을 수습하기 위하여 청년 운동에 전념하셨습니다.
선생님의 어려운 가정 형편은 뒷전에 두시고 오히려 청년단원들의 가정생활이 곤란하지 않을까 걱정하시던 선생님의 모습이 지금도 눈앞에 아른거립니다. 건강도 좋지 못한 선생님께서 자신의 몸은 조금도 생각하지 않으시면서 단원들의 식생활에서부터 건강에 이르기까지 챙기셨던 그 정성, 이것이 조국과 민족을 사랑하시는 마음이 아니고 무엇이었겠습니까? 선생님 댁 지붕 위에 잡초가 수북하였던 그때의 그 현실을 우리는 너무도 잘 알고 있습니다.

2 제자의 추모사 중에서 발췌.

선생님의 그 청렴결백함과 고귀한 우국충정의 정신을 사람들이 너무도 잘 알았기에, 선생님은 1948년 5.10선거에서 압도적 다수의 지지를 얻어 제헌국회의원에 당선되셨습니다.

1995년 12월 18일 제자 나만길

3. 미망인의 회고[3]

[끼니가 어려웠던 국회의원 가족, 딸아이를 잃었다]

남편은 일제 경찰의 감시를 받던 불온한 청년 운동가.

그이는 당연히 안온하게 가정을 꾸려 갈 가장이 될 수 없었다. 집 안이 수시로 수색당하였고 남편은 그때마다 미리 책과 서류들을 불태웠다.

해방 후 남편은 본격적인 청년 활동에 몰입하였으며, 제헌국회의원에 당선된 후에도 그의 눈과 가슴과 발은 항상 밖을 향하였다. 집안 살림은 더욱 궁색해졌고, 남편이 국회에서 일할 때 나는 집 안에서 가난과 싸워야 했다.

국회의원 가족이 끼니를 이어 가기 어려운 지경이었다. 종종 굶기도 하였다.

남편의 의원 활동이 일 년 가까이 되었을 무렵, 나는 둘째 사내아이를 낳았다. 갓 낳은 아이를 돌보느라 딸아이에게 소홀해서였을까? 딸아이는 어느 날 갑자기 고열에 시달렸고 그 열 쇼크를 치료하지 못해 급기야 숨지고 말았다. 아이를 그렇게 잃었다.

어미의 사랑도 충분히 받지 못했던 내 딸아이가 아빠, 엄마보다 먼저 이 세상을 떠난 것이다.

3 아들 백운선이 지은 책 『일흔다섯 살 아들이 대신 쓰는 어머니의 일기』에서 발췌.

[세월에 묻었다]

죽음의 길이었다.

난리를 피해 살려고 나선 길이었는데, 죽음의 길이 되었다.

전직 국회의원이라는 신분 때문에 피신해야만 했던 남편. 전쟁 상황이 예상을 빗나가면서, 안전하리라 판단했던 곳에서 남편은 목숨을 지켜내지 못하였다.

임시 매장되었던 남편의 시신은 해가 바뀌고서야 옮겨 올 수 있었다. 뒤늦게 치러진 면민장에서 남편과 마지막으로 헤어졌다.

숨 가쁘게 밀려 온 황망과 슬픔의 끝에서, 나는 남편을 세월에 묻었다.

남겨진 두 살배기와 함께 오롯이 견뎌야 할 앞으로의 시간, 나는 그 세월 속에 그이를 묻었다.

1 계동학교 교원과 교장 시절

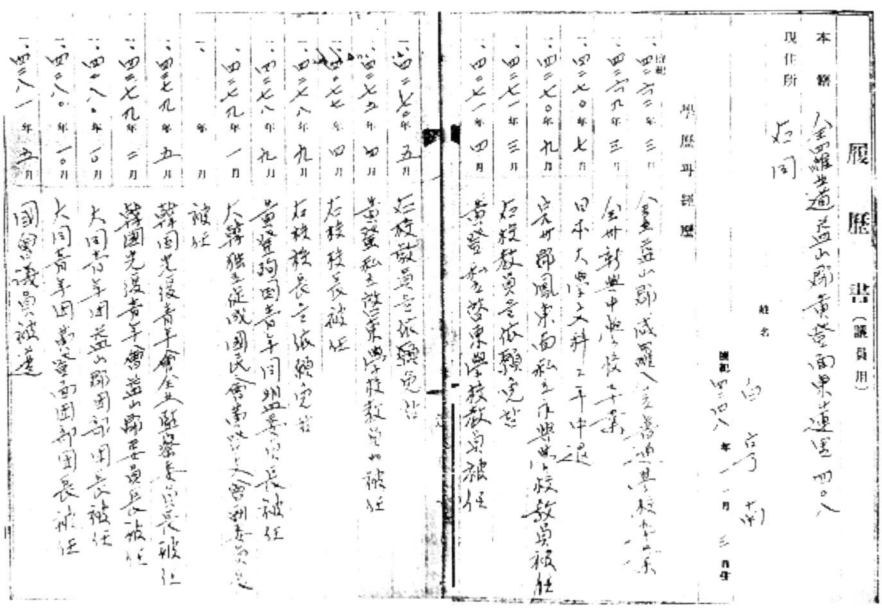

2 이력서

3 계동학교 제자들과 함께

4 순국 지사 충혼비(앞면)

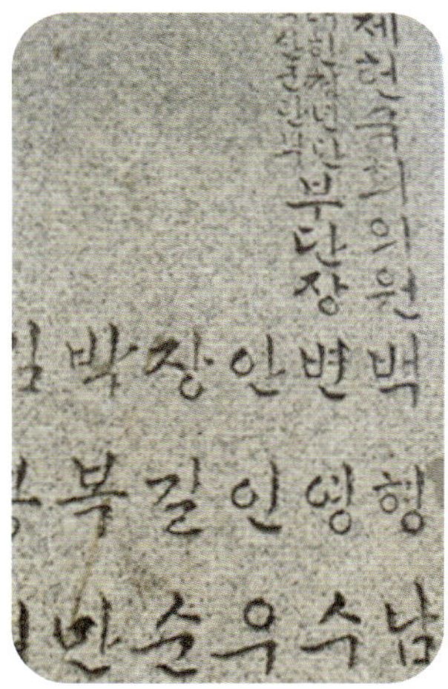

5 순국 지사 충혼비(측면)

20

제헌국회의원

송봉해

나눔과 섬김의 봉사 정신으로 몸 바쳐 살아온 정암(靜庵) 송봉해(宋鳳海)

송민철 | 종증손[1]

정암(靜庵) 송봉해(宋鳳海, 1887~1971) 선생께서는 1971년에 서거하셨기에 1978년생인 필자로서는 아버지(종손자 송인섭), 고모할머니(딸 故 송희성)[2]께 전해 들은 짤막한 이야기가 전부였습니다. 따라서, 과거 故 송희성 고모할머니께서 『海南人의 脈 – 2022 재광해남군향우회 명부 제4집』에 실었던 기고문[3]을 기반으로 소개드리고자 합니다.

독립운동에 앞장선 의학도 송봉해

송봉해 선생은 우암 송시열 선생의 직계 후손으로 구한말의 격동기인 1887년 서울 동대문구 용두동에서 태어났다. 어린 시절에는 한학 서당에서 공부하다가 1910년 한일합방이 체결되었을 때 경성 중앙청년학원(YMCA)의 학생으로서 당

---

1 LG이노텍(現 LIG넥스원) 연구원으로 15년간 근무하며 신궁, 천마, KGGB, 현궁, 비궁, 비룡, ALHEDA 등의 유도 무기 설계를 담당하였다. 현재는 부친의 뜻에 따라 방위사업청에 사무관으로 재직 중이다. 제헌국회의원유족회 사무1차장을 맡고 있다.

2 송봉해 선생의 딸인 고 송희성은 전라남도 도의원, 해남항일독립유공자유족회장 등을 역임한 바 있다.

3 송희성, 「땅끝 해남의 애국지사, 한국의 슈바이처 정암 송봉해 선생」, 『海南人의 脈 – 2022 재광해남군향우회 명부 제4집』(재광해남군향우회, 2022).

시의 한일합방 반대 운동을 하다가 종로경찰서에 연행되어 구속되기도 하였다. 이때 식민지 교육에 대한 회의를 느껴 한때는 공부를 포기하고 만주로 건너가 방황하기도 하였다. 그러다가 교육입국을 주장한 도산 안창호, 월남 이상재 선생 등의 가르침에 영향을 받아 일단 면학에 정진하여 연희전문학교 문과를 선택하여 민족정신을 배양할 것을 목표로 수학하였고, 졸업 후에는 춘천에 있는 정신중학교 교사로 재직 중 일제의 식민지 교육의 일환으로 '조선어 교육'의 폐지 정책을 맞이하게 되면서, 우리의 말과 글 그리고 문화가 박탈당하는 비운을 맛보게 되자 이러한 일본의 정책을 극복하는 데에는 기술 계통의 지식을 길러야 함은 물론 질병으로 신음하는 동포들을 치유하는 데에 목표를 세워 '세브란스 의학전문학교'에 입학하는 길을 선택하게 된다.

1919년 세브란스의전 3학년에 재학 중 고종 황제의 인산에 맞추어 1919년 3.1 독립만세운동이 일어날 때, 33인 중 한 분인 오화영 목사님과 뜻을 같이하여 연희전문학교, 보성전문학교 학생 대표들과 협조하여 3월 1일 정오까지 태극기와 적색 리본을 가지고 탑동공원(파고다공원)으로 집합하도록 독려하고 그날 거행된 독립만세운동에 다 함께 참여하였다.

3.1독립만세운동 후에도 미국 남감리회의 선교단이 춘천에 오는 것을 기회로 독립운동을 단행할 것을 계획하고, 상해임시정부의 소식인 '국민신문', '독립신문' 등을 여운형 선생 등과 연락하여 이 문서들을 접수하고, 당시 세균학 교수인 선교사 스코필드 박사의 실험실에서 문서를 비밀리에 등사하는 한편 독립 만세 당시 우리 동포가 일본 경찰에게 쫓겨 참혹하게 사살당하고, 방화하는 현장을 카메라에 담아 등사한 문서와 함께 사진 자료들을 미국 선교회, 신문사 등지에

배포하여 일본인들의 만행을 세계에 폭로하기도 하였다.

3.1독립만세운동 당시 세브란스의전 학생으로서 강원도 지방 연락 책임자로 활동할 때 춘천에서 자전거포를 경영하는 김조길 전도사를 연락처로 삼아 문서를 배포하기 위해 왕래하던 중, 춘천행 열차를 타기 위해 서울역으로 가던 길에서 일본 형사에게 체포되어 1919년 8월 16일 춘천경찰서로 압송되어 8개월간 갖은 고문과 고초를 겪으며 심문당한 후 서울 서대문구치소에 이송되어 8개월간 계류 중에 있다가 징역 3년을 언도받고 감옥 생활을 시작하였다.

출옥 후 상해임시정부를 찾아가 독립군으로 활동할 것을 청원하였는데, 당시 여운형 선생께서 말하기를 "학생은 소중한 의술을 배우고 있으므로 학교로 돌아가 공부를 마치고 독립운동에 참가하는 것이 조국을 위해 훨씬 값진 봉사를 할 수 있으니 고국으로 돌아가 학교를 마치고 오라."는 간곡한 권유로 귀국하여 세브란스의전에 복학하였다.

1923년 세브란스의전을 졸업한 후 1년간 인턴 실습을 마치고 1924년 6월 10일에 의사 면허를 취득하고 여운형 선생과의 약속을 지켜 상해임시정부로 향하려고 하였는데, 당시 조부님이 별세하여 3년상을 마치고 출발하라는 가족의 권고로 집에 머물러 있던 중 원산에 있는 구세병원 부원장으로 취임할 것을 요청받아 우선 이를 수락하여 원산 구세병원 부원장으로 근무하면서 독립운동에 뜻을 두고 있는 동지들과 '만연대'(연설대)를 조직하여 강원도와 함경도 일대에 걸쳐 순회하면서 민족사상을 고취시키는 순회강연을 하였다. 이때 일본 경찰이 들이닥치면 잠시 금강산에 들어가 숨어 있다가 다시 나와 활동을 재개하고는 하였는데, 이러한 운동을 하고 있는 것을 눈치챈 일본 경찰에 의해 급기야 원산

땅에서 추방되어 이주하도록 조치받았다.

선생께서는 추방당한 당시 서울에서 의사 생활을 마다하고 버려진 땅 남쪽으로 갈 것을 마음에 결심하여 한반도 지도 한 장과 이삿짐을 싣고 남쪽 무의촌을 찾던 중, 당시 순천에는 일본인 의사가 있음을 알고 방향을 돌려 의사가 없는 순무의촌인 해남으로 차를 돌려 해남군 해남읍의 중심부 양옥(현재 군청 앞 사거리 광주은행 자리 일대)을 매입하여 '고려병원'을 개원하였다. 이후에 해남읍 남동리 60번지로 이사하여 사랑채는 병원과 사무실로 삼고, 안채는 가족이 사는 삶의 터전으로 삼아 무의촌 정착이 시작되었고 여기에서 한평생을 마치는 고향이 된 것이다.

해남군 최초 병원 설립과 무의촌 활동

광활한 해남군에 산재해 있는 농어촌의 집들이 논두렁, 밭두렁과 산을 경계로 삼아 교통이 이루어지고 있는 무의촌 진료를 위해서는 불가피하게 말을 타고 가는 슈바이처가 될 수밖에 없었다. 그래서 할 수 없이 말 두 필을 직접 기르면서 교대로 한 필씩 타고 진료를 위해 이 마을, 저 마을로 찾아다니면서 가난한 이들을 진료해 주었다.

이렇게 진료를 다니면서 고려병원의 소문은 사방으로 퍼져 나가 인근 각지에서 치료받으러 오는 사람이 늘어갔고, 또한 고려병원에 의술을 배우러 오는 사람도 늘어나 후배 의료인 양성에까지 의료업의 발전에도 크게 기여하는 계기가 되었다.

8.15광복을 맞이한 송봉해 선생의 활동

일본이 패망하고 8.15광복을 맞이한 한반도는 북위 38선을 기준으로 남쪽에는 미군이 주둔하게 됨에 따라 미군정청이 입법, 행정, 사법의 3권을 행사하게 되었다.

자나 깨나 조국의 독립을 염원하던 선생께서는 의료보다는 자주독립을 우선해야 한다는 생각에 병원을 휴업하고 서울로 올라가 주요 요인들을 만나며 정치적 상황을 살펴보고 건국준비위원회 활동 및 신탁 통치 반대 운동 등 활동을 주도하면서 독립정부 수립을 위한 노력을 기울이셨다.

1948년 5월 정부 수립을 위한 국회의원 선거에 출마 후 당선되어 제헌국회의원으로 활동하였다. 의원 활동 이후에도 해남군립병원 설립, 3.1기념탑과 단군전 건립, 초대 해남군교육감을 역임하셨으며, 1970년 8월 15일 광복절 중앙 행사에서 국민훈장 무궁화장을 수훈하였다.

선생께서는 1971년 4월 26일 83세를 일기로 운명하셨고, 해남군 최초의 군민장으로 장례를 치르게 되었다.

생전에 선생님은 독립운동 관계의 포상은 친일 정권이나 군사 정권하에서는 절대로 이를 받는 수속이나 행사 참석은 절대로 하지 말고, 먼 후에라도 '국민의 정권'이 들어섰을 때 포상을 받으라는 유언을 남기셨고, 이러한 유지를 받들어 다른 사람들보다 늦은 1999년 8월 15일 건국훈장 애족장에 추서되었다.

2006년 10월 11일 선영에 안장했던 유해를 대전국립현충원에 이장하기 위해 해남읍 서림공원에서 송봉식을 거행하고 동년 10월 12일에 대전현충원 안장식 절차에 따라 애국지사 묘역(제3묘역 328호)에 안장되었다.

선생님은 일제의 창씨개명을 거부하고 오로지 민족의 독립을 목표로 사셨으며, 황량한 해남으로 이주하여 한평생을 바쳐 불모지를 개척해 낸 개척자로서 해남군민의 가슴속에 영원히 기억될 것이다.

1 송봉해 선생 미망인(가운데 故 김응도 여사)과 종손자

2 송봉해 선생 딸(故 송희성)과 종손자(왼쪽 송인호, 오른쪽 송인섭)

3 송봉해 선생

21

제헌국회의원

신광균

추위에 떠는 걸인에게 외투를 친히 벗어 주시고 오신 아버지

신현제 | 아들[1]

광복 전후 우리 고장 경기도 개풍군은 대단히 추웠다. 어느 추운 겨울날 아버지는 길에서 한 걸인을 만나셨고, 그 걸인에게 입고 있는 자기 외투를 벗어 주고 정작 본인은 오는 동안 고생하셨다고 한다. 이 사건은 오랫동안 당신의 형수들과 내 사촌 누님들 사이에 오르내리면서 막내의 막내인 내가 들어 기억하기까지 전해 온 일화이다. 살기 어려운 때라 선행을 칭찬하는 말인지? 어리석음을 흉보는 말인지? 모르겠다만, 분명한 것은 연민과 사랑을 실행하신 분이다. 8.15 광복 전후 대단히 가난해서 동네마다 밥 동냥하는 걸인이 많았다. 내 어머니도 밥 동냥 오는 걸인에게 늘 따뜻한 밥을 소반에 차려 안마당에서 먹도록 하셨던 모습이 선하다.

내 아버지 만취(晩翠) 신광균(申光均, 1897~1974)은 경기도 개풍군 상도면에서 1897년 3월 28일 부친 신태성과 모친 안동 권씨의 5남 중 막내 유복자로 태어나셨다. 애명(喛名)은 오복(五福), 별호(別號)는 만취(晩翠). 가훈은 가화위본

1 문학박사로 동국대 영문학과 명예교수, 동국대학교 부총장 및 한국Communication학회 고문을 역임하였고, 동국대 영어영문학과와 하와이대학교에서 수학하였다.

(家和爲本). 18세에 3세 연상인 어머니 장석동(張席洞)과 결혼하여 6남매를 두셨으나 두 여식을 잃고 4남을 키우셨다. 1974년 4월 26일 78세에 노환으로 선종하시기 10여 년 전에 천주교에 귀의하셨고 세례명은 요셉이시다.

아버지는 보편적 가치와 윤리를 소중히 여기셨다. 사랑, 정직, 청빈, 겸손이 당신의 일상이었다고 생각한다. 교육자, 행정가, 정치가로 일생을 사시면서 공인이 지켜야 할 윤리를 벗어나 사적 명예나 욕망을 선택하신 적이 없으셨던 분으로 기억한다. 1950년 전후 서울도 대중교통 수단은 어려웠고 식당도 많지 않았다. 도시락을 갖고 다니신 의원도 있었다. 열악한 환경에서도 오직 후손이 살아갈 자유대한민국 건국의 터를 만드신 제헌국회의원을 기억하고 그 유족임에 자부심과 긍지를 갖고 감사하며 내 아버지를 그려 본다.

아버지는 선량하고 효심이 지극한 분이셨고, 가족을 신성(神性)과 신의(信義) 관계로 보셨다. 군수, 제헌국회의원, 2대 국회의원, 경기도지사, 여러 공직 생활에 수반되는 손님 접대, 늦은 귀가 등 부부간에 갈등 요인이 많았을 터인데 다투시는 경우를 본 기억이 없다. 또한 자식을 이해와 믿음으로 키우셨다. 두 분 다 당신의 뜻에 부합하는 자식들의 미래를 강요하시지 않으셨다. 자식들의 부족함이나 잘못을 크게 나무라지 않으셨다. '자식을 믿고 이해하고 스스로 깨달으며 성장'하기를 기다리신 분이셨다. 언젠가 장자인 큰형님이 집에서 기르는 소를 팔아 서울로 장사하러 갔다가 밑천을 홀랑 까먹고 오셨는데, 야단치지 않으셨다는 형님의 말씀이 기억난다.

8.15광복 전후

내 나라 밖을 보시다 군청에 근무하실 때로 추측한다. 일본 행정 연수 교육에 선발되시어 일본 규슈 구마모토에 연수를 다녀오셨다고 하는데, 내 나라의 현실을 알게 되셨을 것이다. 얼마 후 개풍군 봉동면장으로 임명되셨고 일본 행정 연수로 얻은 국내외 정보가 대민 행정에 크게 도움이 되었으리라고 생각한다.

해방 후 농민들의 분노 표출 광복을 맞이하자 한반도 전역에서 핍박받았던 농민들의 분노, 적개심, 원한은 폭력적 보복으로 표출되었다. 일본 통치하의 조선인 관리와 앞장서 부역한 조선인들은 예외 없이 매 맞는 모욕과 고초를 겪었고, 고향에서 잠적하였다 한다. 그런데 봉동면은? 나와 큰조카(신명철)는 일본이 항복했다는 소식에 무서워 야산에 숨었다 나왔다. 걱정했던 것과 달리, 우리는 아버지와 할아버지가 집에서 면의 어른들과 약주를 드시며 이런저런 이야기를 나누시고 광복을 자축하시는 장면을 보게 되었다. 아무리 생각해도 신기한 일이었다.

경기도 개풍군수

군의 유지와 구장들이 추대하여 미군정에서 임명한 것으로 알고 있다. 군수로 부임하시고 우리는 개성에 있는 일본인 군수가 살던 군수 관사로 이사하였다. 관사는 소사(小使)가 살 집이 붙어 있는 아주 큰 일본식 건물로 넓은 정원과 텃밭이 있었다. 어머니가 일상의 부식과 필요한 생활필수품을 자급자족하고 닭과 돼지를 길러 부족한 생활비를 보태시며 힘들게 사신 모습과 조선인으로서는 첫 군수셨던 아버지를 찾아온 손님이 많았던 기억과 신나게 놀았던 기억이 전부이다.

제헌국회의원

1948년 5월 10일 제1대 국회의원, 즉 제헌국회의원에 당선되셨고 우리는 개성에서 서울로 집을 얻어 이사를 왔고 얼마 후 정부가 마련해 준 경무대(청와대) 옆 삼청동에 있는 일본총독부 독신자 사택으로 이사했다. 2층 연립 건물이라 하나의 현관을 두 가구가 같이 썼다. 우리는 수원 출신 홍길선 의원과 현관을 같이 쓰는 이웃이었다. 처음으로 국회 방청을 하고 귀가하는 고향 손님이 인사차 들러 2층은 늘 북적였고 손님 대접으로 어머니는 쉬실 틈이 없으셨다. 개성까지 기차가 있어 대부분 당일로 귀가하는데 개성에서 먼 곳에 사는 손님은 주무시는 경우가 많았다. 또한 아버지는 잡기를 금하셨는데, 당시 일부 의원들이 장기 또는 바둑에 몰두하여 회의 성원 정족수를 채우지 못할 때가 있었다고 하셨다.

5.30총선거(제2대 국회의원)와 6.25전쟁

1950년 5월 30일 제2대 국회의원에 재선되셨다. 6월 23일 어머니와 함께 개성에 내려가시어 지역구를 방문하실 예정이었는데 6월 25일 새벽 북한의 남침으로 개성이 점령되었다. 좌익들이 남한 요인을 색출하기 시작했고, 당연히 국회의원은 0순위 대상이었다. 아버지는 당신과 동갑인 당신의 큰조카의 도움으로 개성을 탈출, 걸어서 서울에 무사히 오셨다.

UN군과 국군이 압록강까지 진격, 전쟁은 끝나고 통일이 될 것 같았는데, 중공의 침략으로 1.4후퇴라는 피란 생활이 시작되었다. 피란지인 부산 좌천동에도 찾아온 고향 사람들의 식사 등 뒷바라지로 어머니의 손은 마를 날이 없었다.

2대 국회에서 국회농림위원회 간사와 원내 교섭 단체인 민우회 대표간사로 정치 활동을 하셨고, 이른바 발췌개헌인 정치 파동의 중재를 하신 걸로 알고 있다. 제3대 총선거에는 선거구가 미수복지구라 출마할 수 없었다.

국회의원 관사에서 나와 난민 주택으로

정치 활동은 접으셨는데 문제는 국회의원 관사가 내 집이 아니니 노숙을 하게 되었다. 다행히 당시 사회부 김학묵 차관께서 신촌 창천동에 국제 구호 기구인 UNKRA(?)에서 지은 9평짜리 흙벽돌 난민 주택을 마련해 주어서 거리 노숙을 면하였다. 아마도 아버지께서 전쟁미망인을 위한 10%의 국회의원 세비 갹출을 발의하셔서 통과된 일을 인연으로 두 분이 가까워지셨으리라 추측한다. 후에 대한피란민회 회장에 위촉되시어 실향민을 위해 봉사하셨다. 다른 한편으로 제헌동지회 총무간사로 봉사하시며 제헌국회의원들과의 교분을 지속하셨다. 1960년 광역지방자치단체장 경기도지사에 당선되시기까지 이 난민 주택에서 많은 식객과 함께 살았다.

민선 경기도지사

1960년 지방 자치제 시행에 따라 경기도지사 선거에 출마하여 당선되셨다. 제8대 경기도지사지만, 민선 도지사로는 초대였다. 그 당시만 해도 속된 말로 '썩지 않은 사람', '청백리'와 같은 콘셉트가 먹히는 시대라 당선이 가능했다고 생각한다. 지금이라면 가능할까?

6개월 동안의 도정(道政). 이 기간은 선거라는 특성 때문에 아버지, 어머니가 정말 바쁘고 힘들고 어렵게 지내셨던 기억밖에 없다.

이 바쁜 기간도 6개월로 마감됐다. 5.16군사정변으로 지사직에서 물러나셨다. 당시에 들리는 말로는 많은 지사들이 혁명 정부의 수사를 받았다는 소식이 있었다. 그런데 경기도지사인 내 아버지 신광균은 혁명 정부 박창원 도지사로부터 감사장을 받으셨고 후일 박정희 혁명 정부는 제헌국회의원에게 건국의 공로를 인정하여 국민훈장 무궁화장을 수여하였다.

맺으며

친손, 외손, 증손 합하면 40여 명이다. 1대 막내 손녀가 1년 후 정년을 앞두고 있고, 2대 막내손녀가 대학원에 다니고, 3대 증손들도 청장년층이다. 4대가 계속되고 있다. 이 풍요로운 대한민국에서 모두 각계각층, 요직에서 애국하며 선조로부터 전수된 덕목을 지키며 자기 삶을 잘 살고 있다. 이 모두가 하나님의 사랑과 선조가 이룩한 인프라와 기도 덕임을 명심하기 바라며.

막내아들 신현제(申鉉濟)의 기억

신광균 제헌국회의원 약력

양신(養新)학교장

경기도 개풍(開豊)군청 공무원

경기도 개풍군 봉동(鳳東)면장

경기도 개풍군수

제1대 제헌국회의원

제2대 국회의원

제2대 국회 원내 교섭 단체 민우회 대표의원

제2대 국회 농림위원회 간사

근로기준위원회 위원장

대한피란민회 회장

제헌동지회 총무간사

제8대 민선 경기도지사

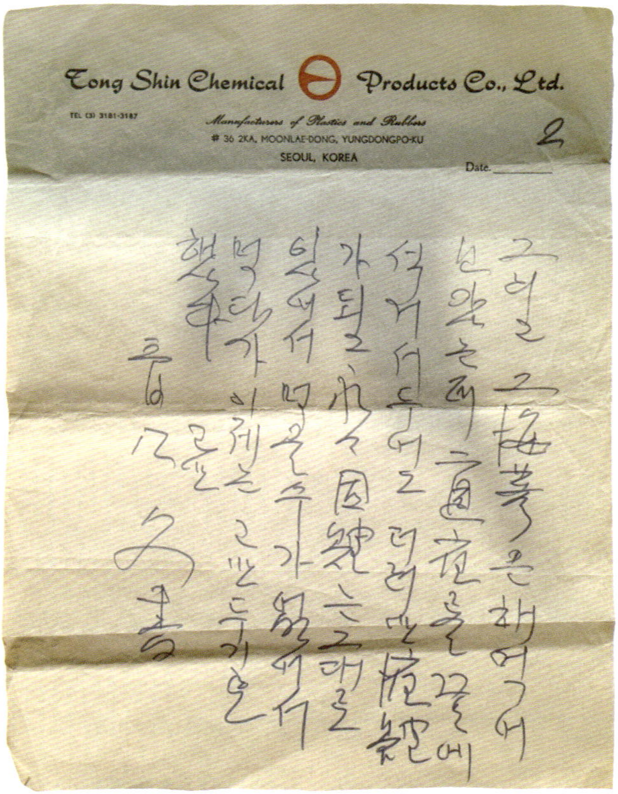

Tong Shin Chemical Products Co., Ltd.

TEL (3) 3181-3187

Manufacturers of Plastics and Rubbers

36 2KA, MOONLAE-DONG, YUNGDONGPO-KU

SEOUL, KOREA

2

Date.

1 곧게 뻗은 필체로 며느리에게 쓰신 편지

2 초도 순시

3 도지사의 군부대 방문

4 영국대사의 도지사 예방 사진

22

제헌국회의원

신익희

국회의장 공관에서(현 국무총리 공관)

해공(海公) 그리고 나의 아버지

신정완 | 딸[1]
신동호 | 종고손[2]

1976년생 종고손인 저(신동호)로서는 1956년에 서거하신 해공(海公) 신익희(申翼熙, 1894~1956) 의장을 직접 뵙지 못했으므로 해공의 외동딸 신정완 님이 직접 저술하여 1981년에 출판된 『해공 그리고 아버지』[3]에서 해공의 인간적인 에피소드 부분 위주로 발췌하여 소개해 드리며, 해공이 하신 말씀은 신정완 님 저서에 있는 그대로 인용했음을 말씀드립니다. 따라서, 아래에서 '나'는 해공의 외동딸인 '신정완' 님을 지칭합니다.

나는 1916년에 서울 종로구에서 태어나 8살까지 한국에서 살다가 아버지가

---

1 1916년 4월 8일 서울 동대문구 청운동 출생, 1936년 중국 북경지성대학 사회학과, 1937년 대한민국임시의정원 의원 피선, 1946년 4월 2일 귀국, 1947년~1956년 한성화교중고등학교 교사, 1956년~1958년 한국외대 중국어과 강사, 1959년~1965년 숙명여대 중국어과 강사, 1968년 독립유공자 대통령 표창, 1980년 대통령 건국포장, 2001년 4월 29일 별세(대전현충원 독립유공자 묘역 안장)

2 해공 선생 첫째 형님 '신규희' 님의 고손자이자, 해공 수행비서 '신창현' 님의 손자로 상문고등학교 및 고려대 통계학과 졸업 후, 2001년 금융감독원에 입사하여 현재 금감원 팀장으로 재직 중이며 재직 중 2013년에 중국 유학길에 올라 2015년 중국 저장대에서 석사학위를 득하였다. 금융 산업 발전 공로로 2010년 금감원장상, 2019년 국무총리상, 2022년 금융위원장상을 받은 바 있고, 해공신익희기념사업회 이사 및 제헌국회의원유족회 사무총장을 맡고 있다.

3 신정완 著, 『해공 그리고 아버지』(성진사, 1981)에서 발췌.

독립운동을 하고 계신 중국으로 건너가 아버지를 따라 22년간 중국 각지를 누비다 광복 후인 1946년 4월 귀국하였다. 이제 내 나이도 어느덧 65살. 아버님께서 세상을 떠나신 지도 벌써 25년이나 되었다. 3.1운동 주도, 대한민국임시정부 내무부장 및 대한민국 헌법의 전신인 임시헌장 기초위원 역임, 26년간의 중국에서의 항일 독립투쟁 등 평생을 가시밭길을 걸으시면서 언제나 개인보다 국민을, 가정보다는 나라를 걱정하셨던 내 아버지. 망명 중 그토록 어려운 살림살이 속에서도 우리 남매가 품위와 기개를 잃지 않도록 키워 주셨던 아버지. 한시도 마음 편할 날 없었던 중국 망명 시절 항상 우리 집에 모여들어 나라 걱정하던 한국의 젊은이들, 수많은 애국지사들, 광복의 환희와 격동의 6.25, 사실상 당선된 대통령 선거를 10일 앞두고 국민의 애통 속에 떠나가신 나의 아버지……. 이제 많은 세월이 흘러갔다. 바로 눈앞에 보듯 생생한 일들, 이젠 기억마저 희미해진 나날들, 이 모든 지난 날들을 더듬어 가며 내가 보고 느낀 그대로의 아버지의 얘기를 적어 보려는 것은 아직도 내 아버님을 그리워하는 수많은 사람에게 아버지의 감춰졌던 사생활을 한 번쯤은 보여 드려야겠다는 의무감과 보람찬 일생을 살다 가신 아버님이 아직도 많은 사람의 마음속에 살아 있다고 굳게 믿고 있는 점 때문이리라.

아버지는 외동딸이었던 나에게 언제나 “우리 애기 딸! 애기 딸!” 하시며 귀여워해 주셨다. 아버지는 언제나 아무리 불쾌하고 화가 나도 욕을 하시는 법이 없었고 가장 큰 욕이라 해도 ‘못된 놈’이 고작이었다. 이것은 그분의 가정 교육 방침이기도 했다. 그랬던 아버지에게 처음이자 마지막으로 크게 혼난 일은 8살에 중국 북경에서 동생 하균이가 어디서 꽤 좋은 남포동 꼭지를 하나 들고 와서 신나게 같이 놀고 있었는데 아버지가 그 물건 어디서 났느냐고 물으시더니 나와 동생 뺨을 한 대씩 때리신 후 "당장에 가져온 곳에 갖다 두라!"고 엄히 말씀하셨던 일이다. 나중에 알고 보니 그 물건은 동생이 이웃 부잣집 쓰레기통에서 주워 온 것이었고, 아버지는 다시 우리를 부르시어 인자하게 "무슨 물건이든 다 임자가 있는 법이니 결코 남의 물건을 탐내지 말아야 한다. 설령 임자가 없는 버린 물건일지라도 남의 것을 탐내면 훌륭한 사람이 될 수 없다."고 말씀하셨다. 고되고 바쁜 중국 망명 생활이었지만, 중국 남경에서 살 때는 가끔 주말에 시간이 나면 남경 교외의 명승지도 데려가 주셨다. 어느 날 늦게 집에 들어오신 날에는 나와 동생을 불러 놓으시고 "너희 둘은 이다음에 커서도 자기 힘으로 떳떳이 살아야 한다. 남에게 의지하지 않고 자기 힘으로 살아가려면 세상의 모든 일을 다 알아 두어야 한다. 모르는 것이 있으면 아는 사람에게 꼭 물어서라도 배워야 한다. 그러나 좀 안다고 거만해서는 안 되며, 남이 모른다고 비웃어도 안 된다."고 말씀하셨다. 이 얘기를 3~4일에 한 번씩은 들려주시어 우리는 귀가 따갑게 들었다. 그리고 남동생 하균한테는 퍽 엄하셨으나 딸인 나에게는 좀 섭섭하기는 했으나 "딸이란 출가하면 그만"이란 말을 종종 하셨던 반면 겉으로는 많이 귀여워해 주셨고 친구들이 집에 오면 나를 나오라고 하시어 자랑을 많이 하셨고, 가끔은 나만 데리고 나가 외식을 시켜 주실 정도로 우리 부녀는 친했다. 하루는 초등학교 졸업반 때 중국 학교 담임 선생님이 예쁘게 해 주신다며 내 머리카락 끝을 고대기로 말아 올려 주셨다. 아버지가 그것을 보시더니 "너 머리 꼴이 그게 뭐냐? 당장 풀지 않으면 밥 안 줄줄 알아라!" 하셨다. 밥이 문제가 아니라 평소 한없이 자상하시던 아버지의 무서운 얼굴에 눈물이 앞을 가렸다. 밤새도록 찬물로 씻고 또 씻었으나 펴지지 않았다. 겉멋만 부리는 허깨비 같은 인간이 되지 말라는 평소 아버지의 교훈은 이와 같이 매우 엄한 것이었다. 그 무렵 동생 하균은 과학책을 즐겨 읽었고 연구심도 많았으며, 음악, 시, 글도 두루 잘 지었으며 특히 붓글씨는 중국 학교에서도 언제나 1등이었다. 유명한 서예가에게 오랫동안 개인 지도를 받아서 그렇기도 하나 나로서는 이런 남동생이 있는 것이 매우 자랑스러웠다. 하지만 아버지만은 항상 남동생에게 엄하여 “얘, 하균아. 글씨를 좀 더 열심히 잘 써야겠다. 내 생각엔 글 잘 쓰는 사람이란 말을 듣기엔 먼 것 같은데, 네 생각은 어떻냐?” 하셨다. 남경 망명 시절 아버지는 점심때 잠깐 집에 들러 점심을 드신 후 짧은 낮잠을 주무시고는 하셨는데 내가 이불을 가만히 덮어 드리려고 하면 아버지는 항상 소스라치며 일어나시고는 하셨다. 밤낮으로 일본 사람의 위협을 받으며 생활을 하시어 잠귀가 무척이나 밝으셨던 것이다. 한시도 마음이 편하지 않은 아버지는 동지들과 약주라도 드신 날이면 “내 목숨은 이미 나라에 바쳐 놓은 것이니 죽는 것은 조금도 두렵지 않다. 그러나 뜻을 이루지 못한 채 죽는다면 원통해 눈을 감지 못할 것이다.”라고 비장한 얘기를 하시곤 하셨으며 “비록 지금은 너희들이 중국땅에 살고 있지만 너희들은 중국 사람이 아니란 걸 절대 잊어서는 안 된다.”고 말씀하셨다. 오랜 세월의 일제 압제가 끝이 보이던 1945년 8월 9일. 중경에서의 우리 동지들은 모두가 너무 기뻐 춤을 추며 대한 독립 만세를 외쳤고 서로 얼싸안고 기뻐했다. 아버지께서는 “긴 객지의 망명 생활은 이제 끝났다. 자, 이제 중국 옷을 벗고 서둘러 조국으로 돌아가자. 이제부터는 우리 손으로 가장 좋은 나라를 만들어 가야 할 큰 문제가 시작되었다.”라고 말씀하시면서 눈가에 뜨거운 눈물이 흘러내렸고 우리들도 어린애처럼 펑펑 울었다.

이후 아버지는 1945년 12월, 우리 식구들은 그로부터 4개월 뒤에서야 귀국하였고, 아버지는 한국에서 눈코 뜰 새 없이 바쁜 일정을 소화하고 계셨었다. 어느 날 국회의장이셨던 시절, 나한테 "바람이나 쐬러 가자." 하시며 남산으로 드라이브를 가기도 하셨는데 동대문 밖 찻길 한가운데 아주 늙은 시골 할아버지가 지팡이를 짚고 절룩거리며 걸어가고 있었다. 아버지께서는 운전기사에게 "얼른 내려가서 저 노인을 안전한 길로 모셔 놓고 오게나."고 말씀하시기도 하셨다. 그리고 또 한번은 6.25전쟁 직전 즈음으로 기억되는데, 내 친구가 외국 여행을 다녀왔으나 통관 시 물건이 세관에 걸려 국회의장인 아버지 도장을 찍어 오면 세관에서 물건을 내줄 수도 있다면서 간곡히 부탁하여 아버지께 말씀을 드렸더니, 아버지의 부드러운 얼굴이 갑자기 노기로 바뀌며 "나라엔 법이 있는 법이다. 규정을 어겼기 때문에 그리된 것 아니겠느냐. 그따위 어리석은 얘기가 어디 있단 말이냐!" 하시며 일언지하에 거절하시고, 너무나도 엄하게 야단을 치셔서 나도 모르게 울음을 터뜨렸다. 한참이 지난 뒤 아버지는 내 등을 어루만지시며 "우리가 긴 세월을 남의 나라에서 살면서 그 고생을 한 것도 다 좋은 나라를 만들자는 것이 아니었느냐. 네가 고생스럽게 산 것도 다 내가 안다. 아비의 체면에 먹칠을 하는 일만 아니라면 무슨 일이건 해 줄 테니 다시 마음을 굳게 먹고 더 열심히 살아가자……."라며 나를 달래 주셨다. 언제나 집안 식구들에게 부드러우면서도 근엄한 품위를 잃지 않으셨던 아버지이지만, 나는 항상 바깥 활동에 있어서 아버지의 면모는 잘 몰라 궁금했었는데 박순천 선생이 『나의 교우 반세기』란 책에서 아버지에 대해 다음과 같이 회상하였다.

> 해공은 둥근 원과 같은 인품의 인간미를 풍기는 지도자였다. 매사에 봄바람 같은 매력이 있었고, 그의 입김은 어떤 매듭이라도 풀어 나갈 만큼 부드러웠으나 한편으로는 세찬 일면도 있었다.

이제는 다 예전 일이 됐지만 내 책의 내용이 1956년 5월 5일 돌아가실 무렵으로 접근할수록 북받치는 감회로 한동안 글을 이어 쓸 수가 없었다. 회고컨대 나는 철부지 어린 시절부터 젊은 시절까지 아버지와 함께 낯설은 드넓은 중국 대륙을 배회했어야 했고, 광복을 맞이한 조국에 돌아왔으나 한시도 마음 편할 날 없이 중년에 접어들었으며, 줄곧 아버지를 따라 다니며 지켜봐 왔다. 아버지는 언제나 우리 국민의 뜻과 힘이 합쳐진 자유로운 나라를 꿈꾸며 그 목표 하나를 위해 일생을 바쳐 오셨고, 마지막에는 막바지에 이른 독재 정권을 규탄하는 온 국민의 편에 서서 통합 야당의 당수로 끝없는 가시밭길의 첫발을 내디디셨다.

그 당시 아버지는 좀 쉬셔야 한다는 모든 사람의 만류에도 불구하고 장면 부통령 지원을 위한 호남 지방 선거 유세 차 밤 기차로 출발하셨다. 5월 5일 아침 나는 왠지 모를 불안감으로 아침부터 빨래를 하고 있었고, 비누가 떨어져 동대문시장으로 가던 와중 시장 입구에서 "호외요!"를 외치는 요란한 소리를 들었다. 삼삼오오 모여든 사람들 중 누군가 "해공 선생이 돌아가셨다!"고 외쳤다. 나는 호외를 보지 않으려고 애쓰면서 몽둥이에 뒤통수를 얻어맞은 몽롱한 상태로 집으로 돌아오다가 마침내 길바닥에 떨어진 호외를 보게 되었다. "아버지가……" 눈앞이 깜깜했다. 아무것도 보이지 않았고 들리지도 않았다. 눈물도 나오지 않았다. 그날 오후 아버지 유해가 서울역에 도착하였고 사람들은 열차 유리창을 깨는 등 소란을 부렸다. 유해가 앰뷸런스에 실려 효자동 집으로 돌아왔고 수많은 인파가 경무대 쪽으로 밀려가고 있었다. 뒤이어 들리는 콩 볶는 듯한 총소리, 애국가 소리, 고함 소리, 통곡 소리, 아득히 이런 소리들이 잠드신 아버지를 흔들어 깨우려는 것 같았고 나는 결국 졸도를 하고 말았다. 전국에서 물밀듯이 올라오는 문상객들로 장례 일정도 확정되지 않은, 돌아가신 지 10일째 되는 선거날인 5월 15일 아침, 방부 처리가 된 아버지의 두 눈가에는 눈물이 맺혀 있었다. 평생 아버지의 교훈에 따라 나는 절대 미신을 믿지 않았으나, 이날 아버지의 눈가에 맺힌 이슬만은 지금도 또렷이 기억한다. 식구들은 "얼마나 한이 맺혔으면 이런 일이 일어날 수 있겠느냐."며 장례식장이 또다시 울음바다가 되었다.

수많은 국민들의 기대를 한 몸에 받으셨으나 갑자기 홀로 먼 길을 떠나신 아버지. 투표 결과, 서울에서 이승만이 20만 5천 표를 득했으나, 아버지가 그보다 많은 28만 4천 표를 득했다. 전국적인 아버지 추모표는 1백 80만 표에 달했다. 대구 개표소의 부정 개표가 국민의 원성으로 바로잡히고 장면 후보의 부통령 당선이 확정된 5월 21일. 장면 박사는 아버지 영전에 찾아와 봉고제를 올렸고, 23일 아버지는 모든 사람의 슬픈 전송 속에 돌아가신 지 18일 만에 수유리 묘지에 안장됐다.

상주였던 하균이의 침통한 모습, 아버지가 설립·운영하셨던 국민대생들의 운구 모습, 외손자이자 내 아들인 유생이의 애처로운 모습, 이 무렵 모든 광경이 아직도 내 눈에 선하다. 장례식을 마치고 허탈한 마음으로 집에 돌아온 지 일주일째 되던 어느 날, 나는 꿈속에서 아버지를 만나 뵐 수 있었다. 꿈속이었지만 생시보다 더 또렷하고 생생한 아버지를 만났던 것이다. 하염없이 흐르는 강가 모래밭에 나는 앉아 있었고, 아버지는 먼 곳에서 배를 타고 점점 가까이 다가오셨다. 나는 놀라 뛰어갔고 아버지께서는 나의 머리를 쓰다듬어 주시며 “내가 간다고 서러워하지 마라. 너는 마음이 착하고 고운 아이니 아무런 걱정도 없구나. 어떤 일을 당해도 염려 말거라. 이 애비가 항상 곁에 있잖니…….”라고 말씀하시더니, 잠시 후 아버지는 “울긴…… 이건 내가 늘 가지고 다니던 물건인데 너에게 주마.” 하시며 내 머리에 꽂아 주셨다. 그다음 순간 아버지는 사라지셨다. 마구 울며 쫓아가다가 잠에서 깨 보니 동편 하늘이 부연 이른 새벽이었다. 아직도 나는 이 꿈의 정확한 뜻을 알 수 없지만 그 내용만은 내 가슴속에 매우 생생하다.

아버지 서거 후 해마다 5월 5일이 되어 수유리 묘소에 온 지도 어언 25년. 묘소에 나 홀로 앉아 깊은 생각에 잠길 때마다 내 자신이 인생의 황혼기란 사실을 잊고, 철없던 소녀 시절의 귀염둥이 외동딸로 되돌아가 돌아가신 아버지를 깨워 그 파란만장했던 중국 시절, 고생 속에서도 보람과 기쁨을 느꼈던 중국 대륙의 얘기를 아버지와 도란도란 나누다 나도 모르게 홀로 눈시울을 적시고는 하였다. 이제 내 나이 환갑도 지나 내 인생에 남은 기대는 내 아들이 크게 성공하는 것을 지켜보는 일이며 지금 7살 된 손주 녀석이 좀 더 나이가 들어 내가 말하고자 하는 뜻을 알아듣는 때가 되면 아버님의 얘기라도 들려줄 생각이지만……. 아마도 그 녀석은 누군지도 모를 아버님 얘기를 듣기 싫어 마구 귀찮아할지도 모르겠다. 어느 누구든지 이 세상에 와서 떠나는 그날까지 성의껏 좋은 일과 옳은 일을 하려고 애쓰다 가는 게 아니겠는가……. 겨울이 가면 또 봄이 오고 수유리 아버님 산소엔 철부지 딸과 인자한 아버지의 대화가 끝없이 계속될 것이다. 아마도 내가 이 세상을 떠나는 그날까지는…….

1　1952년 6.25피란 중 조카 신정균 환갑잔치(아랫줄 맨 오른쪽 해공)

※ 이 글에 수록된 사진 중 일부는 신창현 저 『해공 신익희』(발행인: 신창현, 발행처: 해공신익희선생기념회)에서 가져왔다.

2 1956. 5. 3. 40만 인파가 모인 한강 백사장에서의 연설

3 1952년 5월 초 이승만 대통령과 시국을 논의하는 해공

4 1953. 5. 18. 엘리자베스 여왕 대관식 참석 및 6.25 참전 우방국 감사 방문을 위한 출국
(부산 수영비행장)

23

제헌국회의원

신현모

나라와 말글에 바친 삶

신동립 | 손자[1]

할아버지가 돌아가신 지 올해로 반백 년이 됐다. 나의 할아버지 해관(海觀) 신현모(申鉉謨, 1894~1975) 선생은 자(字)가 '윤국(允局)'이다. 그래서 '신윤국'으로 표기된 문건들이 더러 있다.

할아버지는 서울 경신학교 3학년(1911) 때 교내 예배당 태극기 게양 금지 조치에 항거하다가 퇴학을 당했다. 이어 편입학한 해주공립농업학교는 졸업을 3개월 앞두고 자퇴했다. 나라를 빼앗긴 애국 청년은 침략자들이 짠 틀에 순응하지 않았다. 이후 1914년 서울 종로 한국기독교청년회(YMCA)에서 영어를, 서북학회에서 중국어를 배우면서 미래를 기약했다.

청년기로 접어든 할아버지는 중국 상하이를 거쳐 미국으로 망명했다. 청년혈성단, 대한인국민회, 안창호의 흥사단(1917년 9월 4일 입단) 등 현지 민족단체에서 활약했다. 1928년 뉴저지주 라이더대학(Rider University)에서 늦깎이로 경제학을 수학하고 1932년에 귀국했다.

국내에서는 대한민국임시정부 특별재정위원으로 동분서주하면서도 『국사강

---

1 서울에서 태어나 연세대 사학과와 영국 하트퍼드셔대학원 경영학과를 졸업했다, 일간스포츠, 뉴시스에서 34년간 기자를 했다. 정년퇴직 후 인터넷 신문 주필로 일하고 있다. 애국가 작사자를 규명한 책 등 여러 권을 썼다.

의록(國史講義錄)』을 펴냈다. 조선어학회 표준어사정위원회 사정·수정위원, 사전편찬후원회원으로 『큰사전』 편찬에 기여했다. 수양동우회(흥사단), 조선사편찬위원회, 조선물산장려회에서도 활동했다. 민족 자본으로써 한국 사회 경제활동의 본보기가 되겠다는 목적의 조선흥업주식회사를 창립하기도 했다. 김도연, 김양수, 서민호, 최순주 등이 뜻을 같이했다.

수양동우회(1937~1939), 조선어학회(1942~1945) '수난'으로 두 차례 옥고를 치른 할아버지는 광복된 조국 재건에 제헌국회의원으로 참여했다. 김성수, 송진우, 장덕수, 김도연, 이인 등과 더불어 야당인 한국민주당 소속이었다. 경기(현 황해) 연백을구에서 당선, 독립 투쟁의 결기를 의정 활동으로 이어 갔다.

할아버지는 자술기 '필부불가탈지(匹夫不可奪志)'를 남겼다. 60대 후반부터 녹내장으로 시력을 잃었지만 놀라운 기억력으로 구술했다. 말글, 말이 곧 글이었다. 할아버지의 유고를 나의 아버지(신광순 조선어학회선열유족회 초대 회장·서울대 명예교수)가 30여 년 전 책으로 펴냈다. 비매품인 이 회고록에서 할아버지는 조선어학회 일에 몰두한 시절이 청상(淸爽), 즉 맑고 시원했다고 돌아봤다.

"1935년 이래 조선어학회와 관계가 생겨 그 기관을 도우려 했다. 8.15 후에 발간된 『(조선말) 큰사전』 6권의 후기에 기록된 이우식, 장현식, 김양수 등과 함께 사전 편찬을 위해 재정 지원에 참여하고 1937년부터는 서울 출신 15명, 지방 출신 15명 등 30명의 일원이 돼 3년간 회합에 출석해 우리말의 표준어 사정에 참여했다."라고 밝혔다.

『큰사전』은 결국 이분들의 비용 부담으로 빛을 봤다.

할아버지는 이윤재, 김윤경, 이극로, 최현배, 이희승, 한징, 정인승, 장지영, 이

중화 등을 "참으로 보배로운 학자들"이라고 추어올렸다.

"이 청빈한 가운데 민족의 생명인 우리말을 가꾸고 지키는 데 온 정성을 다하는 모습은 진실로 아름다운 광경이었고 내가 작은 힘이나마 보태며 그들과 함께 지내는 시간은 보람이었다."라며 스스로를 낮췄다.

「우리말 맞춤법 통일안」과 표준말 모음 그리고 큰사전 편찬은 일제하에서 우리 민족이 이룩한 사업 중에서 알토란 같은 업적이 아닐까 한다."라며 감격을 감추지 못했을 따름이다.

할아버지는 조선어학회 사건 당시의 참담함을 생생하게 전했다.

"(서울) 화동에 있던 어학회관이 수색돼 관계 연구 자료와 큰사전 원고 등 일체의 연구 업적이 압수되고 관계자 33명이 함경도 홍원경찰서로 묶여 갔다. 13명이 기소돼 각각 6년에서 2년의 체형을 선고받았으나 불복 공소 중에 8.15를 맞이했다."라며 몹시 비통해했다.

"우리말 수호를 위해 가난과 싸우고 일제의 눈길을 살피면서 이어 온 귀중한 학자들의 노력도 중단되고 말았다."라며 안타까워했다.

조선말 큰사전 원고 자체가 사라질 뻔한 위기도 겪었다.

"8.15 후 서울역 창고에서 발견돼 오늘날 우리는 일제하 고난의 산물인 큰사전 6권을 갖게 됐다."라며 안도했다.

1948년 5월 31일 제헌의회가 개회했다. 당일부터 할아버지는 서운함이 적지 않았다.

"김구, 김규식, 송진우, 김성수, 여운형, 안재홍 등 일제시대 이래 민족 사회의 동량이라고 할 만한 많은 인사들이 흉탄에 쓰러지고, 노선을 달리하고, 그 밖의 이유로 자리를 함께하지 못하는 것에 섭섭함을 금치 못했다."라고 고백했다.

반면 "일제하에서 도평의원에 출마했다 낙선한 자가 40명이나 포함돼 있었다."라면서도 "그때 국회의원선거법이 도평의원이나 일제하 주임관 이상 경력자의 출마 자격을 박탈하지 않았으면 그들도 모두 출마, 국회의원이 됐을 것"이라며 그나마 다행스러워했다.

제헌국회의원 가운데 '친일파'로 분류되는 이들이 속해 있었다는 사실은 불행이다. 「반민족행위처벌법(이하 반민법)」을 제대로 가동하지 못한 것은 이들 태생적 친일 의원과 독재자 이승만의 이해가 맞아떨어졌기 때문이다.

"입법 활동은 이승만 한 사람에게 휘말려 옥신각신하다 말았으며, 모처럼 민족 기개 발로의 기회라고 생각됐던 반민법은 도리어 그 법에 저촉된 당사자들과 지켜보던 국민들에게 일장의 소극(笑劇)으로 끝나는 결과를 가져온 너무나 창피한 제헌국회였다."라고 자책했다.

할아버지는 "대공(對共) 투쟁 앞에서 구원(舊怨)은 묻지 말자는 듯 반민자 처벌에 대한 방해 공작이 일어나고 이승만은 이를 받아들여 반민특위(반민족행위특별조사위원회) 사업에 협력하지 않았다. 급기야 반민특별경찰대를 해산하고 무기를 회수해 사실상 기능을 정지케 했다. 국회도 공소 시효를 앞당기는 결의를 통과시키는 등 열의 없음을 드러내더니 마침내 반민특위 사무실이 국립경찰에 의해 포위되고 특경대원이 체포되는 한편, 국회는 1949년 8월 스스로 반민법 폐지 결의안을 통과시키고 말았다."라고 기록했다. "반민자들의 위력을 극적으로 과시하는 기회가 된 수치스러운 결말"이라고 개탄했다.

할아버지의 사고는 그러나 편향되지 않았다. 애국가를 작사한 윤치호를 대하는 시각에서 확인할 수 있다.

"윤치호는 민족의 대선각"이라고 인정하되 "옥중에서 일본의 소위 역대 천황 이름을 외우는 것이 일과였다고 공언하는 등 계속된 훼절 행동"을 지적했다. 또 "검박 절제하여 짧은 두루마기와 바지에는 호주머니를 달아 입는 등 실질과 진보를 취하는 마음이라든지, 인력거를 타지 않는 등 일종의 풍격이 있었음을 부인할 수 없는 일"이라며 양면을 두루 봤다.

할아버지는 청렴한 국회의원이었다.

"○○○ 의원 외 수십 명이 연서로 보수 증액 결의안을 내놓았다. 세비와 수당을 합해서 종전의 3만 환의 곱절이 넘는 7만 환이었다. 당시 □□□ 의원은 이 결의안을 반대하는 심사에서 잠깐 의장석에 앉아 사회 절차만을 밟은 후 ○○○ 의원에게 사회를 맡겼다. 의안이 일사천리로 통과되려 할 무렵 김포 출신 정준 의원이 반대 발언을 폈으나 결의안은 통과되고 말았다. 정준 의원과 나는 세비 이외의 수당금은 받지 않기로 하고 이 뜻을 연서로 국회의장에게 통고했다." 라고 기록했다. 다음 날 할아버지는 모욕을 당했다.

"통고문이 국회 회람장에 올려져 의원석에 돌려지고 있었다. 그것을 나보다 먼저 보고 정 의원이 내게 가지고 왔다. 그 회람장의 통고문 여백에는 '네놈은 돈이 많아서 그러느냐.', '너는 애국자가 되어서 다르구나.' 하는 온갖 야유와 욕설이 나열돼 있었다."라고 슬퍼했다.

회람은 중단됐고, 할아버지는 끝내 수당과 거마비 조의 돈을 받지 않았다.

의원들은 임기 2년을 스스로 연장하려고 했다. 제헌국회의원들이 서울 적선동의 △△△ 의원 저택에 모여 임기 2년 연장안에 서명했다. 200명 중 "거의 모두" 이 임기 연장안에 동조했다는 증언이다. 정부가 선거 일정을 조정하면서 문제의 연장안이 자연 소멸되지 않았더라면 초대 의원 임기는 4년이 될 뻔했다.

실력만으로 국회의원이 된 것도 아니었다.

"제헌국회의원 구성이 민족적 위신의 관점에서 볼 때 떳떳하지 못한 면이 있다. 신생 국가의 제헌국회의원으로서 견식이 반드시 충분하다고 볼 수 없는 이들이 지연, 인연 등으로 당선된 경우가 적지 않았다."라고 씁쓸해했다.

"당략이 국가 이익이나 정치 양심에 앞서는 바람에" 장관 해임 건의안 등을 상정, 표결하는 행태도 이미 초대 국회부터 존재했다.

우리나라와 우리 말글을 특히 중시한 할아버지의 캐릭터를 엿볼 수 있는 상징적 사건이 있다. 식물학자 장형두(1906~1949)의 죽음 이후 제헌의회에서 벌어진 일이다.

"조선 식물에 조선 이름을 지어야 한다."라고 외친 장형두는 이름 없는 들꽃과 낯선 희귀 식물에 한글 이름을 붙였다. 식물을 '묻사리'로 표기하는 식이다. 장형두는 1949년 10월 23일 경찰의 조사를 받다가 고문치사당했다. 38선에서 가까운 황해도 연백 염전의 운전수가 좌익 지령을 장형두에게 전달했다는 혐의 탓이다.

사흘 뒤 제헌국회는 임시 회의를 긴급 소집해 '장형두 변사 사건 진상 보고의 건'을 토의했다. 그 자리에서 할아버지는 "장형두 씨로 말하면 본래 전남 광주 사람으로 조선의 유일무이한 식물학자입니다. …… 식물 연구를 한 20년 동안이나 하고 자기 추수 2,000석이나 되는 재산을 다 없애고 백두산으로부터 태백산, 지리산으로 돌아다니면서 식물을 수집해서 표본을 만들고 장차 사범대학에 식물 표본실을 세계적으로 자랑할 만한 것을 만들겠다고 그런 포부를 가진 분입니다."라고 호소했다.

그날 국회는 재석 118석 중 찬성 100표로 진상 조사안을 통과시켰다. 반대표는 없었다.

할아버지는 1975년 1월 29일 81세를 일기로 떠났다. 당시 나는 국민학교 4학년 겨울 방학 중이었다. 할아버지가 누구이고 어떤 삶을 살았는지는 자라면서 차츰 알았다. 어려서는 무척 대하기 어려운 큰어른이었다.

할아버지의 생애는 범인들과 달랐다. 개인과 가족 대신 나라와 겨레를 택했다. 불의에 타협하지 않았다. 긍정적 의미의 외골수, 그러면서도 겸양을 잃지 않은 인격체였다. 유명 독립투사는 아니지만, 내게 '세계 위인 전집' 제1권의 주인공은 바로 우리 할아버지이다.

50년 전 1월 31일, 영결식에서 독립운동을 함께한 할아버지의 흥사단우 장리욱 박사가 안주머니에서 조사를 꺼내 읽었다.

> 선생은 80 평생을 가장 깨끗하고 흠 없이 때 묻지 않은 일생을 살고 가셨습니다. 다시 말하면 선생은 현인이요 군자였습니다. …… 신 선생은 자유인으로 살다 가셨습니다 돈이 그를 얽매어 놓을 수 없었고 직위나 권세가 그의 인격을 다스릴 수 없었고 실명이라는 불행과 고통도 이겨 내게 했습니다. …… 오늘 우리가 이러한 친구, 이러한 할아버지, 이러한 동지, 이러한 동창을 잃게 된 것은 슬픈 일이긴 하지만 참된 인간의 삶을 살고 가신 선생을 보내는 우리들은 그 고귀한 생활의 법을 배워야 할 것입니다. 부디 영면하소서, 선생이시여.

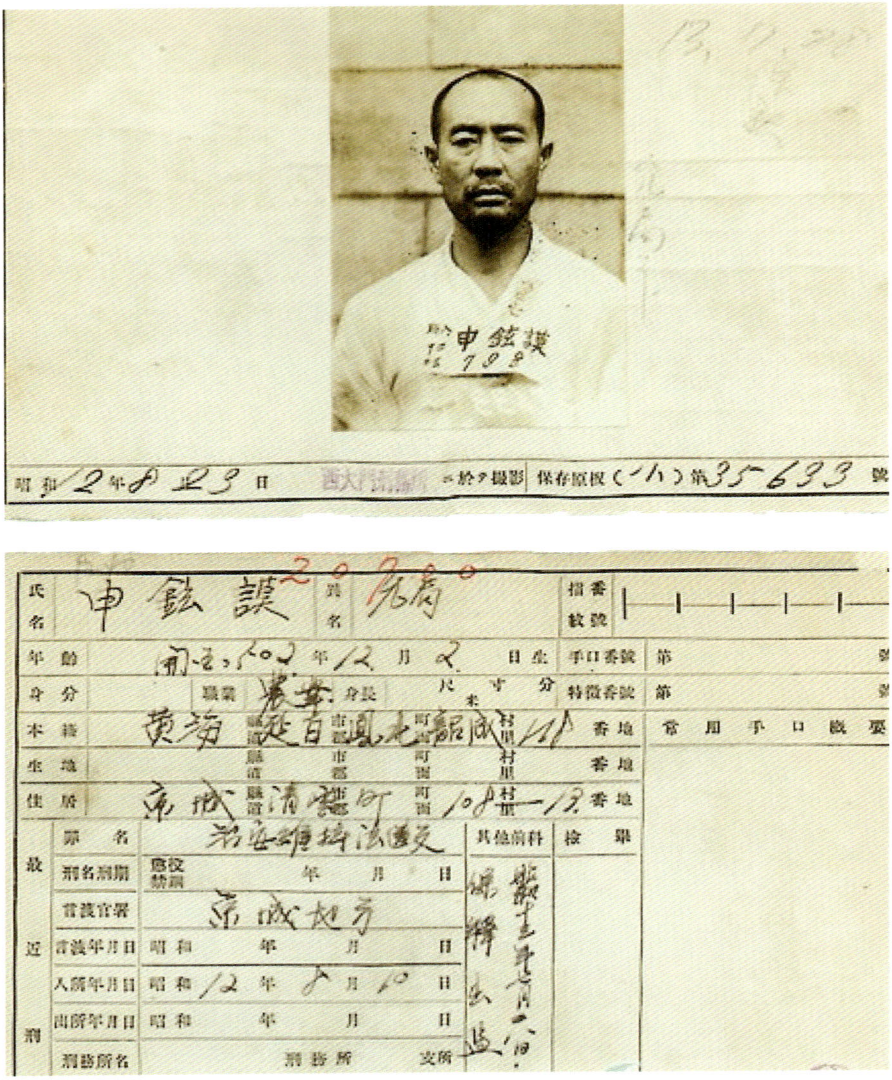

1　1937년 수양동우회 수난으로 서대문형무소에서 옥고

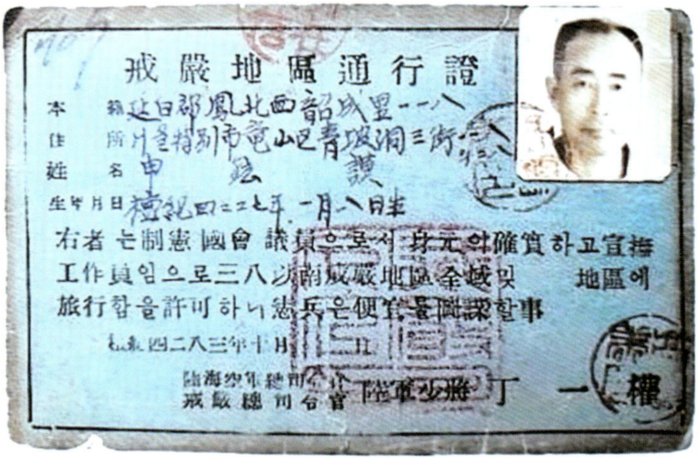
戒嚴地區通行證

本籍 延白郡鳳北面韶城里一一八

住所 서울特別市龍山區青坡洞三街

姓名 申鉉謨

生年月日 檀紀四二二七年一月八日生

右者는制憲國會議員으로서身元이確實하고宣撫工作員임으로三八以南戒嚴地區全域및 地區에 旅行함을許可하니憲兵은便宜를圖謀할事

檀紀四二八三年十月

陸海空軍總司令官
戒嚴總司令官 陸軍少將 丁一權

2 1950년 10월 계엄지구 통행증

'우자(右者)는 제헌국회의원으로서 신원이 확실하고 선무공작원이므로 삼팔이남 계엄지구 전역에 여행을 허가하니 헌병은 편의를 도모할 사(事)"라고 적혀 있다.

3 아들 신광순을 안고

4 1975년 영정 사진을 들고 있는 손자 신동립

24

제헌국회의원

양병직

국민훈장 무궁화장 수훈

제주 대한청년단의 지도자, 청운(晴雲) 양병직(梁秉直)

양제갑 | 손자[1]

제헌국회의원이신 할아버지 청운(晴雲) 양병직(梁秉直, 1908~1975) 선생은 1908년 11월 8일 제주 한림읍 금능리 1526번지에서 양원하와 박경열의 장남으로 태어났다. 선생은 초년 시절 한학을 이수하다가 신학문에 뜻을 두고 일본으로 건너갔다. 일본 오사카시 도산중학에서 5년간 수학하고 귀향하여 금능 사저에서 후학들을 위한 개량 서당을 운영하였다. 일제의 권력 정책에 저항하기 위하여 동지들을 규합, 명진원이라는 청년단을 조직하여 민족정신을 일깨웠다.

광복을 맞이하여 선생은 민족 진영의 선각자로서 민심이 좌우로 분열되는 난국을 수습하기 위하여 뜻을 같이하는 청년들을 규합하여 민족 진영의 전위대로서 대한청년단을 조직하고 한림면 지부장에 취임하였다.

선생은 김구 주석이 주관하는 독립촉성청년양성소에 입소하여 양성 과정을 수료하고 독립촉성청년연맹을 결성하여 반공 청년들을 양성함으로써 제주도 혼란 사태 수습에 앞장섰다. 대한민국 수립을 위하여 실시된 총선거에서 선생

1 대한민국 제헌국회의원유족회 회원으로 현재 제주도 서귀포 산불전문예방진화대에서 근무하고 있다. 서귀포시장상(2011), 제주특별자치도 도지사상(2013), 산림청장 표창장(2021), 서귀포민간해양구조대 서귀포해양경찰서장 감사장(2022) 등을 받았다.

은 애연회의 공천을 받아 출마하였다. 1948년 5월의 총선거는 4.3사건으로 투표인 수가 46.5%에 그쳐 선거가 무효화되었고 1949년 5월 10일 재선거가 실시되어 다시 입후보했다. 선생은 5776표를 얻어 북제주군을 선거구에서 대한청년단 소속으로 제헌국회의원에 당선되었다. 등원 후에는 법사위원과 재경위원으로 활동하였다. 당시 제주에서는 공산분자가 선생을 향하여 권총을 발사하는 사건이 발생하였으나 다행히도 불발로 그쳐 천우신조 하늘이 낳으신 정치인이라는 추앙을 받았다. 선생은 제헌국회의원으로서 헌법을 제정하고 정부 수립의 기틀을 튼튼히 하는 데 이바지한 공로로 1969년 12월 17일 국민훈장 무궁화장을 받았다.

1951년 2월 12일 오전 11시 국회 제22차 본회의에서는 각 지방의 피란민과 제2국민병 실정(失政)을 조사하고 귀환한 국회의원 이종현(李宗鉉), 조광섭(趙光燮), 서범석(徐範錫) 등 세 의원의 보고를 청취했는데 배후에서 선생의 노력이 매우 컸던 것으로 알려졌다.

또한 선생은 아들을 군대에 보냈는데 아들은 용감하게 임무를 수행하다가 6.25전쟁 중에 전사했다. 후일 선생은 '대한군경전몰유족회' 중앙회장을 역임하면서 군경 유족들이 자조자활하는 데 기여하였다. 또한 유네스코 한국후원회 이사로도 활동하였다. 제헌동지회에서는 선생의 생애를 기려 호를 청운(晴雲)이라 하였다.

선생은 1975년 10월 13일 향년 67세를 일기로 입적하셨으며 한림읍민장으로 장례를 치렀다. 1986년 10월 9일에는 금능리 리민 일동의 이름으로 추모비가 건립되어 선생의 생애와 이념을 영원히 추모하고 있다.

1　양병직 제헌국회의원
(「김찬흡 선생의 제주 인물 대하 실록, 195」, 『제주일보』 2021. 7. 26.)

2　추모비
(제주시 한림읍 금능리 사무소 소재)

25

제헌국회의원

오용국

제주를 대표한 제헌국회의원 오용국(吳龍國), 그의 발자취를 따라서

오창생 | 아들[1]

나의 아버지 오용국(吳龍國, 1905~미상)은 제주 지역 과도입법의원을 거쳐 홍순영, 양병직 의원과 함께 제주를 대표한 제헌국회의원이셨다. 우리 가족은 6.25전쟁 중 헤어졌기 때문에 아버지와 함께한 추억이 거의 남아 있지 않아 그분의 발자취를 따라가는 것으로 회고의 글을 대신하고자 한다.

오용국은 1905년 10월 28일 제주도 서귀포 신효동에서 오방율(吳邦律)의 외아들로 태어났다. 그는 향촌 서당에서 한학을 공부하였고 단신으로 일본에 가서 고등학교와 일본 동경대학교 법학과를 졸업하였다. 귀국 후에는 제주 지역의 발전과 대한민국 건국을 위하여 헌신하였다.

일제강점기에 양원사숙을 설립하여 육영에 헌신하였고 1938년에는 제주도 안덕면 면장, 1939년에서 1940년까지 서귀면장으로 활동하면서 지역 발전에 기여하였다. 지역 행정 경험을 기반으로 1947년 2월 재선거에서 김도현(대한독

1 제주도 성산·강정·서귀북·법환 초등학교 교장 및 제주도교육지원청 장학사 역임. 제주도 강정초등학교 교장 근무 당시 '자기 주도 학습' 주제로 연구 학교 전국 공개. 국민훈장 석류장 수상. 지금은 한국 불교 법사종 대법사로 신앙생활을 하고 있다.

립촉성국민회)과 함께 ‘남조선과도입법의원’ 제주 민선의원에 당선되었다. 당시 배포된 홍보 전단이 국립민속박물관에 소장되어 있다는 소식이 보도된 바 있다.[2] 미군정청 자문 기관이었던 ‘남조선민주의원’이 관선의원 45인과 민선의원 45인으로 개편된 ‘남조선과도입법의원’은 남한 단독 정부 수립에 기여하였고 이후 정국은 제헌국회, 대한민국정부 수립으로 이어졌다.

1948년에는 5월 초대 총선거에서 16,572표의 절대다수 득표에 의해 제헌국회의원(제주도 남제주)에 당선되었고, 같은 해 6월 2일에는 건국 헌법 기초위원 및 정부조직법 기초위원에 호선되어 헌법 초안 제정에 기여하였다. 제헌국회 회기 동안 법제사법분과위원회 위원(1948), 재정경제분과위원회 위원(1949)으로 활동하였다. 홍순영, 양병직 의원이 제주 4.3사건의 영향으로 1949년 5월 선거에 의해 국회에 입성하였기 때문에 약 1년간 오용국 의원 홀로 제주를 대표하며 고군분투하였다.

1948년 10월 제헌국회 본회의에서는 반민족회의특별조사위원 명단 선정과 지방행정조직법안을 둘러싸고 제주도를 독립된 도(道)로 인정할 것인지에 대하여 치열한 갑론을박이 진행되었다. 당시 검토하고 있던 지방행정조직법안 제2장 제5조는 제주도를 행정구역 도(道)에 포함하고 있었다. 여러 의원들의 의견이 엇갈리는 가운데 당시 제주의 유일한 국회의원이었던 오용국은 제주도가 독립된 도(道)로서 인정되어야 하는 논리를 다음과 같이 피력하였다.

---

2 정창현, 「광복 75주년, 15. 남과 북 해방 이듬해 첫 입법 기관 선거」, 『뉴시스』, 2020. 04. 12.

오늘날에 행정이라고 하는 것은 다만 육지 면에 있어서 무슨 척도로 재 가지고 결코 여기가 중심이니까 여기다가 도청을 두어야 되겠다는 것은 저는 잘못된 것이라고 생각합니다. 오늘날 행정은 육지 부문에만 한하는 것이 아니라 육지와 해안과 공중과 육·해·공 세 방면에 걸쳐서 행정을 할 수 있는 중대한 점을 생각해야 될 줄 압니다.

여기에 한 가지 말씀을 드릴 것 같으면 제주도에 대해서 그 전에는 아마 전라남도에 소속이 되어 있었는데 면적이 적기 때문에 그것은 도(道)로 생각할 필요가 없다는 것을 그 전에 말씀도 있었습니다마는, 그러면 제주도는 면적이 적다고 해서 다만 육지 부분만을 생각하기 때문이었습니다. 적어도 서울서 제주도까지 가려면 참 그야말로 육로 천 리, 수로 천 리입니다.

육지 면으로만 생각하면 면적이 적지마는 연해라고 하는 구역을 생각할 것 같으면 제주도는 면적이 다른 도보다 수 배(數倍)이며 더 크다고 하는 것을 생각해야 됩니다. 또 도청 소재지 운운하는 것도 이러한 점을 생각해야 될 줄 압니다. 남쪽으로 들어오는 외적이라든지, 외적 같은 것은 어떤 데에서 막아야 되고 어떤 데에 정치 시설(政治施設)을 강화해야 되겠느냐 하는 문제 등 제주도를 한 예를 들겠지마는 아까 말씀하신 부산 문제도 역시 그와 같은 점을 고려해야 될 줄 압니다.[3]

1948년 10월 13일 제1회 제87차 국회 본회의에서는 오용국 의원이 지방행정조직법안 중 제5조 행정 구역 도(道)에서 제주도를 삭제하자는 주장에 대하여 매우 상세한 반론을 전개하였다. 현대의 정치라는 것은 육지뿐만 아니라 바다와 공중의 방비도 생각해야 하므로 제주에도 강력한 행정이 필요하며 일제가 제주에 막대한 군비를 들여 움직이지 않는 항공모함 등을 건축하였고 광복 이후 미국과 소련이 군략적으로 제주를 주목하고 있다는 점을 지적하였다. 제주

3 제1회 제81차 국회 본회의 지방행정조직법안 제1독회. 1948. 10. 04.

도의 소요 사건에 대해서도 사상적으로 제주도민은 근로를 사랑하고 단결심이 있고 순직한 주민들이라고 해명하고 일제강점기는 물론 광복 후에도 전라남도에 예속되었기 때문에 행정 부문에서도 여러 가지 통첩들이 제대로 시달되지 못했고 제주도의 특별한 사정에 맞춘 적당한 행정을 하지 못한 데 대한 불만이 있었기 때문이라고 설명했다.

> 만일 오늘날에 있어서라도 제주도에 강력한 행정 기능이 발동된다면 제주도민은 관의 행정에 적극 협력할 것을 저는 확실히 보증하는 동시에 단언합니다. 관의 행정이 약하기 때문에 할 수 없이 자기 생명이 아까워서 반란 부대와 같이 협력한 것이 지금 비참한 현상에 있는 것입니다. (중략) 오늘날 제주도의 반란을 진압시키는 문제는 강력한 행정을 하는 데에 있다고 생각합니다. (중략)
> 우리는 앞으로 왜놈을 가장 적이라고 생각하지 않을 수 없습니다. 왜놈의 침범이라고 하는 것은 반드시 제주도의 국방을 완전히 하고 제주도에 강력한 행정을 함으로써 가능한 문제일 것입니다. 자칫 잘못하면 제주도에 대해 가지고 이 자그마한 한국에 일어나는 반란을 진압하지 못한다고 하는 것은 확실히 과도 정부에 있어서 모든 정치의 실책인 동시에 현재에 있어서 강력한 행정을 하지 못하기 때문에 이와 같은 비상사태를 끌게 된 것입니다. 이것은 제주도의 반란을 진압하지 못한다고 하면 남북통일도 할 수 없는 문제이고 우리가 편안히 살 수 없는 문제입니다. 제주도라고 하는 데에는 우리가 적어도 미국과 소련이 양대 세력이 시험하고 있는 동시에 남북통일을 어떤 방법으로 하느냐 마느냐 하는 문제와 또 우리가 앞으로 우리나라의 자치 행정을 어떻게 하느냐 마느냐 하는 문제가 제주도 문제에 달려 있습니다. (중략) 여러분은 오해하시지 말고 제주도도 우리와 같은 동포요 우리 영토 내에 있고 국방상으로 봐서 가장 중대한 지대이기 때문에 여기서 강력한 행정을 할 수 있도록 여러분이 하셔야 할 것입니다. 여러분

이 이 문제를 제주도는 길 도(道) 자를 폐지하고 한 개의 군을 둔다든지 이렇게 하면 제주도 도민은 이다음에 여러분에게 영생불망의 원한을 가지게 될 것입니다. 여러분, 제주도를 한 개 군을 둔다든지 면과 같은 자치 기관을 둔다고 하면 어떻게 적합한 행정을 하겠습니까? 여러분은 이와 같은 것을 더 생각하시고 반드시 제주도를 도(道)로서 강력한 행정을 잘하도록 해 주시기를 바라는 바입니다.[4]

이날 본회의에서 지방행정조직법안 중 "제5조 지방에 좌의 시와 도를 둔다. 서울시, 경기도, 충청북도, 충청남도, 전라북도, 전라남도, 제주도, 경상북도, 경상남도, 황해도, 평안남도, 평안북도, 강원도, 함경남도, 함경북도. 시도의 위치 및 관할 구역은 대통령령으로써 정한다."에 대한 표결 결과는 재석 113인 중 가 59표, 부 34표로 과반수 찬성에 의해 가결되었다. 결국 제주도가 도(道)인가, 도(島)인가를 둘러싼 논란은 1948년 11월 18일 『관보』 제15호 「남조선 과도 정부 지방 행정 기구의 인수에 관한 건」(대통령령 제33호. 1948. 11.)에서 제주를 도(道)로 공표함으로써 일단락되었다.

1948년 6월 11일 제1회 제8차 본회의에서 오용국 의원은 백남채, 장기영, 김우식, 서상일, 최태규 의원과 함께 '제주도 소요 사건 선처를 위한 임시특별위원회 설치'에 관한 긴급동의안을 제출하였다. 이 긴급동의안은, 1947년 3월 1일 사건을 비롯하여 계속적으로 야기되는 제주 소요 사건으로 인하여 제주도 양민이 생활에 극도의 위협과 공포를 느끼고 피란민 등이 기아에 빠지게 되고 농민들이 농경을 할 수 없는 궁경에 이르렀으며 양민들은 생명에 공포심을 느껴 폭도 측에 부화하는 수가 점점 증가되고 있다고 지적하였다. 이러한 사태는 제주도

4 제1회 제87차 국회 본회의 지방행정조직법안 제2독회. 1948. 10. 13.

민의 생사에 관한 사건일 뿐만 아니라 전국의 정치 경제 책략상 중대한 사건이며 우리의 자유 정부 수립을 앞두고 폭력 책동과 민주주의의 충돌이며 시련이라고 설명하였다. 따라서 긴급 대책을 강구 선처하기 위하여 임시특별위원회를 설치하고 현지에 파견하여 사건의 원인과 진상을 조사하고 선후 대책을 수립하여 관계 당국과 연락하여 긴급 선처하도록 건의하였는데 이 회의에서는 추후 인원을 확충하여 다시 제출하는 것으로 마무리되었다.

오용국 의원은 제주도의 응급 구호를 위하여 1949년 11월 1일 제5회 제29차 국회 본회의에 제주도 이재민 응급 구호비 지원에 대한 긴급동의안을 제출하였다. 앞서 10월 25일에 열렸던 제23차 국회 본회의에 남한 각지의 이재민 응급 구호비 소요 예산액 보고서가 제출되었는데 제주도는 거리와 조사 기일 관계로 조사가 미진하여 소유 구호비를 계상하지 못했었다. 그 후 현지 보고에 의해 조사하였으니 추가 예산에 긴급 조치해 줄 것을 제안했던 것이다. 계상된 내역은 의료비 24,720,000원, 학용품비 2,472,000원, 생업 보조비 24,720,000원, 취사 도구비 24,720,000원, 주택비는 응급 구호 가옥 중 약 2할을 산정하여 296,630,000원, 합계 373,272,000원이었다. 이 금액은 이장비와 치료비와 수용소 설치비, 급식비 등이 이미 긴급하게 예비비로 지출되었기 때문에 그 내역을 제외하고 계산하였다는 설명이 덧붙여졌다. 사회부 당국과 문교사회위원회협의 조사를 거쳐, 오용국 의원이 51인의 의원들과 함께 제출한 이 긴급동의안은 재석 127인 중 가 86표, 부 1표로 가결되었다.

1950년 1월 24일 제6회 제13차 국회 본회의에서는, '재일 동포 일인 취급에 관한 긴급 질문' 의제를 논의할 때 오용국 의원이 발언권을 얻어 우리 정부가 어떤 방법으로 우리 동포들의 재산을 반입할 수 있으며 또 그들이 속히 돌아올 수 있도록 하는 적극적 방법이 마련되어 있는지 질의하였다. 또한 조선연맹과 거류민단의 관계에서 사상 대립과 여러 알력의 위협에 놓여 있는 재일동포들에 대해서 우리 정부가 보호할 수 있는 방법을 요구하였다. 일본에 있는 우리 동포들의 인권 보호와 자산 반입에 대하여 정부가 긴급히 시책을 마련할 것을 촉구한 것이다.

가족이 기억하는 오용국의 마지막 모습은 1950년 7월에 멈추어 있다. 1950년 7월 10일경 당시 서울 효자동에 살고 있던 오용국은 새벽녘에 부인 이숙자, 딸 인하·인경, 아들 창생·창희·창하와 함께 소달구지를 타고 신촌 방향으로 피란을 떠났다. 그러나 도중에 서대문파출소 앞에서 당시 서울을 점령하고 있던 조선인민군들에게 검문을 당하고 말았다. 인민군들은 그 자리에서 오용국을 체포, 감금하였고 가족은 서울역 부근으로 피신하였다가 1.4후퇴 때 제주도로 피란하여 이후 제주도에 정착하였다.

1　동경대학교 법학과 졸업 기념

2　삼성혈에서 지인들과 함께

3 천지연에서 지인들과 함께(1949)

4 과도입법의원 벽보. 제주민속자연사박물관 소장
(역사, 민속 10830)

26

제헌국회의원

원장길

그분의 삶은 마치 한 편의 서사시와 같았습니다

최윤상 | 외손자[1]

시대를 초월하여 강직한 성품과 깊은 인간애로 대한민국 역사 속에 자신의 흔적을 남긴 분. 단순히 한 개인의 생애가 아닌, 격동의 한국 현대사를 관통하며 자유 민주주의와 독립 국가의 이상을 실현하기 위한 불꽃 같은 투쟁을 하신 분. 나의 외할아버지 송호(松湖) 원장길(元長吉, 1912~2002) 선생을 소개합니다.

원장길 선생은 1912년 12월 12일 강원도 양구군 수입면 청송리에서 출생하였습니다. 1932년 3월 평양 전의(電醫)전문학교 물요과(物療科)를 졸업하고 1955년 9월 경희대학교 정경학부 정치외교학과를 졸업하였으며 그 후 국가와 국민을 위한 더 큰 비전을 품게 되셨습니다. 그의 발걸음은 언제나 국민의 아픔을 보듬고자 하는 사명감으로 가득하셨습니다. 강직한 성품과 남을 배려하는 아름다운 마음을 가지고 자기에게는 엄격한 외유내강의 인물로 광복 직후 격변기 때 자유 민주주의 독립 국가의 소신을 갖고 강릉에서 1946년 3월 반탁투쟁위원회 묵호읍 활동대장으로 활동, 1947년 9월 대동청년단 묵호읍 단장으로 반공·반탁

---

1 문화예술기획자 겸 예술가로 청년 예술가 육성과 K콘텐츠 글로벌 확산에 기여하고 있다. K인디음악협회장, 한국문화예술네트워크 상임이사 등으로 활동하며 예술의 자립 생태계와 공동체 회복을 위한 창의적 모델을 구축해 왔으며, 현장 실천형 콘텐츠 디렉터로 예술과 정책, 현장을 유기적으로 연결하는 창의적 거버넌스를 이끄는 문화전략가로 평가받고 있다.

운동을 주도하며 목숨을 걸고 북한 남노당과의 험난한 투쟁을 하였습니다. 그는 결코 두려움에 굴하지 않았으며, 자신의 목숨까지도 내던지며 대한민국의 민주주의와 자유를 지키고자 하였습니다.

주위의 권유와 추앙으로 1948년 5월 10일 제1대 국회의원 선거에 대동청년단 소속으로 출마하여 '강릉 갑' 지역에서 전체 득표율 42.7%로 제헌국회의원에 당선되어 대한민국의 헌법 제정과 정부 수립에 중추적인 역할로 공헌하였습니다. 곧은 성품과 온화한 성격으로 국민의 목소리를 대변하고 국가를 위한 열정적 의정 활동을 펼치며 국민을 위해, 국가를 위해 최선의 노력을 아끼지 않았습니다.

북한이 불법 남침한 1950년 6.25전쟁 발발 후에도 승전 정책의 일환으로 1952년 4월 대한군경원호회 창설, 대한군경원호회 전임 부회장으로 국가를 위해 싸운 상이군경 및 전몰 유가족들을 위해 고군분투(孤軍奮鬪) 원호 사업에 공헌하였습니다. 전쟁의 승리와 민주 통일을 위해서는 전방에서 싸우는 병사들에게 이보다 더 큰 지원은 없다고 생각하여, 자신이 할 수 있는 최선의 일이라는 강렬한 신념으로 이 일에 전력을 다했습니다.

건국청년운동협의회(현 대한민국건국회)에서도 건국 동지들의 화합과 복지를 위해 노력하였으며 또한 묵호해양고등학교를 설립하였으며 국민 건강과 직결되는 식품 위생과 환경 위생의 개선책으로 대한조리사기술협회를 설립하여 조리사의 자질 향상과 법적 지위 보장으로 국민 건강에 공헌하고 시대적 요청에 적응되는 노인 문제 연구와 노인 복지 증진 사업의 발전을 위해 노인회 조직 정비 강화는 물론 운영 활성화에 있어 노인 대학, 노인 학교, 노인 상조회, 자율 정화 위원회, 부녀 봉사단 등의 설립 활성화에 기여하는 등 일평생을 국가와 사회에 솔선 봉사한바 그 공적이 지대하다고 국가 유공자로서 1969년 12월 17일 '대한민국 국민훈장 무궁화장'을 수훈하셨습니다. 이후 1990년 대한민국헌정회 운영위원, 1990년 민족문화통일회 이사, 1993년 제헌동지회장, 1997년 헌정회 편집위원회 의장, 1997년 대한민국건국회 상임고문과 부회장 등을 역임하셨습니다. 그는 국가와 사회를 위해 자신을 온전히 바친 삶을 살았습니다.

원장길 선생은 평소 자신과 가족에게 엄격한 가훈을 전했습니다. 단순한 규율이 아닌, 인간다움과 도덕성을 실천하는 삶의 철학을 담고 있습니다. 세상살이에 가장 중요한 것은 사람이고 사람이 자본이며 사람을 잘 사귀어야 한다고 강조하시면서 '집안의 가훈', '사람의 마음가짐', '인간생활의 정도'를 실행 실천하고 가슴속에 깊이 새기도록 하셨습니다.

<원(元)씨 집안 가훈>

1) 일상생활의 신조로서 상부상조하는 정신을 가지고 살아가는 사람이 되라.
2) 남의 재산은 나무 한 토막도 불로소득하면 안 되고 생전의 부채는 사후에도 갚는 법이다.
3) 자기 집 노인을 존경하거든 남의 집 노인도 존경하고 자기 집 어린이를 사랑하거든 남의 집 어린이도 사랑하는 사람이 되라.
4) 인간으로서 인간 차별을 해서 천시와 학대를 하는 비인간적 인간이 되어서는 아니 된다.
5) 무분별한 편파적 당파 싸움에 망동하다 자신과 국가를 손상케 하는 사람이 되지 말라.

<사람의 마음가짐>

1) "고맙습니다."라는 감사의 마음
2) "미안합니다."라는 반성의 마음
3) "덕분입니다."라는 겸허의 마음

4) "제가 하겠습니다."라는 봉사의 마음

5) "네, 그렇습니다."라는 유순한 마음

<인간생활의 정도>

1) 사정(思正): 생각하는 것이 항상 밝아야 하고

2) 심정(心正): 마음가짐이 항상 밝아야 하고

3) 견정(見正): 보는 것이 항상 밝아야 하고

4) 언정(言正): 말하는 것이 항상 밝아야 하고

5) 행정(行正): 행동하는 것이 항상 밝아야 한다.

그분의 삶은 단순히 개인의 성공이 아닌, 공동체의 발전을 위한 헌신으로 가득 차 있었고, 많은 사회 활동을 하시면서 항상 그분의 주변으로부터 외할아버님의 성품과 인간됨에 칭송이 자자함을 옆에서 볼 수 있었습니다.

평소의 생각과 소신을 담은 그의 발자취를 책으로 엮어 어록집이 발간되었고, 그 강직하고 온화한 성품과 강렬한 소신을 널리 알리고자 하였습니다.

외할아버지 송호(松湖) 원장길(元長吉) 제헌국회의원의 삶은 단순히 시대의 흐름에 따라가는 한 개인의 이야기로 끝나지 않습니다. 그의 발자취는 마치 강원도의 산맥을 타고 흐르는 강물처럼 굳건히 이어지며, 자유와 정의를 갈망하는 모든 세대에게 깊은 울림을 전합니다. 시대의 격동 속에서도 꺾이지 않았던 그분의 신념은 독립과 민주주의라는 이름으로 새겨졌고, 사람을 사랑하고 공동체를 돌보는 그의 헌신은 오늘날 우리 사회의 가치로 승화되었습니다. 그분의 삶은 한 편의 서사시였지만, 동시에 그 서사시는 끝없는 여백으로 남아 후손인 우리 모두의 손으로 이어지고 있습니다. 송호 원장길이라는 이름은 단순히 한 역사 속 인물이 아니라, 현재를 살아가는 우리 모두의 가슴속에 담긴 이상이자 불멸의 등대입니다.

저는 그분의 외손자로서, 그분의 삶의 한 조각을 물려받은 사람으로서, 그분의 정신을 예술과 문화로 다시금 꽃피우고 싶습니다. 그분은 저에게 단순히 존경의 대상이 아니라, 인류애와 도덕성을 행동으로 증명해 보이신 분입니다. 그분의 뜻은 세상의 모든 예술이 품어야 할 '진실'의 가치를 상징하고, 그분의 강직함은 제 작업에 영감을 불어넣습니다. 외할아버지의 가르침은 제 마음의 캔버스 위에서 빛나는 색채가 되어 그림이 되고, 제 가슴에서 울려 퍼지는 선율이 되어 음악이 되며, 그분의 어록은 제 글 속에서 새로운 이야기가 됩니다. 그렇게 그분은 저를 통해 또 하나의 생명을 얻고, 그분의 정신은 저의 창작과 일상에서 새로운 숨결로 계속 살아갈 것입니다. 송호 원장길 제헌국회의원! 외할아버지의 이름을 부를 때마다 저는 그분이 품었던 숭고한 신념을 기억하고, 그 신념을 제 삶의 나침반으로 삼아 나아갑니다. 그리고 그분의 이야기를 통해 다시금 깨닫습니다. 우리가 진정으로 기억해야 할 것은 단순히 찬란한 과거가 아니라, 그 과거가 우리에게 남긴 미래의 방향성이라는 것을.

외할아버지의 삶을 이렇게나마 기록하고 생각할 수 있음에 감사드리며, 그분의 정신이 늘 제 삶의 작품 속에서 이어지길 기도합니다. 그분이 보여 주신 인간에 대한 사랑과 세상을 향한 책임감은 결코 멈추지 않는 물결처럼 영원히 흐를 것입니다. 송호 원장길. 그분의 이름은 한 사람의 이름을 넘어 우리의 가슴속에서 뜨겁게 타오르는 희망의 불꽃입니다. 그분의 이야기가 우리 모두의 가슴속에 영원히 새겨지길 바라며, 널리 세상에 알려져 우리 사회의 빛이 되었으면 하는 바람입니다.

1 제헌헌법을 만든 198명 제헌국회의원

1948년 7월 17일 제헌헌법 공포 후 중앙청을 배경으로 기념 촬영(원본)

2 송호(松湖) 원장길(元長吉) 제헌국회의원과 가족

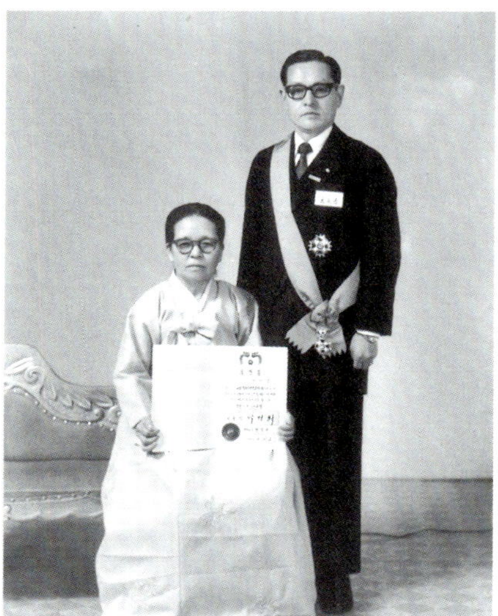

3 송호(松湖) 원장길(元長吉) 제헌국회의원과 부인 한복례

4 『제헌국회의원 송호 원장길 어록집』, 최석철·원춘자 편

27

제헌국회의원

유성갑

청운의 별이 지다, 석계(石溪) 유성갑(柳聖甲)

故 유대진 | 아들
유빈·유담 | 손자

나의 할아버님 석계(石溪) 유성갑(柳聖甲, 1910~1950) 선생은 1950년 제헌국회의원으로서 6.25전쟁의 희생이 되어 41세의 젊은 나이에 돌아가셨습니다. 저는 할아버님을 직접 뵙지는 못했지만 아버님께서 할아버님의 구국 활동 및 역사적인 내용을 기록으로 정리하여 책으로 발간하셨기에 이를 기반으로 작성하게 되었습니다. 할아버님께서는 제헌국회의원으로서 광복 후 어지러운 사회에 투신하셔서 건국 준비에 힘쓰셨고 이승만 박사와 함께 헌법기초위원으로서 민주주의 국가 건설에 진력하셨습니다. 할아버님 서거 60주기를 맞아 작가 최병탁 선생이 쓴『석계 유성갑 선생 전기 – 청운의 별이 지다』를 만시지탄(晩時之歎)으로 발간하였습니다.

청운의 별, 석계 유성갑을 기리며

석계(石溪) 유성갑 선생은 격동의 시대를 살아 낸 선각자였다. 그는 조선 말기와 일제강점기, 해방과 전쟁이라는 역사적 격랑 속에서 오로지 민족과 조국의 미래를 고민하고 행동한 인물이었다. 선생은 고흥 유씨 가문에서 출생하여,

어릴 적부터 신동으로 불리며 4세부터 한학을 배우기 시작했고 18세가 될 때까지 경전과 제자백가에 능통했다. 이러한 전통 교육의 바탕 위에서 그는 시대 변화의 흐름을 감지하고, 신학문을 배우기 위해 벌교의 송명학교에 입학한다.

그의 삶은 단지 한 개인의 성공과 좌절을 넘어선다. 그것은 무너져 가는 나라의 운명과 일제의 압제 그리고 광복 이후 신생 국가를 일구려는 노력과 실패의 역사와 맞닿아 있다. 선생은 신탁 통치 반대 운동을 비롯해 수많은 정치·사회 운동을 주도했고, 대한민국 제헌국회에 입성하여 헌법기초위원으로 참여하며 나라의 기틀을 다졌다. 그러나 6.25전쟁 중 북한군에 의해 체포되며 짧은 생을 마감하였고, 정부는 그에게 건국훈장 무궁화장을 추서했다.

한학 소년, 시대의 갈림길에 서다

유성갑은 전통적인 양반 가문에서 성장했다. 그는 한학을 조기 교육받으며 율곡, 퇴계, 사서삼경, 제자백가 등을 공부했다. 그가 자란 집안은 한학을 숭상하고 성리학을 기반으로 한 유교적 가치관을 중요시했기에, 당시 신학문이나 외래 문물에 대한 시선은 경계심 가득한 것이었다.

그러나 성갑은 한학만으로는 시대의 변화를 받아들이기 어렵다고 느꼈다. 그는 몰래 일본인 요시다 교장을 찾아가 일본어와 신학문을 배우기 시작했다. 요시다는 양심적인 인물로, 성갑에게 과학과 지리, 천문학, 민주주의의 개념을 소개하며 지적 자극을 주었다. 지구의 자전과 공전, 계절의 변화, 그리고 우주의 광대함은 그에게 세계관의 전환을 가져왔다. "우리는 지금 우물 안 개구리와 같다."라는 인식은 유성갑이 자신과 민족의 운명을 바꾸려는 결심을 굳히게 했다.

그는 단순히 지식을 얻기 위한 공부가 아니라, 식민 지배에서 벗어나기 위한 무기로서 학문을 받아들였다. 지배자 일본을 이해하고, 그보다 앞서 나가기 위해서는 그들의 언어와 지식을 역으로 활용해야 한다는 실용적 판단은 성갑을 신학문의 길로 이끌었다.

가족과 전통, 그리고 청운의 꿈

그러나 신학문에 대한 열망은 가정과의 갈등으로 이어졌다. 성갑의 아버지와 스승은 그가 신학문을 배우는 것을 철저히 반대했다. "장손으로서 가통을 이어야 한다."며 유교적 가치를 강조한 아버지, "요순시대가 다시 오면 성현이 필요한 시대가 도래할 것"이라며 전통의 중요성을 설파한 스승의 말은 성갑을 크게 흔들었다.

그러나 그는 물러서지 않았다. "공자의 논어에도 진정한 선비는 세상을 등지지 않고, 변화를 받아들이며 백성을 위한 지도자가 되어야 한다."고 역설하며, 신학문을 통해 민족의 운명을 바꿔 보겠다는 포부를 밝혔다. 자신의 신념을 관철시키기 위해 성갑은 사랑채에서 아버지를 직접 찾아가 담판을 시도하고, 가문을 빛내겠다는 약속으로 설득을 시도했다.

이 시기의 성갑은 이상과 현실 사이에서 흔들리며, 한 개인으로서의 책임과 한민족의 일원으로서의 사명을 동시에 짊어지려는 내면의 갈등을 겪는다. 그러나 그는 결국 더 큰 사명감을 택했고, 그것은 이후 그의 삶을 이끌어 가는 원동력이 되었다.

사상의 전환 - 유교에서 민주주의로

성갑은 기존의 유교적 가치관, 특히 사람을 구별하여 사랑하라는 유가의 사상에 의문을 품기 시작한다. 그는 묵자의 '겸애' 사상에 주목하며, "사람을 가리지 않고 모두를 사랑해야 한다."는 새로운 윤리관에 매료된다. 또한 한비자의 법치 사상과 서구 민주주의 개념을 접하면서 법과 질서, 자유와 평등의 중요성을 깨달아 간다.

신 선생과의 만남은 그에게 결정적인 영향을 준다. 그는 조선이 성리학의 경직성과 당파 싸움, 유교적 명분주의에 얽매여 변화를 거부하는 동안 일본은 실학과 과학 기술을 받아들이며 제국주의로 도약했음을 지적했다. 성갑은 이를 통해 과거로부터의 해방, 즉 유교에서 민주주의로의 사상적 전환을 시도한다.

정조 대왕과 실학자들의 개혁 시도가 좌절된 역사적 사례를 통해 그는 자신이 그 뜻을 이어받아야 한다는 확신을 가지며, 학문은 단지 수신제가에 그치지 않고 평천하로 나아가야 한다고 믿었다.

결단의 길 - 광복과 국회, 그리고 비극

이후 유성갑은 일본 유학과 만주 망명, 조선인 학교 설립, 광복 후 독립운동 등으로 활동을 이어 간다. 그는 모스크바3상회의의 신탁 통치안에 반대하며 단체를 결성했고, 이승만과 함께 민족 독립을 위해 적극적으로 활동했다. 제헌국회에서는 헌법기초위원 및 법제사법위원으로 참여하여 「헌법」, 「지방자치법」, 「반민족행위처벌법」, 「농지개혁법」 등에 큰 기여를 하였다.

그러나 그의 인생은 1950년 6.25전쟁이라는 비극 앞에서 끝을 맺는다. 그는 북한군에 체포되어 끝내 돌아오지 못했고, 그의 죽음은 조국과 가족 모두에게 깊은 상처를 남겼다. 정부는 그의 공로를 기려 건국훈장을 추서했다.

그는 청렴결백한 정치인으로, 항상 남의 고통에는 눈물로 응답했지만 자기 가족에는 엄격했다는 일화가 전해진다. 오늘날에도 그가 남긴 정신은 민족의 통일과 정의로운 국가 건설이라는 과제로 이어지고 있다.

맺음말

할아버지의 전기문을 통해 근현대 격동기의 조선에서 불굴의 신념과 지성을 바탕으로 살아오신 여정을 발견하게 되어 깊은 울림을 받았습니다.

할아버지의 어린 시절부터 시작해, 신학문의 눈을 뜨기까지의 갈등, 출가와 유학, 불교와의 인연 그리고 국회의원으로서 헌법 제정에 참여하고 결국 6.25 전쟁 중 비극적인 죽음에 이르기까지의 파란만장한 삶을 다룬 내용으로 할아버님은 단순한 지식인이 아니라 실천하는 선각자였고, 일본 유학을 통해 조국의 실상을 더 깊이 인식하고 돌아와서는 신탁 통치 반대 운동, 제헌국회 입성 등 독립과 국가 재건에 앞장선 분임을 알았습니다.

그러나 아이러니하게도 조국을 위한 뜨거운 헌신은 전쟁 속에서 고통스럽고 허망하게 끝나고 맙니다. 할아버님의 죽음은 한 개인의 순절로만 볼 수 없는, 한국 현대사에서의 아픔과 단절을 상징합니다.

석계 유성갑 제헌국회의원 주요 약력

1910. 11. 11. 전남 고흥 출생

1914~1929 신남표, 송소암, 신춘담 세 스승 문하에서 사사

1930 부산 범어사로 출가하여 하동산 대사 문하에서 수계하고 불문에 귀의

1935 부산 범어사 불교전문강원에서 4년제 졸업

1939 동경 대정대학 불교학과 예과 수료, 안중근 의사 사진과 3.1독립선언문을 동경으로 반출하다 발각되어 5개월 옥고

1943 동경 일본대학교 법문학부 졸업, 일제 징병 거부, 만주 통화성으로 망명, 한인학교 창설 및 민족 교육에 종사

1945 광복 후 귀경, 반탁총동원위원회 기획비서

1946~1947 국민청년당 감찰위원장, 중앙검찰대장, 동국대학교와 국화여전 교수

1948~1950 제헌국회의원 당선(고흥 을구), 헌법기초위원, 법제사법위원

1950. 9. 28. 광주형무소에서 북한군에 의해 순절

1969. 12. 17. 국민훈장 무궁화장 추서

1 석계 유성갑 선생 전기『청운의 별이 지다』

朝鮮日報 2011.11.04

제헌의원 故 유성갑 선생 불교 자료 전시

제헌의원 고(故) 유성갑(1910~ 1950) 선생의 근세 불교 자료가 4일부터 15일간 서울 견지동 한국불교역사문화기념관 1층 로비에서 전시·공개된다. 유족들이 지난 7월 조계종에 기증한 85건의 기록과 유품들이다.

유성갑 선생은 조계종 종정을 지낸 동산(東山·1890~1965) 스님을 은사로 출가한 승려 출신. 일본 유학 후 환속했고, 일제 말에는 만주에서 한인학교를 세웠으며 1948년 초대 국회의원(전남 고흥)을 역임했고 6·25전쟁 중 북한군에 의해 처형당했다. 전시에는 민족 대표 33인 중 한 명인 용성(龍城) 스님과 은사인 동산(東山) 스님의 친필 서한, 조선불교동경유학생회 회칙과 유학생 명부, 동산 스님의 승적부, 일제강점기 범어사 강원에서 발행한 졸업증서 등 근세 불교 자료가 나온다.

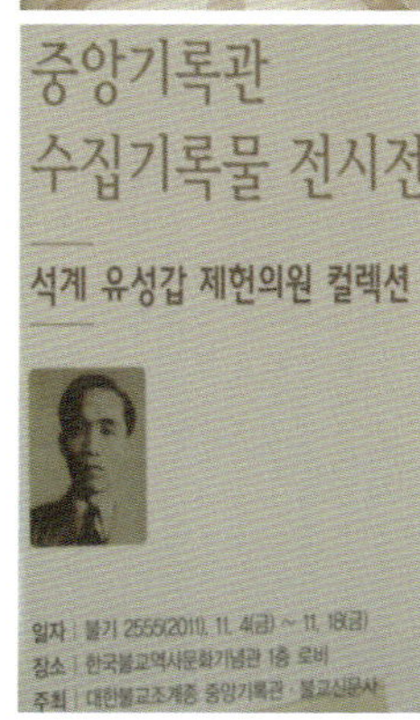

2 유성갑 선생 불교 자료 전시 기사

■ **憲法 起草 委員**

[헌법제정후 자리를 함께한 이승만 의장 과 헌법기초위원들 30인 (1948.7.12)]

헌법기초위원: 幹事 **유성갑(柳聖甲),** 윤석구(尹錫龜), 최규옥(崔圭鈺), 김옥주(金沃周), 신현돈(申鉉燉)

김경배(金庚培), 김준연(金俊淵), 백관수(白寬洙), 이종린(李鍾麟), 오석주(吳錫柱)

30 명 오용국(吳龍國), 이훈구(李勳求), 유홍렬(柳鴻烈), 이강우(李康雨), 홍익표(洪翼杓)

연병호(延秉昊), 허 정(許 政), 서성달(徐成達), 조헌영(趙憲泳), 구중회(具中會)

조봉암(曺奉岩), 김익기(金翼基), 박해극(朴海克), 이윤영(李允榮), 정도영(鄭島榮)

김효석(金孝錫), 이청천(李青天), 김상덕(金尙德), 김병회(金秉會), 서상일(徐相日)

3 헌법 제정 후 자리를 함께한 이승만 의장과 헌법기초위원들 30인(1948. 12.)

4　1947년 대한검찰대장 취임식에서의 유성갑 선생

28

제헌국회의원

유홍렬

잊혔던 이름, 다시 꺼낸 기억

유유미 | 손녀[1]

어린 시절, 나는 조부 유홍렬(柳鴻烈, 1907~1966) 선생께서 제헌국회의원을 지내셨다는 이야기 외에는 특별히 들은 바가 없었다. 조부는 내가 태어나기 전에 이미 작고하셨기에, 가족 안에서 그의 존재는 희미하다 못해 거의 잊힌 이름이 되어 있었다.

어느 제헌절, 아버지께서 이화장에서 열리는 식사 자리에 함께 하자고 하셨다. 그 자리를 통해 나는 처음으로 '제헌국회의원유족회'라는 모임에 대해 알게 되었다. 아버지는 유족회와 관련된 여러 이야기를 종종 하셨지만, 나는 개인사로 바쁜 시기를 지나고 있었기에 그 이야기에 깊이 귀 기울일 여유가 없었다.

그러던 어느 날, 아버지께서 "젊은이의 참여가 시급하다."라며 유족회의 '청년 모임'에 참석하라고 말씀하셨다. 사실 그때도 청년이라 부르기에는 한참 지난 나이였지만, 아버지의 간곡한 부탁을 거절할 수 없었다. '식사 정도야 할 수 있지.' 하는 가벼운 마음으로 참석한 것이, 지금까지 이어져 오게 되었다.

---

1 음악을 전공하였지만 무대 위보다는 무대 뒤에서, 예술가보다는 예술가의 조력자로서 예술과 예술가가 사회에 미칠 수 있는 긍정적인 영향력을 넓히고자 예술 경영, 문화 기획, 예술 교육, 문화 정책 등 다양한 분야를 넘나들며 연구와 사업 기획, 컨설팅, 인재 양성 등의 일을 해 오고 있다. 2018년, 제헌국회의원유족회 청년 모임 활동을 시작으로 유족회와 인연을 맺었고, 2022년부터는 유족회의 감사직을 맡아 유족회 운영의 일원으로 함께하고 있다.

유족회 창립 30주년을 맞이하여 조부에 대한 무언가를 기록으로 남기고 싶었지만, 지금 나의 아버지는 과거의 기억을 대부분 잃으셨고, 당신의 이름조차 겨우 기억하신다. 유족회 창립부터 청년 모임이 만들어질 때까지 오랜 시간 활동하셨던 아버지와는 이제 조부에 관한 이야기뿐만 아니라, 그 어떤 소소한 대화도 나눌 수 없게 되었다는 사실이 너무나 안타깝다.

그래서 나는 2008년, 제헌 60주년을 맞아 유족회에서 출간한 『제헌의원들 – 고난의 역정을 아버지 곁에서 보다』에 실린, 나의 아버지께서 작성하신 조부에 대한 원고 일부를 소개하는 것으로 대신하려 한다.

다음 글에서 '나'는 유홍렬 선생의 아들 유지호를 지칭한다. 본문은 주로 건국 무렵의 국내외 정세 속에서 조부의 정치적 행보를 다룬 내용으로, 인간 유홍렬에 관한 이야기는 많지 않아 아쉬움이 남는다.

제천 출신 제헌국회의원 유홍렬(柳鴻烈)은 나의 선친이다. 비록 환갑을 앞두고 작고하셨지만, 살아 계셨다면 올해로 백한 번째 생신을 맞으셨을 것이다. 선친께서는 1948년 5.10 총선에서 연병호(괴산), 이정기(남원), 전진한(상주 을) 의원에 이어 전국에서 네 번째로 많은 득표(30,171표)를 얻어 당선되셨다. 그러나 이후 총선에 연이어 출마하셨으나 모두 차점 낙선의 고배를 마셨다. 그로 인해 5남 1녀의 자녀들은 어린 시절, 아버지의 제헌국회의원 활동에 대해 마음을 다해 관심을 기울일 여유를 가지지 못했던 것이 사실이다.

제헌국회의원은 총 200명(제주도 출신 2명 포함)이었으나, 그 가운데 재선에 성공한 의원은 31명에 불과했다. 이처럼 낮은 재선율의 정확한 원인을 단정

짓기는 어렵지만, 몇 가지 구조적 요인을 짚어 볼 수 있다. 첫째, 헌법 개정안에 부대조건으로 포함되었던 '임기 연장 제안'은 일부 의원들에게 임기 연장에 대한 기대감을 심어 주었고, 이에 따라 선거 준비에 소홀해졌을 가능성이 있다. 둘째, 제83차 본회의가 1950년 4월 22일까지 이어지면서 의원들은 선거를 불과 한 달 남겨 두고서야 지역으로 내려갈 수 있었고, 이는 선거 운동 기간의 극심한 제약으로 작용하였다.

더욱이 제헌국회의원들은 헌법을 비롯하여 「정부조직법」, 「지방자치법」, 「선거법」 등 건국을 위한 149건의 법률과 제도를 제정하는 데 헌신하였지만, 이들의 이러한 입법적 성과는 헌법 개정 논란에 가려져 유권자들로부터 정당한 평가를 받지 못한 측면이 크다.

제헌국회의원인 나의 선친을 비롯한 다수의 의원은 2년 임기의 말미에 접어든 시점에서, 민주국민당이 제안한 헌법 개정안에 대한 열띤 찬반 논쟁으로 인해 본회의 일정이 길어졌고, 결국 선거 운동조차 제대로 하지 못한 채 1950년 5월 30일 제2대 국회의원 선거에 돌입할 수밖에 없었다. 그 결과는 자명했다. 전체 200명의 제헌국회의원 가운데 재선에 성공한 이는 단 31명에 불과했다. 그리고 그로부터 불과 한 달 보름 뒤인 6월 25일, 소련의 지원으로 무장한 15만 명 규모의 북한 인민군이 남침하였다. 당시 재선에 성공한 국회의원들은 부산으로 피란했지만, 상당수의 낙선 제헌국회의원은 수도권 및 중부 지역에 머무르다 인민군 점령하에 숨어 지내야 했고, 일부는 북으로 연행되거나 인민군 퇴각 과정에서 폭격 또는 처형을 당한 것으로 알려졌다.

선친께서는 제헌국회 마지막 회기(제83차, 1950년 4월 22일)까지 성실히 참석하셨으며, 이후 지역구로 내려가셨다. 당시 전남 지역의 치안은 극도로 불안정했고, 백주 대로에서조차 무장 집단의 출몰로 차량 습격이 빈번한 상황이었기에 현지 조사를 자제하라는 권유가 있었지만, 선친은 이를 뿌리치고 위험을 무릅쓴 현장 방문을 강행하셨다. 이미 1947년 7월, 선친은 황두연 의원(순천 갑), 국회 전문위원, 농림부 귀속 농지관리국, 반민특위 등과 함께 전남 순천 궁삼면 농민회를 방문해 2,500명의 농민이 일제강점기 동양척식주식회사[2]에 의해 빼앗긴 2,591정보의 토지 문제를 현장에서 직접 조사한 바 있다. 이후 곽상훈 의원은 해당 보고서를 바탕으로 정부가 농민들에게 토지를 반환할 것을 공식 건의하였고, 황호현 의원(평창), 신상학 의원(김해)의 보류 발언이 있었음에도 불구하고, 거수 표결(찬성 100, 반대 60, 기권 3)로 본 청원은 국회에서 통과되어 정부로 이관되었다.

칠순을 넘기고 보니, 사람 마음이 한층 더 센티해지는 것 같다. 요즘 들어 부쩍 아버님 생각이 난다. 그분께서 환갑 이전에 작고하지 않으셨다면 아마 상수(上壽)의 길을 걸으셨을 것이다. 여섯 척의 장신에, 늘 곧고 엄정한 인상을 남기셨던 아버님은 충북 제천군 청풍면 후산리 문화 류씨 종가 출신으로, 유교적 전통이 강한 가정에서 성장하셨다. 그래서인지 원칙에 있어 단호하시고, 공인의 삶에 있어서는 청렴결백한 분으로 기억된다.

젊은 시절, 수원에서 통학하며 경성제2고등보통학교를 졸업하신 뒤, 청풍과 주문진, 문막 지역의 금융조합에서 근무하시다가, 제2차 세계대전이 끝나기 몇

2 동양척식주식회사는 일본제국이 조선의 경제 독점과 토지, 자원의 수탈을 목적으로 세운 국책회사임.

해 전 고향으로 돌아와 농사를 지으셨다. 1945년 광복 이후, 청풍면 주민들에 의해 청풍면장으로 추대되셨고, 이것이 바로 1948년 5.10 총선 출마와 제헌국회 의원으로의 정치 입문으로 이어지는 계기가 되었다.

정치적 배경이 전무했던 시골 출신 무소속 후보였음에도, 제헌국회가 개원하자마자 아버님은 충북 대표 헌법기초위원으로 선출되셨다. 전형위원 명단에는 윤치영(서울), 신익희(경기), 허정(경남) 등 당대의 내로라하는 인사들이 포함되어 있었기에, 이와 어깨를 나란히 한 것은 아버님의 높은 득표율과 지역 내 신망을 보여 주는 사례라고 할 수 있다. 그러나 2대 총선에서 낙선하신 배경에는, 아버님이 국회 활동에 몰두한 나머지 지역구 관리를 다소 소홀히 하신 점도 있었던 듯하다. 특히 제천 선거구는 한강을 경계로 동서로 나뉘어 있는 지역 구조 탓에 선친의 지명도는 주로 동부 지역에 집중되어 있었고, 이는 정치적으로 결코 작지 않은 제약으로 작용했을 것이다.

선친께서는 1954년 제3대 국회의원 선거에서도 낙선하셨다. 제헌의회 시절에는 이승만 대통령의 정부에 협력하며 민주한국당의 헌법 개정안에 반대하는 등 원칙적 입장을 지켜 왔지만, 이후 여당이 자유당으로 개편되는 과정에서 총독부 출신의 행정 경력자들– 군수, 판검사 출신 등 –에게 밀려 결국 공천에서 배제되고 말았다. 제3대 총선부터는 관권 개입이 조직화되기 시작한 시기였다. 선친은 민주당의 공천을 받기 위해 노력했으나, 다시 한번 공천에서 탈락, 무소속으로 출마하게 되었다. 당시 자유당의 대중적 인기가 하락하고 있었지만, 그럼에도 선친은 또다시 차점으로 낙선하고 말았다. 1961년 5.16군사정변 이후에도 선친은 정치에 대한 의지를 접지 않고 또다시 출마하셨다. 하지만 이번에는 군부와 가까운 인물을 상대로 한 선거전이었고, 결과는 또 한 번 차점 낙선이었다.

5.16군사정변 직후 처음으로 유학길에 오르던 날, 김포공항에서 나를 배웅하시던 아버님은 여비조차 보태 주지 못한 미안함을 감추지 못하셨다. 가난한 삶 속에서도 청렴결백하게 사신 선친의 표정은 지금도 내 기억에 깊이 남아 있다. 그로부터 얼마 지나지 않아 내가 두 번째 유학길에 오른 지 며칠 후, 아버님은 위암으로 영면에 드셨다. 그러나 가족은 내가 학업을 중단하고 돌아오는 일이 없도록 하기 위해 그 사실조차 알리지 않았고, 선친의 장례식은 신문사의 도움을 받아 부재중에 조용히 치러졌다. 그렇게 나는 한 번도 작별 인사를 드리지 못한 채 평생을 불효의 마음으로 살아가게 되었다.

근래 북한을 방문한 지인에 따르면, 납북된 제헌국회의원 가운데 10명이 북한 당국이 마련한 묘지에 안치되어 있다는 소식도 전해졌다. 이들 납치된 제헌국회의원들의 후손들은 북한의 관리들과 직간접적인 접촉 기회가 있었을 수도 있을 터인데, 이제는 그들의 행방을 반드시 확인하고 기록으로 남겨야 할 때이다. 건국 대통령과 제헌국회의원들, 이 땅의 헌정 질서를 세우기 위해 헌신한 분들을 기억하지 않는다는 것은, 곧 대한민국의 정통성을 부정하는 일이며, 우리의 애국심이 설 땅을 잃는 것과 다르지 않다.

이제 우리는, 대한민국의 정신을 되찾아야 한다.[3]

---

3 유지호, 「제헌국회의원님들의 애국심에 경의를 표하다」, 『제헌의원들 ― 고난의 역정을 아버지 곁에서 보다』(제헌국회의원유족회, 2008), pp. 50~64.

아버지의 글을 통해 조부 유홍렬 선생의 삶을 돌아보았다. 이번 출판 작업이 아니었더라면 나는 여전히 조부에 대한 기억을 유년 시절의 어렴풋한 이야기 속에만 간직하고 있었을 것이다. 원고를 준비하는 동안 그 어느 때보다 조부를 많이 떠올렸고, 그의 발자취를 따라 헤매기도 했다. 그러나 조부가 작고하신 지 거의 60년이 흐른 지금, 자료나 사진을 찾는 일은 쉽지 않았다.

그러던 중 문득 2018년, 청년 모임에 처음 참석하던 때, 아버지께서 "헌정회관에 아버지 사진이 없는 것 같다."라며 손바닥보다 작은 조부의 사진을 어렵게 확대해 액자에 담아 건네주신 일이 떠올랐다. 그때 어디서 사진을 구하셨는지 여쭈어보지 못했지만, 지금에 와서 돌이켜 보면 아버지는 오랜 세월 동안 조부에 대한 미안함과 그리움을 동시에 가슴에 품고 계셨던 것이 아닐까 생각된다. 말로는 다 하지 않았지만, 그 마음의 여러 감정이야말로 부정할 수 없는 가족의 역사이자 기억의 깊이였을지도 모른다.

29

제헌국회의원

윤석구

기억 너머 할아버지, 故 윤석구(尹錫龜)

윤건 | 손자[1]

사실 나는 할아버님에 대한 기억이 없다. 민족의 비극인 6.25전쟁 와중에 돌아가셨다. 내 나이 68세이니 아버님한테 전해 들은 할아버지에 대한 이야기도 흐릿한 기억으로 남아 있다.

어렸을 때 아버님께서는 말씀하셨다. 너의 할아버지는 18세에 독립운동하러 혼자서 먼 북간도까지 갔다. 그런데 너는 왜 그리 정신력이 약하냐고 자주 말씀하셨다. 한번은 할아버지께서 일본군을 피해 급히 말을 달리시다가 말에서 떨어져 손목이 접질려지자 앉아서 두 발 사이에 접질린 손목을 넣고 빼내었다고 한다. 그래서 한쪽 팔이 조금 더 길었다고 한다. 그때는 어려서인지 할아버지 이야기는 한 귀로 듣고 흘려 버렸다. 그리하여 책자와 인터넷에 나와 있는 자료들을 중심으로 참고하여 서술한다.[2]

---

1 1957년 서울 출생으로 영국대사관에서 32년을 근무하였고, 그 공로를 인정받아 영국외무장관 표창(2017년 2월), 영국 여왕 대영제국 훈장(2022년 2월)을 수여받은 바 있다.

2 이 글을 위해 참고한 문헌은 다음과 같다.
독립운동사편찬위원회, 『독립운동사』 권 2(고려서림, 1983); 재상해일본총영사관경찰부제2과, 『조선민족운동연감』(동문사서점, 1946); 함경남도지편찬위원회, 『함경남도지』(1968); 군산시사편찬위원회, 『군산시사』(2000); 서내일·오소백, 『해방 22년사』(문학사, 1967); 조영암, 『순국 선열 전서』(선열전서간행회, 1967); 한국방송인연합회, 『시련과 영광의 민족사』(2005); 독립운동사편찬위원회, 『독립운동사자료집 제7집 임시정부사자료집』(고려서림, 1984); 『인촌 김성수전』(인촌기념회, 1976), p. 486.

나의 할아버지 백운(白雲) 윤석구(尹錫龜, 1892~1950)는 1892년 충남 서천 출생이다. 선교사가 세운 한영학교를 수석으로 졸업하셨다. 한일합병이 터지자 독립협회 회원이었던 할아버지는 함북 삼수로 가서(1913년) 박기춘 씨를 만나 독립군의 길을 걷게 된다. 주로 북간도에서 계시다가 뒤이어 임시정부 교통부 훈령 10호인 연통제 조직인 삼수지국 서기에 임명된다. 임시정부의 연통제 조직의 주 임무인 군자금 송부, 군수품의 전달, 군인 징집을 위한 활동을 했다. 이런 힘들고 어려운 일을 하시던 중에 그 유명한 청산리 전투 준비가 시작되었다. 1920년 10월 초, 남만주와 간도 지구 일대에 모든 독립군들이 청산리로 모여들었다. 이것이 그 유명한 청산리 전투이다. 독립군들의 청산리 승전 후 놀란 일본군들은 간도 학살 경신참변을 일으켰다. 실질적으로 1895년부터 1909년까지는 대한제국이 간도 지역에 행정 기구를 두고 간도관리사를 파견하여 실질적으로 지배하였다. 대표적으로 이범윤이 1902년 간도관리사로 파견되어 조선인 보호와 행정 업무를 수행하였다. 1909년 청나라와 일본 간에 간도협약으로 간도 지역을 청나라에 넘겨주고 대신 일본은 만주 철도 부설권을 획득한다. 청산리 전투 후 독립군들은 일본군 추격대와 일본군 본대에 포위망을 뚫고 빠져나왔다. 독립군들은 러시아 자유시에서 모이기로 하고 소규모 부대별로 출발하였으나 할아버님 부대는 중간에 회군을 결정하여 나의 할아버님은 대한민국 초대 국무총리였던 이범석 씨 등과 간도로 돌아와 피신했다. 이후 할아버지께서는 삼수에 가서 처음 만났던 강일기 씨를 만나 이후 6개월을 강일기 씨 집 다락방에 숨어 계셨다고 한다. 참고로 자유시로 갔던 독립군들은 대다수가 돌아오지 못했다고 한다. 이것이 우리 독립군 역사에 최대의 참변인 자유시사변이다.

후에 할아버지께서는 초대 체신부장관이 되신 후 장관에 비서가 두 명 있었는데 강일기 씨 큰아드님을 장관 수석비서로 채용하셨다고 한다. 안타까운 일은 간도에 가서 만난 박기춘 씨(사망 1921년 3월 3일)는 일본 경찰에 체포되어 모진 고문 속에서도 할아버지의 은신처(강일기 씨 집 다락방)를 발설하지 않았고 덕분에 할아버님과 강일기 씨 모두가 살아남으셨다. 박기춘 선생님은 결국 삼수주재소에서 일본 경찰에 피살되셨다. 독립운동을 목숨을 내놓고 하신 분들이다. 강일기 씨 막내아드님인 강상욱(제6대, 제9대 국회의원) 의원님과 통화 결과, 아버님(강일기 선생)은 원산으로 이사하였고 원산에서 돌아가셨다고 한다. 이후 할아버지는 1923년 임시정부 국내 자금책에 임명되어 국내로 복귀한 뒤 군산 멜볼딘여학교(현 군산 영광여고) 교사로 재직하셨고 이후 한약상을 하며 나라의 독립을 위해 대한민국임시정부로 계속해서 군자금을 보냈다. 이때 개발하신 것(약)이 영신환과 윤고약이다. 이때 한약상을 하게 된 계기가 강일기 씨 집 다락방에 숨어 있을 때 그 다락방에 한의학 고서들이 잔뜩 있어서 한의학 공부를 다락방에서 혼자 하셨다고 한다.

해방이 가까워지자 대한민국임시정부는 할아버지를 김구 선생 귀국 준비위원으로 임명했다. 당시 무장 해제된 채 이남에 내려온 김구 선생에 의해 한국독립당 중앙집행위원을 하셨다. 이어 남조선 과도입법의원(1946년 10월 10일~1948년 5월 10일)에 전라북도대표의원(한국독립당)으로 당선되어 입법 활동을 하셨다. 건국준비위원회 군산지부장, 대한독립촉성국민회 군산지부장, 비상국민회의 전북대표의원으로도 활동하셨다. 이어 제헌국회의원 후보로 군산에서 출마한 상대 후보보다 2천6백11표가 많은 1만 7백37표를 얻어 제헌국회의원에 당선되셨다. 이때 김구 선생께서 일주일을 군산에 머물며 군산극장 등지에서 지원 유세를 하셨다고 한다. 당시 김구 선생의 두터운 신임을 얻고 있던 할아버지는 1948년 이승만 대통령의 요청에 따라 김구 선생이 추천한 체신부장관에 임명되어 이승만 대통령과 김구 선생의 가교 역할을 하셨다. 이승만과 김구는 서로가 신뢰하는 사이였다. 이승만은 임시정부가 여러 번 위기를 당하였음에도 이를 지켜 온 김구 선생을 사심 없는 애국자라고 귀국 후 늘 칭송해 왔으며 김구는 임시정부의 첫 번째 대통령이며 연령이나 학식과 경력이 위인 이승만을 선배로 대하였다.[3]

또한 농지 개혁에도 적극 참여하셨다. 1948년 8월 6일 자 『조선일보』에 체신부장관 윤석구와 대법원장 김병로는 정양 중인 이시영 부통령을 방문하였다는 기사가 나온다. 이시영 부통령은 신흥무관학교 설립자들 중 한 분이시다. 체신부장관 관사에 사실 때 한 달에 두 번씩 이범석 국무총리가 방문하여 담소를 나누고 돌아갔다고 한다. 모두가 신흥무관학교에서 나라의 독립을 위해 일하신 분들이다. 아마 가장 힘들고 어려웠던 1920년대, 말로만 듣던 독립군이 되려면 맞아 죽고(그때는 마적떼가 자주 출몰하였고 소규모 독립군들이 한인촌을 지키느라 싸우다 많이 죽었다고 함.), 얼어 죽고, 굶어 죽을 각오가 있어야 했던 그 시절 그때가 생각나셨는지 모르겠다.

1950년 6.25전쟁이 터지자 할아버지님은 뒤늦게 피란을 가기로 결정하시고 장남이신 아버님은 남아서 집(중구 필동)을 지키기로 하셨다(이 집은 정부 소유

---

3 『인촌 김성수전』(인촌기념회, 1976) p. 486.

관사로 할아버님은 서울에 집이 없었다. 주변에서 적산 가옥을 매입하라는 권유도 있었으나 청렴결백하게 사신 분이라 거절하였다고 한다.). 할아버님은 아버님한테 상황을 보아 위험하다고 생각되면 곧바로 강 건너 흑석동 남구네 집에서 만나기로 약속하시고 할아버님과 가족은 흑석동으로 출발했다. 아버님은 상황을 살피러 미아리 쪽 방향으로 가 보니 이미 인민군들이 내려오기 시작했고 아버님은 다시 집으로 들어와 문단속을 하고 집을 지키는 것은 포기했다. 할아버님과의 약속대로 남구 아저씨네로 가기로 하고 강가로 뛰어가 천신만고 끝에 배를 얻어 탔다. 강을 건너 흑석동 남구 아저씨네 집으로 뛰어갔다. 이윽고 도착한 남구 아저씨 집 대문은 열십자 판자로 못을 박아 놓은 것을 보고 순간 할아버지와 가족이 한강을 건너지 못했다고(이미 한강 다리는 폭파한 상태) 판단하고 다시 강을 건너기로 결심했다. 강가로 가 배 한 척을 발견했으나 이미 반대편 강둑에는 인민군이 도열해 있었다. 뱃사공이 겁을 집어먹고 강 건너기를 거부하자 나는 인민군대를 환영하러 가는 사람이니 안심하라고 설득 반 협박 반으로 뱃사공을 움직여 강을 다시 건넜다고 한다.

필동 집으로 돌아와 보니 대문은 뜯겨져 열려 있고 집은 난장판이 되어 있어 근처 친구 집으로 가 숨어 계셨다고 한다. 상황은 남구 아저씨는 할아버님의 도착이 늦어지자 서둘러 피란을 떠났고 뒤늦게 도착한 할아버님과 할머님, 아버님의 동생들은 다시 필동 집으로 돌아갈 수도 없는 일이어서 그냥 남쪽으로 걸어가셨다. 이후 나의 아버님은 다시는 할아버님을 뵐 수 없었다.

마지막으로, 1985년 8월 23일 자 『한국경제신문』의 '전신 전화 100년' 기사에서 발췌한 글을 적어 본다.

1948년 8월 15일 대한민국 정부 수립이 선포되고 그해 9월 13일까지 미군정으로부터 행정권을 완전 인수받았다. 이에 따라 체신부가 발족되고 초대 장관에는 윤석구 제헌국회의원이 임명되었다. 1실 4국(25과)으로 구성된 체신부는 명실공히 자주적인 통신 사업을 새로 추진하게 된 것이다. 당시 윤 장관은 국회 본회의에서 다음과 같이 체신 현황을 보고했다.

대한민국의 전신 전화 취급 국수는 527국이며 직원은 약 5천6백 명이다. 전신 전화 가입자 수는 약 3만 8천 명이고 전신 회선 1백48회선과 전화 3백12회선을 합한 4백6십회선 중 미군 사용 89회선이 포함되어 있다. 그러나 기술 자재 재정 부족 등 여러 가지 이유로 기계의 보수가 불완전하며 전신 전화의 소통이 원활하지 못하여 서울의 경우 전 가입자 수의 20%가 항상 고장 중에 있다. 무선 전신국 수는 6개이나 기기 시설이 부족한 상태이다. 무선 전신 역시 유선 전신 전화와 같이 자재 부족 현상을 빚고 있는데, 특히 진공관과 같은 자재의 부족으로 유지에 곤란한 상태이다. 무선 전화는 방송용 무선 시설인데 사단법인 대한방송협회가 전적으로 운영하고, 체신부는 기술과 자재를 제공하고 있는 실정이다. 당면 정책으로 정치 외교 면에서 국가의 정당한 의사를 세계 여론에 반영시키며 경제 면으로도 국가 무역을 위한 해외 통신망 완비가 시급한 실정이다. 우리는 통신의 완전한 자주권을 획득코자 정부 수립 이래 해외 전기 통신에 대한 준비를 해 왔으며 일방 중국과 미국에 상호 통신 개시를 교섭한 결과 상해와 10월 중순께 시험 통신을 하게 되었다. 기존 시설을 최대한도로 유지하고 전신 전화 학술과 기술 연구를 위해 발전 속도가 빠른 전신 전화 부문은 전기통신시험소 같은 연구 기관을 설치 기술 요원 양성에 노력하고자 한다.

철도가 동맥이라면 체신은 중추 신경과 같아 외양에 보이지 않고 호화롭지 못하지만 신경이 마비되면 우리 인체의 기능이 마비되는 것과 같다. 통신의 중요성과 긴요성을 자각 반만년 역사의 전통을 계승시켜 나가기 위해 전 체신 종사원은 투철한 사명감으로 충성과 정열을 민족과 국가에 바칠 것을 결의하기도 했다. 40여 년 만에 통신을 되찾은 우리나라에서 처음으로 조국의 통신 사업 총수로 임명된 윤 장관의 통신 현황과 정책에 대한 국회 보고는 새로 출범하는 전신 전화 역사에 지울 수 없는 이정표로 기록되고 있다.

이 기사로 할아버지에 대한 나의 기억을 마무리하며, 할아버님의 삶 자체가 대한민국의 역사임을 새삼 느낀다.

1 초대 국무위원 사진, 뒷줄 맨 왼쪽 윤석구 초대 체신부장관

30

제헌국회의원

윤치영

1976년 충정로 자택에서 조부모님과 함께

그리운 할아버지

윤인구 | 손자[1]

"조부가 동산(東山) 윤치영(尹致暎, 1898~1996) 선생이십니다."

이 말을 편히 하는 데에는 참 오랜 시간이 걸렸다. 내가 사회생활을 시작하기 전에 작고하셨고 그 시간이 30년 가까이 지났어도 우리 정서상 자칫 집안의 배경은 부정적인 인식을 상대에게 먼저 심어 줄 수 있기에. 여전히 조심스럽기는 하지만 지난 세월 KBS를 대표하는 여러 프로그램을 진행해 오며 누구의 손자라서가 아니라 '아나운서 윤인구'로서의 직업적인 평판을 쌓았고 또 2022년부터 대한민국 제헌국회의원유족회 회장을 맡으면서 자연스레 조부에 대해 언급할 기회들이 생긴 것은 다행스럽고 감사한 일이다.

쌓여 가는 명함과 빽빽한 일정표를 보며 바삐 살고 있다는 것을 실감한다. 그럼에도 그동안 만난 그 많은 사람 가운데 뒤돌아서서 기억할 수 있는 이가 과연 몇이나 될까를 스스로에게 묻는다면 대답하기가 쉽지 않다. 얼굴과 이름을 잘 기억하려 노력하는 편이고 '인연'을 소중히 생각하는 터라 스쳐 지나간 사람일

---

1 1997년 KBS 공채 24기 아나운서로 입사하여 KBS아나운서실 한국어연구부장, KBS아나운서협회장을 지냈다. '도전 골든벨', '청춘 신고합니다', 'TV쇼 진품명품', '아침마당', '6시 내고향' 등 KBS 대표 프로그램들을 진행했다. 한중 수교 30주년을 앞두고 2021년 9월 15일 한중 문화 교류의 해 언론 분야 홍보대사로 임명되었으며, 같은 해 10월 9일 제575돌 한글날에 한글 발전 유공으로 문화포장을 수훈했다. 2022년 7월 17일 제헌절에 제5대 대한민국 제헌국회의원유족회장으로 선임되었다.

지라도 그 만남을 일일이 간직하지 못하는 것이 안타깝기만 하다.

방송은 늘 새로운 사람들과 만나고 낯선 환경에 적응하느라 씨름한다. 게다가 일면식은 없지만 국내외 어디선가 프로그램을 지켜보는 시청자들로부터 평가를 받는다는 것 역시 큰 부담이다. 인생을 평범히 살기보다는 다양한 사람들과 어울리고 또 나를 돋보이게 할 수 있는 직업이 무엇인가를 고민하다가 아나운서직을 선택했지만 솔직히 고백하자면 나는 언제나 할아버지 같은 사람이 되고 싶었다.

조부 얘기를 먼저 꺼내는 경우는 드물지만 어려서부터 가장 존경하는 인물이 누구냐고 물으면 서슴없이 대답하고는 했다. 나의 할아버지라고. 돌아가신 지 벌써 29년, 이젠 함께한 시간보다 이별한 시간이 더 길어졌지만 곳곳에서 할아버지의 흔적을 발견할 때마다 우리는 여전히 함께하고 있음을 느낀다. 조부는 중앙학교 재학 시절 YMCA에서 만난 월남 이상재 선생과 우남 이승만 박사를 일생의 스승으로 섬겼다. 와세다대학에서 수학하던 시기에는 재일 유학생들과 함께 2.8독립선언에 참여했고 하와이를 거쳐 미국 본토로 건너가 임시정부 구미위원부 위원으로 이승만 박사를 도와 워싱턴에서 미국 조야와 세계 각국을 대상으로 독립의 필요성을 알렸다. 1937년 독립운동 자금을 모으고자 귀국해 YMCA 부총무와 흥업구락부 총간사를 맡다가 흥업구락부 사건으로 서대문형무소에서 9개월간 옥고를 치르고 대화숙의 보호 관찰을 받던 중 광복을 맞이했다. 1948년 수립된 대한민국 정부의 초대 내무부장관, 제헌국회의원 포함 5선 의원, 국회부의장, 서울특별시장, 공화당의장 등 겨레의 독립과 대한민국의 건국 그리고 조국의 산업화와 민주화를 위해 쉴 새 없이 한 세기를 헌신한 분이 나의 할아버지시다.

할아버지는 동생과 나, 우리 형제에 대한 사랑이 각별하셨다. 지천명에 외아들인 아버지를 보셨고 고대하던 손주들을 고희가 넘어서야 만나셨으니 그 기쁨이 오죽하셨을까. 사회에서는 덕망받는 원로 정치인이셨지만 장손인 내게는 정치인 할아버지가 아닌 한없이 자상하고 사랑이 넘치는 멋쟁이 할아버지셨다. 하루도 빠짐없이 잠자리에 든 손주 머리 위에 손을 얹고 기도해 주시던 그 수많은 밤들을 생생히 기억한다. 아무것도 모르는 철부지 꼬마가 "나도 크면 할아버지처럼 정치를 할 거야."라고 하면 정치보다는 학자의 길을 걷기를 원하셨던 분. 어린 손주는 한평생 당신이 하신 일을 부정하는 것 같아 이해할 수 없었지만 훗날 그 깊은 뜻을 헤아릴 수 있었다. 일본 사람보다 일본의 역사를 더 꿰뚫고 계셨고, 미국 사람보다 더 유창하게 영어를 구사하셨던 할아버지께서는 돌아가시기 전까지 책과 사전 그리고 성경책을 늘 가까이하셨다. 도대체 무엇이 부족하기에 저러시는 걸까 궁금하기도 했지만 지금 생각하면 70년이 넘는 세월을 뛰어넘어 할아버지와 손자가 세대 차이를 느끼지 않고 대화할 수 있었던 것은 당신의 끊임없는 배움에 대한 열정 때문이 아니었을까 싶다.

90이 넘은 연세에도 어김없이 오후 5시가 되면 아끼는 등산 모자를 쓰고 한 손에는 정원을 다듬는 가위를 들고 집 주위를 돌며 운동을 하셨던 할아버지. 충정로 집에 있던 장미며 감나무, 은행나무, 동백나무 그리고 수백 년 된 이름 모를 나무들은 모두 할아버지의 사랑이 묻어 있는 것들이었다. 1980년 할머니가 돌아가시고 충정로 할아버지 댁으로 합가하며 청소년기를 보낸 내게 가장 흥미로웠던 장소는 오래된 책에서 나오는 케케묵은 먼지 냄새가 아직도 생생한 할아버지의 서재였다. 셀 수 없이 많은 서적들이 한쪽 벽면을 꽉 채우다 못해 큰 책상 위에까지 쌓여 있었고 11대조 할아버지의 영정부터 오래되고 신기한 물건들이 그곳에는 가득했다. 어린 내게는 상상력을 무궁무진하게 자극하는 흥미진진한 놀이터였다. 책장에 있는 책들을 꺼내 무슨 뜻인지도 잘 모르면서 뒤적여 보기도 하고 할아버지의 손때가 묻은 물건들을 이리저리 살피며 호기심을 충족했다. 이곳에 있던 조부가 1920년대 미국 유학 시절부터 모아 온 정치, 외교 관련 서적 3,118권과 제헌국회 개원 기념사진 등 기념물 121점은 1993년 국회에 기증해 국회도서관 최초의 개인 문고인 '윤치영 국회부의장 문고'가 문을 여는 계기가 되었다.

3.1절, 제헌절, 광복절이면 기념식에 참석하시는 할아버지를 위해 나와 내 동생이 해 드렸던 중요한 일, 바로 할아버지의 훈장 패용을 돕는 것이었는데, 그 누구한테 받은 훈장보다도 손자들이 달아 드리는 훈장이 가장 영광스럽고 기쁘다고 말씀하셨다. 지난 1996년 돌아가실 때까지 20년 가까이 모시고 살며 할아버지는 나의 가장 가까운 친구이자 살아 있는 역사 교과서가 되어 주셨다. 물론 나는 할아버지의 믿음직스러운 보좌관이 되어 드렸다. 설날이면 충정로 집은 세배를 온 정객들로 붐볐는데 연휴 내내 손님 접대를 위해 끓이는 커피와 생강차 향이 그치지 않았다. 뉴스에서 보던 유명 정치인들을 코앞에서 볼 수 있었던 것은 어린아이 눈에도 마냥 신기했다. 아버지 손을 잡고 이화장으로 프란체스카 여사에게 세배를 드리러 가고 충정로 앞집에 사시던 강영훈 국무총리와 박준규, 김재순 국회의장에게 새해 인사를 드리며 조부의 정치 후배인 그분들로부터 할아버지와의 오랜 인연이 만든 일화를 듣는 것 또한 가슴 설레는 일이었다.

조부는 나이 어린 사람에게도 말씀을 함부로 하지 않고 언제나 깍듯이 존대했으며, 정치적인 성향이 다르고 생각의 차이가 있더라도 허심탄회하게 의견을 나누는 걸 즐기셨다. 그러나 나랏일만큼은 당신이 옳다고 생각하면 때로는 비난도 감수하고 대통령 앞이라도 소신을 굽히지 않았다. 사람을 줄 세우지 않았기에 정치권에 윤치영계와 같은 파벌은 존재하지 않았으며, 그래서 때로는 홀로 고군분투하느라 외롭지 않으셨을까 짐작한다. 신뢰하는 사람에게는 선한 영향력을 발휘해 성심껏 일을 도왔다. 대표적인 사례가 1973년 개국한 제주극동방송이다. 오키나와 극동방송이 문을 닫으며 기독교의 불모지에 복음을 전하는 사명을 김장환 목사가 짊어지게 되었을 때 제주에 그 터전을 잡는 것과 관련해 어려움을 겪고 있음을 알고 "북한과 러시아, 중국을 포함한 공산권에 선교 방송을 하는 것이 군 병력 1개 사단 이상의 역할을 할 것"이라고 박정희 대통령을 설득한 일화는 유명하다. 제주극동방송은 50년 넘게 그 전초 기지 역할을 훌륭히 해내고 있다.

첫 부인과 일찍 사별하신 할아버지와 동경 유학 시절 만나 1922년 재혼하신 할머니 청사 이은혜 여사의 이야기를 빼놓을 수 없다. 38선 이북의 미수복 지역 강원도 이천이 고향인 할머니는 개성 호수돈여고를 거쳐 서울 숙명여고에 입학했으며, 1919년 3.1운동 당시 졸업을 앞두고 숙명여고 학생들의 만세 운동을 주도하여 구속되기까지 했던 여걸이지만 평생 남편의 조력자로 조용한 내조를 했던 분이다. 어렵게 고학하는 학생들을 안타까워하며 오랫동안 남몰래 장학금을 지원하셨고, 가난 때문에 병들어 치료받지 못하고 죽는 사람이 없었으면 좋겠다는 생전 말씀과 실천을 유지로 받들어 가족이 섬기는 교회에 헌금을 통해 할머니의 호를 딴 청사의료선교회가 출범했고 지금까지 어려운 이웃을 위해 봉사를 이어 가고 있다.

사내는 평생 세 번 눈물을 흘린다고 했던가. 난 이미 두 번의 눈물을 흘렸다. 군에 입대하며 할아버지께 큰절을 드릴 때 울음이 터졌다. 연로하신 할아버지 곁을 떠나는 것이 왠지 마음이 편치가 않았다. 그리고 또 한 번 할아버지의 영정 앞에서 펑펑 울었다. 잠시 외국에 나가 있는 동안 돌아가셨다. 아마도 할아버지께서는 손자가 곁에 없었던 시간을 택하셨는지도 모르겠다.

나 자신이 지치고 힘들 때면 할아버지 생각을 많이 한다. 당신이라면 어떤 결정을 내리셨을까. 지금의 나는 당신만큼 치열하게 그리고 고민하며 삶을 살아가고 있는가. 때로는 일탈의 유혹도, 게으름도 피우고 싶지만 큰 흐트러짐 없이 반백 년을 살아올 수 있었던 것은 지금도 어디선가 지켜보며 응원하고 계실 나의 할아버지 때문이리라.

할아버지, 꿈에서라도 만나고 싶어요. 사랑합니다!

1 1948년 8월 15일 대한민국 정부 수립 국민 축하식 당시 맥아더 장군, 이승만 대통령, 윤치영 내무부장관

2 1948년 8월 5일 첫 국무회의를 마치고 대한민국 초대 내각 기념 촬영
(왼쪽부터 전진한, 임영신, 안호상, 이인, 이범석, 이승만, 윤치영, 김도연, 조봉암, 장택상. 뒷줄 왼쪽부터 윤석구, 김동성, 민희식, 유진오)

3 1952년 7월 10일 제2대 국회의장단
(윤치영 부의장, 신익희 의장, 조봉암 부의장)

4 1960년 8월 26일 청와대에서 해평 윤문 일가
(왼쪽부터 윤일선 제6대 서울대총장, 윤치영 초대 내무부장관, 윤보선 제4대 대통령, 윤치왕 초대 육군의무감, 윤치창 초대 영국공사, 윤영선 제3대 농림부장관)

31

제헌국회의원

이병국

국권 회복에 몸 바친 40년

이정구 | 손자

나의 할아버지 선칠(璿七) 이병국(李柄國, 1882~1949) 선생이 국권회복운동에 몸 바친 40년을 회고한다. 선조의 곧고 올바른 국가 신념이 경이롭게 가슴 깊이 다가온다. 광복을 맞이하기 전 30여 년 동안 국권회복운동으로 일제의 감시와 포위망을 피해서 거의 떠돌이 생활로 독립운동에 전념하던 이병국 선생은, 광복 후 제헌국회의원 임기 중 1949년 4월 8일 향년 68세에 급한 병환으로 격동의 생애를 마감한다.

본인(손자 이정구)은 할아버지 작고 후 2년 지나서 출생하여 함께 생활한 시간이 전혀 없다. 따라서 부모님으로부터 이야기를 듣고 할아버지의 40여 년 활동을 알게 되었다. 함께한 일상생활을 기재하지 못하는 아쉬움이 간절하다. 이에 조부 관련 기록물과 천안시 보관 문헌 등을 참고하여[1] 가족의 추억 속 할아버지 일대기를 기록한다. '국권 회복에 몸 바친 40년'으로 할아버지의 삶을 함축 기재하게 되어 뜻깊은 마음이다.

---

1 국가보훈부 공훈전자사료관, 「독립 유공자 공훈록」(7); 『대한민국 의정 26년사』; 『한국 독립운동사(문일민)』; 『독립운동사 자료집(9)』; 「한국 독립운동사 연구 (1)」; 천안 『시정 30년사』(천안시, 1993); 『천안시지』(천안시 지편찬위원회, 1997); 『천안저널』(2012. 7. 3.); 『천안의 인물』; 『천안신문』 1992. 4. 23.; 한국향토문화전자대전, 한국학중앙연구원, 디지털천안문화대전 — 이병국.

멸사봉공의 제헌국회의원

사상 최초의 민주적 방식에 의해 선출된 제헌국회의원으로 천안에서 당선한 이병국은 정치가라기보다 독립운동가였다. 1882년 천안에서 태어나 구한말의 격변기를 피부로 절실히 느끼면서 다년간의 한문수학(漢文修學)으로 터득한 대의(大義)를 좇아 국권 회복을 위해 의연히 나선 이병국은 큰 뜻을 펴기 위해 상경하여 경성부 송월동(松月洞) 83번지에 거처를 정하고 나중에 대한독립애국단으로 발전한 철원애국단에 1919년 9월경 몸을 담고 김영식(金永植), 김순호(金順皓) 등과 함께 상해임시정부와의 긴밀한 협력을 위해 독립운동 자금 모집 및 임정의 각종 명령, 문서 배포, 국내 독립운동 정세 보고 등의 활동을 하다가 피체되어 1920년 9월 30일 경성지방법원에서 재판을 받기도 하였다. 또한 이병국은 조선총독 사이토 마코토[齋藤實]를 폭사(暴死)시키기 위해 남대문 정거장에서 마차에 오르는 사이토 마코토 일행에게 폭탄을 던진 백전노장 강우규(姜宇奎) 의사의 심복으로 바짓가랑이에 폭탄을 감추고 다녔다고도 한다. 한편 이병국은 대의를 위해 스스로 모든 것을 아낌없이 바치는 멸사봉공(滅私奉公) 정신이 투철하여 자신의 소유인 현재의 천안 큰 재빼기와 작은 재빼기 일대의 땅을 모두 팔아 독립운동 자금으로 선뜻 기증하기도 했으며, 가정보다는 나라의 장래를 늘 걱정하며 몇 달에 한 번씩 그것도 밤에 잠깐씩 집에 들르는 정도로 나보다는 우리, 우리보다는 나라의 장래를 더 걱정하는 헌신적 생활을 계속했다고 한다.

이러한 이병국의 대의적 삶은 1910년경부터 생애를 마감하는 1949년까지 40여 년 동안 변함이 없었으며, 특히 자신의 공을 내세우는 것을 꺼려 한 성품 탓으로 실상 세상에 알려진 공적은 그리 많지 않다. 30여 년을 거의 떠돌이 생활로 독립운동에 전념하던 이병국은 1945년 꿈에도 그리던 일제로부터의 해방이 현실로 다가오자 민족 자주적인 건국을 실현해야 한다는 일념으로 이승만을 중심으로 반탁(反託), 반공, 공동위원회 불참, 반합작 등의 노선을 따르는 반탁국민운동체(反託國民運動體)였던 대한독립촉성국민회(大韓獨立促成國民會)에 가담하여 활동하면서 향리인 천안에서는 천안국민회장(天安國民會長)으로 추대되어 광복 직후 각계의 욕구 분출로 혼란스러운 민심을 자주적 건국이라는 대의의 길로 이끌어 민심을 결집시키는 데 주도적 역할을 하였다. 따라서 1948년 5월 10일 미군정 당국이 남조선 과도 입법의원에 의해 기초 제정된 과도 정부 법률 제5호(「입법의원 선거법」)를 토대로 실시한 역사적인 제헌국회의원 선거에서 쟁쟁한 10명의 후보 중에서 총 유효 투표수 57,800표 가운데 19,590표를 얻어 압도적인 표차로 당선되었다. 그만큼 이병국에 대한 천안 사람들의 지지도가 높았던 것은 사심 없이 대의를 위해 헌신 봉공한 결과였다고 해도 과언은 아닐 것이다. 오로지 구국 일념과 민족 자주적 건국을 위해 일생을 바친 제헌국회의원이면서 독립운동가였던 이병국은 독립운동을 하면서도 지긋한 경륜답게 일제의 감시와 추적 등에 쉽게 노출되어 잡히는 우를 범하지 않고 지혜롭게 그들의 악착스러운 포위망을 피하면서 수시로 향리에 들러 주로 군자금 모집 활동에 힘썼다고 한다.

특히 이병국의 민첩하고 흔적을 남기지 않는 치밀성은 철원애국단 사건으로 피체되어 악독한 일경의 취조를 받으면서 수개월간 지속된 재판 과정에서도 군자금 모집 등으로 분명히 독립운동을 했음에도 불구하고 증거 불충분으로 면소

될 정도로 빈틈이 없었다. 한편 선칠(璿七)이라는 이명(異名)도 사용하면서 중국 상해에 있던 대한민국임시정부의 지시를 받아 주로 국내에서 활동했던 이병국은 해공 신익희, 우남 이승만 등과 절친했다고 한다. 건국 후 초대 대통령이 된 이승만이 가끔씩 천안에 내려와 이병국을 만나고 갔다는 일화가 전해 오는 것만 보아도 짐작이 가는 일이지만, 건국 초기에 이승만이 이끌고 있던 대한독립촉성국민회에 이병국이 적극 가담하여 활동한 것을 보면 미루어 알 수 있는 일이다.

젊음을 독립운동에 아낌없이 바친 제헌국회의원 이병국은 2년의 임기를 1년여 남겨 두고 1949년 3월 10일(음) 당시 천안군 환성면 쌍용리 297번지에서 68세의 일기로 국권 회복으로 점철되어 온 격동의 생애를 마감했다. 처음에는 일명 개목산(개미목산. 현 천안시 봉명동) 기슭에 잠들어 있다가 1990년 천안군 병천면 병천리 산16, 17번지로 옮겨 안장되어 있다. 정부에서는 그의 제헌국회의원으로서의 공적을 기려 1969년 국민훈장 무궁화장을 추서하였다. 그러나 그의 전 생애를 차지하고 있다고 할 수 있는 독립운동 활동 부분에 대해서는 아직 자료가 정리되지 않아 서훈이 안 되고 있는 것은 안타까운 일이 아닐 수 없다.

할아버지의 뜻을 기리는 안식처 이가헌(李家軒)

이후, 2000년대에 이르러 손자 이정구는 그동안 미루어 왔던 일을 시작한다. 할아버지 고향 천안에 고인의 영원한 마음의 안식처를 마련코자, 선조의 마음과 영혼이 머물 수 있는 공간으로 전통 가옥을 짓기로 결심하고, 3년여의 기간에 걸쳐 2015년 이가헌(李家軒)을 완성하였다. 본 고택은 원래 경북 영주시 단산면 병산리 소재에 있던 120여 년 된 고택이었으며, 이전 복원하는 데 한 채의 고택이 더 필요하였다. 전통 한옥의 소재 및 형식을 최대한 살려 복원하였으며, 내외부 공간은 일부 현대인의 생활에 필요하도록 재구성하였다. 선조들의 위대한 정신과 전통 한옥 건축의 아늑함이 후손들에게 전달될 수 있는 작은 매개체가 되었으면 하는 바람이다. 이 고택은 2015년 10월 29일 제9회 천안시 건축문화상 은상을 수상한 바 있다.

1 이병국 의원 출생지

2 2015년 완공 당시 이가헌

32

제헌국회의원

이상돈

설날의 추억

이영아 | 장손녀

어린 시절, 유난히 설날을 기다렸습니다. 할아버지 이상돈(李相敦, 1912~1997) 선생의 정릉 댁 마당에는 키 큰 호두나무와 잘 다듬어진 회양목이 가득했습니다. 뒤쪽 온실이 유난히 좋았습니다. 동백과 고무나무 등 화초들을 위해 켜 놓은 난로가 있었는데요. 난로 위에 구워 먹는 노릇노릇한 군고구마는 정말 꿀맛이었습니다. 지금도 여전히 군고구마는 저희 가족 인기 간식입니다.

물론 세뱃돈도 빼놓을 수 없는 즐거움이었습니다. 그런데 손주들에 이어 아버지 형제들이 세배를 하고 나면, 할아버지는 해마다 비슷한 말씀을 하셨습니다. 아들들에게 늘 진지하게 3가지를 잊지 말라고 가르치셨습니다.

첫째, 탐욕을 멀리해야 한다.

둘째, 가정을 잘 지켜야 한다.

셋째, 여자를 멀리해야 한다.

할아버지는 저녁 술자리에서, 당시로서는 '튀는' 행동을 하셨다고 합니다. 그때는 여성 도우미들이 옆에서 시중을 드는 한정식집이 일반적이었다는데 흔히 '요정'이라 불리던 곳에서 할아버지만 도우미를 곁에 앉히지 않는 것으로 유명하셨답니다.

저희 가족들 사이에서는, 1961년 당시 박정희 정권이 한 상임위 국회의원들의 비리 의혹을 수사한 사건이 자주 거론됩니다. 국정감사에 수출 관련 불법행위가 드러난 D기업이 해당 상임위 국회의원들에게 거액의 현금을 건넸던 사건입니다. 당시 가치로 고급주택을 열 채 넘게 살 수 있는 큰 돈이었는데, 할아버지는 거의 유일하게 그 돈을 돌려보내셨다고 합니다. 5.16 이후 진행된 관련 수사에서 이상돈 의원의 청빈 실천이 확인되며 적잖은 파문이 일었다고 합니다. 가정 경제는 넉넉하지 못했지만, 흔들림 없이 당신의 신념을 실천하신 것입니다.

일제강점기인 1929년 이상돈 할아버지는 공주공립보통학교 3학년이었습니다. 그해 식민지 교육을 반대하는 광주학생운동의 진상 규명을 촉구하는 연대투쟁의 선두에 나섰다가 퇴학 처분을 당하셨습니다. 천신만고 끝에 휘문보통고등학교에 전학했지만, 교지에 실은 글이 문제가 되었습니다. 조선총독부는 할아버지를 요시찰 학생으로 분류하며, 교지 발행을 금지했습니다.

할아버지는 1933년 일본 와세다대학에 입학했습니다. 그는 와세다대학 동창회장을 맡아 동창회지를 발간했는데, 일본 경찰에 끌려가 고초를 당했습니다. 관념적 공산주의를 반박하고, 자주 자립의 민족주의로 조선 독립론을 강조한 글이었습니다. 일본 제국주의는 이 글을 그냥 내버려두지 않았습니다. 우여곡절 끝에 와세다대학 경제학부를 졸업했습니다. 하지만 일본 경찰에 의해 지명수배를 당하셨습니다. 밀항으로 조국에 돌아오신 할아버지는 『동아일보』에 입사해, 기자로서 언론인의 길을 선택하셨습니다. 하지만 조선총독부는 3년 뒤 『동아일보』를 폐간했습니다. 『동아일보』는 3.1운동 다음 해인 1920년 국민 모금으로 창간되어 20여 년 동안 민족 언론의 역할을 했습니다.

이상돈 할아버지는 6.25전쟁 발발 후, 이승만 대통령과 측근들의 무정견과 무책임을 비판하며 반정부 반독재 투쟁의 대열에 합류하셨습니다. 이후 10년 가까이 야인으로서 인고의 시간을 보낸 뒤, 4.19혁명 직후인 1960년 고향인 천안에서 민주당 의원으로 당선되셨습니다. 다음 해 5.16군사정변으로 국회가 해산되면서 다시 야인이 되셨습니다. 그러나 비상계엄하에서도 굴하지 않고 박정희 정권을 상대로 행정 소송을 제기했습니다. 군사 정권이 국회의원에게 지급했던 세비 중 특별 수당을 회수한다는 강압적 조치를 시행했기 때문입니다. 국회의원 대부분이 9개월의 특별 수당을 관할 세무서에 반납했지만, 이상돈 등 10명의 국회의원만 법적 투쟁을 선택한 것입니다. 그리고 법원은 할아버지의 손을 들어 주었고, 마침내 대법원에서도 승소했습니다. 당시 언론은 군사 정권의 폭압에 균열을 냈다는 평가를 했습니다. 이상돈 할아버지는 1992년 대통령 선거에서 김대중 후보 공동선대위원장을 맡는 등 간간이 정치인으로 활약하셨습니다. 하지만 더 많은 시간을, 글을 기고하면서 언론인의 길을 이어 가신 듯 보입니다.

건강하셨던 할아버지는 86세인 1997년 여름, 하늘로 떠나셨습니다.

슬픔에 빠져 있던 필자는 장례식 둘째 날, 화들짝 놀랄 수밖에 없었습니다. 새정치국민회의 김대중 총재가 직접 문상을 오셨기 때문입니다. DJ라 불리던 김대중 총재는 다섯 달 뒤 대한민국 15대 대통령이 되셨고, 3년 뒤에는 한국인 최초로 노벨평화상을 수상하셨습니다. 김 총재는 우리 가족에게 "젊어서는 독립운동을, 이후에는 반독재 민주 운동의 길을 한결같이 걸어온 분"이라는 취지의 말씀을 하셨습니다. 그때 문득 할아버지가 DJ에 대해 "젊어서도 올곧아서 친그가 많지는 않았어."라고 말씀하신 기억이 떠올랐습니다.

할아버지의 가르침은 자손들에게도 이어졌습니다. 필자의 아버지는 평생 해운회사에서 한국 제품을 수출하는 일을 하셨는데요. 간부로 근무하던 시절, 현금 가득한 보스턴백을 들고 찾아온 수출업자를 냉정하게 돌려보내셨습니다. 저와 동생들은 그런 장면을 지켜보며 자랐습니다. 해운회사에도 소문은 퍼졌습니다. 그 회사 창업주의 후손은 지금도 명절이면 제 아버지께 감사의 인사를 잊지 않으십니다.

마지막으로, '시대의 얼굴들 - 제헌국회의원을 추억하다'라는 소중한 기획을 만들어 주신 제헌국회의원유족회에 이 자리를 빌려 진심으로 감사드립니다. 부족하고 짧은 글이지만, 무럭무럭 자라고 있는 '제헌국회의원 이상돈'의 증손주들에게 의미 있는 가르침이 될 듯합니다. 허리 굽혀 감사 인사드립니다.

1 와세다대학 시절(1938년)

2 백두산 장백폭포 앞에서

3 가족과 함께(고희 기념)

4 고희 기념 출판 기념회(플라자호텔)

33

제헌국회의원

이성우

나의 아버지를 추억하다

이연행 | 둘째 아들[1]

나의 선친인 동포(東圃) 이성우(李成佑, 1897~1965) 선생은 동학농민혁명 3년 후인 1897년 1월 15일 전라남도 함평읍 함평리 331번지에서 의기 효자 충범과 함평 모씨 의순의 사이에서 태어났다. 어머님이 저희에게 전하는 말씀에 따르면 할머님의 태몽에 빨간 태양을 품고 정월 대보름에 태어나서 앞으로 이 아이는 세상에 빛이 될 큰 인물이라고 하였다고 한다.

선친의 조부되는 이태형(李泰亨) 장군은 1888년 무과에 급제하여 1890년 고군산 수군첨절제사의 관직에 계실 때 당시 도처에서 동학농민혁명이 일어나자 정부에서 이를 진압하기 위하여 일본군을 앞세워 동학농민군을 진압하자 일본 세력이 이 땅에서 더 이상 커져서는 안 된다고 판단하시고 동학농민 제2차 봉기 시에 함평의 동학농민군을 직접 이끌고 1894년 9월 18일 삼례 전투에 참여하였다. 그러나 고창현감 이경인의 밀고로 관군에 체포되어 처형되었다. 이태형 장군의 아들이 밀고자를 찾아 칼로 그의 배를 갈라 창자를 꺼내 목에 걸고 거리를 활보했던 사건이 바로 고창 살해 사건이다. 당시 세인들이 이두회를 의기

1 이성우 제헌국회의원의 3남 4녀 중 둘째 아들로 제4대 함평도의원 예산결산위원장, 평화 통일 중앙 상무위원 자문의원(1994)을 역임하였으며, 통일 연구 문제에 기여한 공로로 대통령 표창 제2165호를 수여하였다. 현재 함평읍교회 원로장로이다.

효자라 하였고 『갑오 동학 혁명사』(신아출판사, 1994)에 기록되어 있다.

선친께서는 7남매를 두셨는데 나는 3남 4녀 중 2남으로 태어나서 위로 4명의 누나와 1명의 형이 있고 1명의 동생이 있었다. 유독 아버지의 사랑을 독차지한 나는 당시 그 어려운 일제강점기 시절 유치원을 다녔고 식사 때마다 아버지와 겸상을 하였기에 아버지와 더욱 각별했고 훌륭한 사상가들의 말씀을 많이 들을 기회가 있었다. 아버지는 종종 임시정부 지도자 '조소앙' 선생의 '삼균주의' 사상을 말씀하셨고, 당시 소유 전답을 소작 농민들에게 전부 분배하며 그의 사상을 몸소 실천하셨다.

선친이 제헌국회의원 선거에 출마하신 1948년 5월 10일 당시 나는 초등학교 3학년이었지만 기억이 생생하다. 당시 기호 1번 서상국 후보와 개신교의 지원을 받고 있는 기호 2번 노경숙 후보는 둘 다 재력도 막강한 후보였지만 기호 3번 이성우 후보는 재력도 없는 무소속 후보였다. 그런데 어디서 모여들기 시작했는지 노동자와 농민들이 쌀자루와 무, 배추 등을 가지고 우리 집 앞마당에 모여들어 마당에 차일을 치고 사람들을 대접하기 시작했다. 그들은 모두 자원봉사자들로 아버지가 무상으로 토지를 분배해 준 소작인들과 동학혁명 후손 이성우가 국회의원에 출마했다는 소문을 듣고 먼 길을 걸어서 찾아온 사람들이었다. 함평 손불면에서 온 '백영용', 함평 나산면의 '이천구', 함평 월야면의 '이종범', 함평 엄다면의 '이용범', 함평 대동면의 '이갑수, 이대수, 이행수' 형제들과 '이기홍'. 그들은 30리 길도 멀다 않고 아침이면 출근했는데 당시 어린 나의 눈에도 감탄과 고마움을 잊을 수 없었다. 사랑채에서 함평 이씨 어른들이 모여 아침부터 벼루에 먹을 갈아 신문지에 기호 3번 이성우 국회의원 후보 무소속이라고 써 놓았고, 봉사자들은 깡통에 풀을 쑤어서 신문지에 쓴 벽보를 한 뭉치씩 들고 각자의 고향 면 단위로 걸어가 붙이고 다음 날이면 다시 찾아와 벽보를 가져가기를 반복했다. 이 모든 일이 자원봉사로 이루어졌으니 지금 생각해도 한 편의 드라마처럼 감격스럽고 눈에 선하다. 당시 함평의 인구는 약 10만 명이고 함평 이씨는 그중 3천 호가 살았다고 전해 들었는데, 이씨는 이씨대로 뭉쳐서 각 지역에서 스스로 선거 운동을 하였고 동학농민군들의 후손들은 누가 시킬새라 각지에서 스스로 선거 운동을 하니 어떤 권력으로도 이성우의 압도적 국회의원 당선을 막을 수 없었다.

제헌국회의원 당선 후 선친은 삼균주의 사상을 실천하시고 농림분과위원회에 소속하셔서 광산 박종남 의원과 이훈구 의원, 당시 농림부장관 조봉암과 뜻을 같이하여 농지 개혁 법안을 발의하였고 외국군 철퇴 요청에 관한 긴급 동의안 제출, 양곡 매입 법안 등을 발의하였으며 주변에서는 한민당에 입당을 권유하였으나 끝까지 거절하셨다. 당시 한민당에 입당하였으면 주변에 적산 재산이 발에 걸릴 정도였으나 끝까지 유혹을 거절하시고 깨끗하게 의정 활동을 하셨다.

1950년 6.25전쟁이 일어나자 선친께서는 피란을 가지 않고 한재골 집에서 버티셨다. 그러자 출가한 누나들의 가족이 모여들기 시작했다. 큰누나 범림의 가족이 제일 먼저 찾아왔는데 큰매형과 어머니, 누이, 조카들까지 대가족이었다. 그 뒤로 둘째 누나, 셋째 누나의 가족이 모여 도합 30명이 넘었다.

대가족이 한재골 집에 모였으니 제일 큰 문제가 화장실, 잠자리, 식량 문제였다. 어린 조카들은 앞마당 전체가 화장실이요, 이를 치우는 담당은 본인이었다. 당시 큰매형 김용근은 현직 목포법원 판사의 신분이었기에 생명의 위협을 느껴 사랑채 천장에다 널반지를 깔고 잤고 지하실에 땅굴을 파서 이리저리 옮겨 다녔다. 그런데 지방 빨갱이들이 우리 집을 한 번도 수색하지 않은 것은 당시 인민위원회 고위 간부들이 모두 아버지에게 무상으로 토지를 받아 은혜를 입었던 적이 있었던 사람들이었기 때문이다. 그들은 아버지를 보호하고 있다가 나중에 국군이 진주할 무렵 전세가 나빠지면서 "자기들의 입장이 곤란하니 내부 서에 들어오셔서 고생 좀 하셔야겠네요." 하면서 아버지를 연행해 갔는데 한 일주일이 지나자 빨리 나가서 피신하라고 내보내 주며 내부 서에 불을 지르고 후퇴했다고 한다.

나는 우리 가족이 6.25전쟁을 무사히 넘길 수 있었던 것을 3대 할아버지의 농민을 위한 동학농민운동과 아버지께서 행하신 노동자와 농민을 위한 아낌없는 봉사와 헌신이 있었기 때문이었다고 자부한다.

내가 지켜본 아버지는 우리의 생각을 한 차원 넘어선 선각자셨다. 1959년 말 당시 아버지께서는 상상도 못 했던 이야기를 하셨다. 하루는 나와 형님인 일행 씨에게 자본주의 시대에는 경제 자립을 하지 못하면 정치고 뭐고 아무것도 하지 못하고 가장 비참한 삶을 살 수밖에 없다고 우리의 삶을 걱정하시면서 지금 해야 할 사업은 연료를 개혁해야 한다고 하셨다.

아버지는 앞으로 우리 농촌은 연료를 개혁하지 않으면 모든 산은 벌거숭이가 될 것이라고 했다. 당시 모든 산은 벌거벗고 아궁이에 연료는 나무를 쓰지 않으면 다른 에너지가 없었다. 이때 연탄 공장을 설립하여 각 가정에 아궁이를 개량하고 연탄으로 대체하지 않으면 다른 길이 없다고 하시면서 설명하셨는데 나는 할 말을 잃고 멍하니 생각하다 아버지께 여쭈었다.

"말씀은 틀림없는데 무엇을 가지고 어떻게 한단 말씀입니까?"

그때는 하루하루 생계도 어려운 시기였다. 함평에는 막걸리 주조장과 도정 공장밖에 없었는데 아버지는 꿈같은 이야기를 제안하시는 거였다. 그때 아버님은 우리에게 여건이 만들어지면 너희가 감당할 수 있겠느냐고 되물으셨고, 아버지께서 그런 좋은 사업을 만들어 주시면 우리 형제가 힘을 합하여 무엇이든 못 하겠느냐고 답했다. 그 후 아버지는 광주에서 7~8일 후에 공장 세울 자금을 빌려 오셨고 우리 형제는 힘을 합하여 열심히 연탄 공장을 세웠다.

경찰서 밑에 당시 평일정미소, 옛날 흥산회사 자리에 객사 건물이 있는 정미소를 매입할 것을 계획하고 당시 아래 기와집 모 씨 소유인 것을 인수하였다. 아버지는 우리 형제에게 정미소 옆에 비어 있는 건물에 연탄 공장을 세워서 연탄을 제조하고 정미소는 현상을 유지하면 되니까 그대로 운영해 보라고 했다. 졸지에 기업 2개가 생겨났고 광주화천기공사에 의뢰해서 연탄 제조기를 제작해서 공장이 설립되어 연탄이 만들어졌으나, 각 가정의 아궁이는 연료 아궁이라 연탄이 팔리지 않아 그때부터 각 가정에 아궁이 개량 사업까지 시작하는 어려움을 겪었지만 점점 연탄 수요가 늘어나게 되어 한시름을 놓는 것도 잠시 아버지는 또 다른 생각을 말씀하셨다.

1960년대 아버지께서는 저 벌거벗은 야산을 개간하여 목초를 심어 소를 키우는 것이 앞으로 농촌에서 살아가는 좋은 사업이라고 하시면서 목장을 만드는 계획을 세우시고 뒷산 지금 선산이 있는 곳을 개간하고 목초를 심으라고 말씀하셨다. 앞이 캄캄했지만 산을 개간하고 산성화된 땅에 석회를 뿌려 결국 옥토가 만들어졌다. 그 후로도 아버지는 함평중고등학교 후원회장을 하시며 인재 양성과 후배 정치인을 키워 주는 데 사심 없이 노력하셨다.

나는 아직도 어려움 속에서도 먼 앞날을 내다보고 끊임없이 새로움을 시도하셨던 아버지가 그립다. "해방이다. 얘들아, 얼른 일어나라." 사랑채에 기거하시던 아버지가 안채로 들어오시며 우리를 깨웠던 기쁜 음성이 생생하게 들린다. 때는 1945년 8.15광복이었다.

1 아버지 회갑 기념 부모님의 컬러 사진

2 아버지의 회갑 기념 가족사진

3 어머니와 3남 4녀가 함께한 가족사진

34

제헌국회의원

이승만

우남 이승만,
아내 프란체스카를 위해 목조 양변기를 만들다

이병구 | 손자[1]

필자는 할아버지 우남(雩南) 이승만(李承晩, 1875~1965) 선생이 작고한 후에 태어났기 때문에 할아버지에 대한 추억이 전혀 없다. 그러나 그의 평생 동반자였던 프란체스카 할머니와 함께 22년간 생활했었기에 프란체스카 할머니께서 회상하시는 남편 이승만을 통해 그의 인간적인 면모를 짐작할 뿐이다.

어린 시절 프란체스카 할머니께서 가끔 벽장을 들여다보며 미소 지으시는 것을 본 적이 있다. 그 안에 무엇이 들어 있을까? 궁금해서 보여 달라고 부탁드렸더니 망설이시며 결국 보여 주셨는데 그것은 놀랍게도 목조로 만든 양변기였다. 속된 말로 똥뚜간이었다. 저것이 왜 할머니 침실의 벽장 속에 있을까? 당시에는 별생각 없어 자세히 보지 않았고 궁금증이 풀려 전부 잊어버리고 있었다. 그런데 나중에 아버지께서 그 변기는 이승만 대통령께서 직접 만들어 아내 프란체스카에게 선물한 것이라고 하셨다.

자세히 보니 아주 정교하게 잘 만들어진 목조 양변기이다. 재래식 화장실(일명 푸세식 화장실) 위에 놓고 일을 본 후에 바가지로 물을 떠서 뿌리면 준수세

1 (사)이승만건국대통령기념사업회 이사

식 양변기가 되는 구조이다. 동양의 쪼그려 앉는 화장실과 서양의 수세식 양변기의 중간에 위치하는 목조 양변기이다.

기록에 따르면 우리나라 최초의 수세식 양변기는 덕수궁 석조전에 영국인에 의해 최초로 설치되었다고 한다. 세계 최초의 수세식 변기는 1596년 영국에서 발명되었다고 하는데, 덕수궁 석조전은 영국인이 설계했기에 여기에 영국식 양변기가 설치된 것이라고 한다. 일제강점기 때는 관공서, 백화점, 호텔 등에 서양식 양변기가 설치되었고, 1960년대 말부터 국산 양변기가 생산되기 시작하여 대중적으로 보급된 시기는 1980년대 초반이었다고 한다.

다시 말해 1980년대 이전의 화장실은 보통 재래식 화장실과 일본식 쪼그려 앉는 수세식이 주류였다. 문제는 서양 여자들에게는 이 재래식 화장실이 큰 고통이라는 것이다. 쪼그려 앉는 자세가 난생처음인 경우가 대부분이고, 구멍에 빠지거나, 조준에 실패하여 분뇨가 구멍에 들어가지 않은 경우 뒤처리가 고달프고, 설사의 경우 사방으로 튀어 난감한 일이 생겨 옷을 버리기도 한다는 것이다.

프란체스카 할머니가 한국으로 들어온 것은 1945년 광복 후이고 돈암장, 마포장을 거쳐 이화장까지 거처를 옮겼는데 전부 재래식 화장실이었다. 필자의 어린 시절인 1970년대에도 이화장에 분뇨를 푸는 재래식 화장실 두 곳이 남아 있었다. 수세식 양변기는 1960년대 말에 설치된 것이 있었다. 서양식 수세식 좌식 양변기만을 경험했던 프란체스카 할머니에게는 분뇨를 푸는 재래식 화장실은 공포 그 자체였을 것이다.

이때 남편 이승만이 나서서 그의 유명한 목공 실력을 보인 것이다. 그의 목공 실력은 유명했다. 하와이 한인기독학원, 하와이 한인기독교회, 경무대, 이화장

수리를 직접 하고 의자, 옷장, 책장을 만들었다. 그는 어디서 이런 목공 실력을 습득한 것일까? 주위의 증언과 이화장에 남아 있는 그가 만든 의자를 보면 어깨너머로 배운 것이 아니고 전문적으로 목공을 배운 것으로 추측된다.

추측하건대 목공 실력에 대한 답은 그의 50년 지기 친구인 보스윅(W. Borthwick 1872~1973)에게서 찾아야 할 것이다. 보스윅은 하와이에서 장의사 일을 했고, 장의사는 관을 짜는 목수 일이 필요한 것이다. 이승만은 낮에는 학교에서 학생들을 가르치고 밤이면 보스윅의 작업장에서 목공 일을 하며 생활비와 학교 운영비를 번 것으로 추측된다.

이 보스윅이란 분은 이승만 대통령이 하와이에서 영면에 들 때 장례식에서 조사를 하셨던 분이고, 이승만이 상해임시정부의 대통령으로 취임하기 위해 상해로 밀항할 때 관 속에 시체와 함께 이승만을 넣어 화물선인 웨스트히카호(The West Hika)에 실어 준 분이다.

밀항 당시 이승만이 쓴 글과 시가 남아 있어 잠시 소개하면

民國二年十一月十六日(민국이년십일월십육일)
與林炳稷潛入運物船(여임병직잠입운물선),
在鐵櫃經夜待船發(재철궤경야대선발),
明曉出見船人(명효출견선인), 佯作淸人樣(양작청인양). 自湖港至上海(자호항지상해).

민국 2년(1920) 11월 16일에 임병직과 함께 화물선에 몰래 들어가 철궤 속에서 밤을 새고 출항할 때까지 기다렸다가 다음 날 새벽에 나갔는데 선원과 만나자 청나라 사람인 척하였다. 호놀룰루에서 상해까지.

遠客暗登船去太平洋(원객암등선거태평양) 멀리 가는 나그네 몰래 배에 올라 태평양으로 떠나다.

民國二年至月天(민국이년지월천)
布哇遠客暗登船(포왜원객암등선)
板門重鎖洪爐煖(판문중쇄홍로난)
鐵壁四圍漆室玄(철벽사위칠실현)
山川渺漠明朝後(산천묘막명조후)
歲月支離此夜前(세월지리차야전)
太平洋上飄然去(태평양상표연거)
誰識此中有九泉(수식차중유구천)
[時有華人尸體入棺在側(시유화인시체입관재측)]

민국 2년의 동짓달
하와이 먼 나그네 몰래 배에 오르다
굳게 잠긴 겹문 속에 난로는 따뜻했고
검은 철벽에 둘러싸인 방은 어둡다
내일 아침이 지나면 산천도 아득해지겠지만
이 밤이 가기 전 세월은 얼마나 지루할까
태평양 바다 위를 표연히 가는 배에
황천이 있음을 누가 알까
(이때 입관된 중국인의 시체가 우리 옆에 있었다.)

다시 프란체스카의 이야기로 돌아오면 이승만과 프란체스카는 1933년 제네바의 한 식당에서 우연히 합석하게 된 것이 인연이 되어 1934년에 결혼하게 되는데 결혼 생활은 행복했던 것으로 보인다. 이승만과 함께 있는 사진들에서 항상 웃는 모습이다.

이승만이 프란체스카를 배우자로 맞이한 것은 정말 큰 행운이었다. 프란체스카는 프랑스어, 독일어, 영어를 자유자재로 구사하고 타자와 속기사 자격도 있었다. 독립운동 당시에는 전설이 된 책인 『Japan Inside Out: The Challenge of Today』(1941)[2]의 타자를 맡아 손이 부르틀 때까지 타자를 쳐서 태평양 전쟁 발발 전에 완성되도록 했고, 건국 과정에서는 UN에 보내는 문서를 담당하여 건국을 완성시켰으며, 6.25전쟁 중에 수많은 비밀 외교 문서를 작성하고 국제 여론을 이끌어 자유 민주주의를 지켰으며, 6.25전쟁 후에 유럽의 은행가들로부터 대한민국이 경제 원조를 받도록 설득하여 경제 발전의 기초를 만드는 데 크게 공헌했기 때문에 프란체스카가 없었다면 이승만의 업적은 존재하지 않았을 수도 있다.

프란체스카가 화장실 가는 것을 무서워하지 않도록 이승만은 변기를 만들었다. 구멍에 빠지지 않고, 조준에 실패하지 않으며, 설사가 나도 튀지 않는 변기. 프란체스카는 아주 기뻤을 것이다.

1960년 4.19혁명 이후 한국을 떠나 다시 한국에 돌아온 1970년 이화장에서 다시 만난 목재 양변기. 10년 만에 만난 변기가 참으로 반가웠을 것이다. 이미 이화장은 수세식 양변기로 교체되어 있었지만 옛 생각이 새록새록 나는, 이승

---

2 한국어로 나온 책 제목은 『일본내막기(日本內幕記)』.

만을 생각나게 하는 목재 양변기가 소중했을 것이다.

프란체스카 할머니에 따르면 이승만 제헌국회의원은 유머가 넘치는 분이었다고 한다. 사람을 웃기는 재주가 있었다고 한다.

생각해 보면 두 분이 이승만이 만든 변기를 들고 재래식 화장실로 가서 설치하고 시험 작동 해 보고 참 즐거운 한때였을 것이다.

“빨리 싸라!”

“저리 가라!”

“어떠냐? 좋냐?”

“좋다!”

“이제 화장실 무서워하지 않아도 된다.”

“개선할 점은 없냐?”

1 우남이 프란체스카 여사를 위해 직접 제작한 변기

2 우남과 프란체스카 여사

3 신혼 사진

4 50년 지기 윌리엄 보스윅과 함께(1941년 하와이)

35

제헌국회의원

이인

어느 한 해의 회고[1]

이정 | 아들[2]

선친 애산(愛山) 이인(李仁, 1896~1979) 선생의 성품을 알려 주는 삽화를 소개하기 전에, 선친이 생전에 손수 작성한 기록과 1974년 명지대학교 출판부에서 출간된 자서전『반세기의 증언』에서 가계와 경력에 관계된 글을 발췌 인용하겠다.

> 경주 이씨의 시조 표암공(瓢岩公)의 후손인 신라 소판공(蘇判公)의 17세손이 되는 익재(益齊)공파의 중흥조 문충공 이제현(李齊賢)이 직계 조상이다. 익재공의 4대손이 되는, 세종 때 검교한성윤을 지낸 죽은(竹隱) 이지대(李之帶)는 세조 때에 가족을 데리고 경주에 낙향하여 세거하였다. 조부 대인 1836년에 대구 달성군 효목동으로 이거하였다가 내가 태어나기 바로 일 년 전인 1895년에 대구로 나와 살게 되었다.[3]
>
> 내(애산 이인)가 태어난 1896년은 서재필 박사가『독립신문』을 처음 발간하던 해요. 갑신정변이 있은 지 불과 12년이 지난 무렵이라 닫히고 막혔던 우리나라에 신문화가 들이닥치는 격동기였다. 당시의 혁명 선각들의 노고가 적지 않았건만 워낙에 5백 년

1 이 글은 2016년 조선어학회선열유족회가 엮고 한글학회가 펴낸『조선어학회 선열 추모 문집』에 수록한 필자의 원고를 재수록하였음을 밝힌다.

2 6남 2녀 중 넷째 아들이며, 연세대학교 영문과 및 프랑스 파리 제7대학 언어학 박사학위를 취득한 후, 연세대학교 불어불문학과 교수로 재직하였으며 연세대 명예교수이다. 한글학회 이사를 1981년 제11회부터 2025년까지 맡았다.

3 1950년의 선친 기록물에서 발췌.

동안 굳어 있던 누습과 완고로 말미암아 국운은 날로 기울기만 하던 때였다.

내가 난 곳은 대구였다. 경주가 본관인 우리 집안은 대대로 경주에 살았으나 내가 태어나기 60년 전 조부 대에 달성으로 이사를 했고 다시 서울로 이주한 것이 기미독립운동 다음 해인 1920년이었다.

호를 만당(晩堂)이라 했던 조부 이관준(李寬俊)은 영남에서 성리학자로 문과 서예에 이름이 있었다. 학포(學圃)라 호했던 부친 이종영(李宗榮)도 시문과 서예로 일가를 이루었다. 부친께서는 후에 한성 정계에서 독립운동 단체로 이름난 자강회와 대한협회의 중심인물로 활약하셨고 한때는 보성소학과 보성사 보성관의 교주대리로 이들 기관의 경영을 맡아 하셨다. 보성전문을 맡기는 이 학교를 경영하던 이용익(李容翊)의 손자 이종호(李鍾浩)가 한일합방 직전 중국으로 망명함에 따른 것인데 이 일로 여러 차례 고초를 겪으셨다.

누구나가 잘 아는 대로 보성전문은 민족의식의 요람 중 하나요 보성사는 기미독립선언서를 찍어 낸 인쇄소이고 보성관은 이들을 모두 거느리는 경영 주체 격인데 이곳이 바로 우리나라 독립사상의 한 진원지였다. 이 때문에 이들 단체는 일본 경무총감부와 헌병대의 수색을 자주 받았고 보성관 지하실에서 그때의 신무기라 할 장총 45정이 적발되는 사건이 있고부터는 탄압이 가일층했었다. 이래서 부친께서는 1년에 한두 차례는 구금 생활을 하시기 일쑤였다.

이때 숙부 시영(始榮)은 대구에 살았는데 이분 역시 독립운동을 하다가 잡혀가기가 다반사여서 우리 집안은 반일과 독립사상이 가득했던 것이다. 숙부의 아호는 우제(又齊)인데 부통령을 지낸 족친의 성제(省齊)와 함자가 같아 독립운동가들은 서울의 성제를 북시영, 대구의 우제를 남시영이라 해서 구별하는 터였다.

또 부친께서는 이준(李寯) 열사와는 평소부터 가까워 결의형제한 사이였으나 고종 밀지를 받고 해아만국평화회의로 떠나는 이준 열사는 집안 뒷일을 부친에게 당부했었다. 부친께서는 이 열사가 국외로 탈출할 때의 뒷바라지를 하고, 우리 집안 살림 못지않게 열사 가족의 살림을 염려했다. 이런 일들은 지금 고려대학교 도서관에 보존돼 있

> 는 사료로 알 수가 있다.
>
> 부친께서는 보성학원이 경영난에 빠지자 경제적 뒷받침을 얻기 위해 우리의 특산물을 해외로 내보내는 무역업에도 손을 댔다. 이때 설립한 것이 한미흥업주식회사인데 이 회사가 실패함으로써 15년간 경영에 심혈을 기울였던 보성학원은 천도교에 인계하기에 이르렀고 가산도 모두 탕진되고 말았던 것이다.
>
> 이 지경이 되자 대구의 집마저도 왜채의 잡힌 바 되고 다달이 이자를 물지 않는다고 해서 가재도구를 모조리 강제 집행당하고 말았다. 그때만 해도 지금과 같은 이치에 닿은 절차가 있는 게 아니요 불한당 같은 장정을 시켜 솥이고 재봉틀이고를 닥치는 대로 들어가 버리는 일제의 사집행이라 그 비참함이 이를 데가 없었다.
>
> 나는 어린 마음에도 집 안을 뒤져 부친과 수부를 잡아가는 것이 일인이요 집안 살림마저 뺏어 가는 것이 일인이라 생각하니 그 분함을 참을 길 없었고 일인이 밉기 그지없었으니 작은 힘이나마 민족 운동에 바치리란 생각이 이때부터 싹텄던 것이다.[4]

선친 애산 이인 선생은 다섯 살 때에 대구의 동제서당(東齊書堂)에서 한학을 시작, 신교육 풍조에 따라 서당이 폐지되어, 달동심상소학교(達東尋常小學校)를 거쳐, 17살에 일본의 정측중학(正則中學)에 입학, 야간 니혼대학[日本大學]과 주간 메이지대학[明治大學]의 법학과에 입학, 1917년에 오늘날의 대학원에 해당하는 니혼대학[日本大學]의 고등전공과에 입학, 과정을 수료하고 1919년 9월에 귀국하였다. 1922년에 일본 변호사 시험에 합격, 1923년에 오동진을 비롯한 의열단 관계자들을 변호한 이래, 1945년 광복이 되기까지 좌우익을 가리지 않고 수많은 독립투사를 무료 변호하여 민족 인권 변호사로 이름이 높았다. 1942년에는 선친 자신이 '조선어학회 사건'에 연루, 검거되어 1945년 1월 13일 징역 2

---

4 이인, 『반세기의 증언』(명지대학교 출판부, 1974).

년 집행 유예 선고를 받았으나 이미 3년의 옥살이와 모진 고문을 당한 뒤의 일이었다.

광복 후 1946년에 검찰총장, 정부 수립 후 1948년에 초대 법무부장관, 1949년에 제헌국회의원(종로 을구 보궐), 1954년에 제3대 국회의원(영등포 을구), 1960년에 참의원 의원을 역임하였다. 1976년에는 한글회관의 건립을 위하여 3천만 원의 기금을 기부하였고, 1979년에는 선친이 사시던 터를 한글학회에 유언으로 기증하였다.

선친 애산 이인 선생의 공식적 이력은 명지대학이 출간한 『반세기의 증언』과 전기인 『애산 이인』에 소상히 기록돼 있으나, 가정 안에서의 선친의 개인적 모습은 그려져 있지 않다. 별세하신 지 36년의 세월이 흘러갔고, 이 글을 쓰는 사람도 나이가 꽉 차서 몇몇 일화를 통하여 선친의 모습을 보여 드리려고 하지만 오랜 세월이 흘러 기억이 손실되어 뜻대로 될런지 두려움이 앞선다.

시골에서 올라온 친척, 부친의 친구분, 여타 손님들로 집의 마당도 제법 넓었으나 언제나 웅성대고 혼잡하였다. 정초가 되면 여느 집안과 마찬가지로 새벽에 제사를 지내고, 부모를 비롯한 어른들에게 세배를 드렸다. 연초의 풍경은 다른 집과 다르지 않으나, 과세를 음력이 아닌 양력으로 치렀다는 사실이다. 지금도 생일을 비롯한 기일의 제사도 형제들이 양력을 따르고 있다. 조부와 부친의 세대에서 집안의 모든 행사에서 음력을 배척한다는 일은 사회 관습에 어긋나는 행위였으리라고 본다. 어릴 적에는 미처 그 이유를 생각하지 못하였고, 선친 자신이 이 문제에 관한 언급이 없었으나 조부 대에 집안이 개화파에 속한 것 같다는 생각을 해 본다.

조부와 선친은 19세기에 태어난 분들이라 나라의 무능으로 국운이 쇠약하여 나라가 남의 나라에 넘어가는 것을 체험한 세대에 속한다. 나라를 구하고자 하면 구식 교육으로는 불가능하다고 믿었던 분들이다. 비록 양력에 따라 집안의 대소사를 치렀지만, 유교의 영향은 생활 구석구석에 남아 있었다. 선친은 십대 중반까지는 서당에서 유교적 교육을 받았으나, 나라가 망한 원인은 소견이 좁고 완고한 유교에 있을 것이라는 확신을 갖고 있지 않았을까라고 추측해 본다. 선친의 종교는 유교도 기독교도 아닌 불교였다. 조물주를 상정하여 모든 것의 근원을 삼기보다는, 모든 것은 사람에게 원인을 귀착시키는 종교가 마음에 들지 않았을까?

선친에 관한 여러 분들의 글이 있으나 교육에 관계된 글은 거의 없다.

> 우리의 주권을 빼앗긴 것은 우리의 실력이 없는 탓이니, 국권 회복을 위하여는 인재 배양이 시급하다.

선친은 후진들을 키우는 것이 급선무라 생각하여 교육 사업에도 힘을 썼다. 김천고보, 덕송고보, 오늘날 중앙대학의 전신인 중앙보육, 국학대학 등의 교육기관의 창설을 주관하거나 직접 운영하였다. 간략하게 언급하였으나 선친은 10대 후반까지 구식 서당 교육을 받았다. 나라 쇠망의 원인이라고 배척한 유교이지만, 아직 새 윤리가 제시되기 이전의 상황이기에 일상생활은 유교의 영향하에 있었다. 자식의 진로 문제는 본인에게 맡기는 자유 방임의 관대한 모습을 보이셨으나 다른 문제에서는 대단히 엄하셨다.

자식이 과오를 저질렀을 때에 일반 가정에서 흔히 볼 수 있는 질책 또는 채찍 대신에 시말서를 이용하셨다. 과오를 저지른 자식에게 과오의 전말을 작성하게 하고 선친의 면전에서 이를 낭독하게 한 다음에, 서명과 함께 날인하게 하였다. 철없는 시절에 시말서를 작성하지 않은 형제가 있었다는 기억이 나지 않는다. 작성한 순간에는 괴로웠으나 지금에 와서는 좋고도 귀중한 추억이 된 이 시말서가 양이 상당히 되리라 보는데 유감스럽게도 하나도 발견되지 않는다.

집안의 식솔이 늘 30명이 넘었다. 커다란 집과 제법 넓은 뜰에 길고도 매서운 추위가 가고 봄이 오면, 선친은 자식들을 동원하여 밭을 갈게 하였다. 학교에 다니면서 하는 일이기에 작업은 여러 날 계속되었다. 파종과 거름 주는 일도 자식들의 일이었다. 집 안에 일 년 내내 사용하고도 차지 않는 대용량의 재래식 변소가 둘이 있었다. 이 변소의 배설물을 밭의 비료로 사용하는 일도 형제들의 일이었다. 며칠 걸리는 냄새나고 짜증 나는 일이었으나 지엄한 말씀을 거슬리는 형제는 없었다. 어릴 때는 선친의 뜻을 헤아리지 못하였으나 얼마 후에 알게 되었다. 농사 실습을 통하여 농사에 취미를 갖게 만들고, 농사를 생업으로 하는 자식이 나오기를 속으로나마 기대하지 않으셨을까? 형제들이 대학에 진학할 때마다, “너희 중에 농과대학에 간 사람이 하나도 없구나.”라는 말씀을 하시는 모습을 보고 선친의 실망을 느낄 수 있었다.

집 정원에 활엽수도 상당히 있었다. 여름이면 형제들은 나무 그늘 밑에서 장기를 두면서 더위를 식히고는 하였다. 그러나 가을이 되면 잎사귀가 추위와 바람에 흔들려 떨어져서 마당을 뒤덮는다. 이 잎사귀는 한꺼번에 떨어지는 것이 아니라, 상당한 시일을 두고 매일 떨어지기 때문에 일거리가 생긴다. 시시포스(Sisyphos)의 신화에 비교할 수는 없겠으나, 매일 낙엽을 쓸어 한 곳에 모아 두고 말리는 작업도 형제의 몫이었다. 말린 낙엽은 군불로 사용되었다. 힘든 일은 아니나 매일 반복되기에 성가신 일이었지만 경제적 여유가 있더라도 근검절약해야 한다는 선친의 뜻을 읽을 수 있었다.

연말을 전후하여 천여 장 이상의 연하장이 날아온다. 이 연하장의 처리는 온 가족의 큰 행사였다. 정초 10일 후에 날짜를 잡아서 종이 가게에서 백지를 사 오고, 풀을 쑤어 연하장의 봉투를 겉과 속을 뒤집어 새 봉투를 만들고 사 온 종이를 오려 속표지로 사용하였다. 이 모든 일을 선친의 지휘하에 일사불란하게 형제들이 집행하였다. 재생 봉투에 주소를 형제들이 적었으나, 속표지의 간단한 인사말은 선친의 몫이었다. "우리 물건을 즐겨 쓰고 아껴 쓰자.", "휴지 한 장도 나누어 쓰자."라는 취지의 1930년대에 설립된 '물산장려운동' 조선물산장려회의 회장이 선친이었으나, 이 이전에 이미 물자 절약 정신이 선친의 제2 천성이 되어 있었다. 가족을 데리고 음식점에 가더라도 음식을 밥풀 한 톨까지 먹어야 자리에서 일어나셨다.

끝으로 1933년 4월 『신동아』지에 투고한 선친의 글을 인용하여 글을 마무리하겠다.

> 한번 살펴보자! 오늘의 교육으로 우리의 사회나 가정이나 개인 생활에 긴밀 유용한 교육이 얼마나 되는가. 경제학에 권위 있는 학자로서 칭송받고 있는 이가 세 때 자기 입에 들어가는 백미 한 홉의 시가를 모르며, 농업학교의 수재가 자기 가원의 식목 하나 할 줄 모르는 데 있지 않나. 이것이 문학 교육이 아니면 가공 교육이 아닐까. 이것이 조선 교육의 중대한 결함이요 오류다. 개선책은 오로지 시대와 사회의 실정과 그 생활에 접촉 긴말함을 포착하여 오직 실리적, 실천적 교육의 근본 방침을 수립함에 있다고 생각한다.

1 대한민국 초대 내각 기념 촬영
앞줄 맨 왼쪽 전진한(초대 사회부장관, 제헌국회의원)
앞줄 왼쪽 두 번째 임영신(초대 상공부장관, 제헌국회의원)
앞줄 왼쪽 네 번째 이 인(초대 법무부 장관, 제헌국회의원)
앞줄 왼쪽 여섯 번째 이승만(초대 대통령, 제헌국회의원)
앞줄 왼쪽 일곱 번째 윤치영(초대 내무부장관, 제헌국회의원)
앞줄 왼쪽 여덟 번째 김도연(초대 재무부장관, 제헌국회의원)
앞줄 왼쪽 아홉 번째 조봉암(초대 농림부장관, 제헌국회의원)
뒷줄 맨 왼쪽 윤석구(초대 체신부장관, 제헌국회의원)

2 조선어학회 사건으로 옥고를 치른 회원들 모임인 '십일회' 1962년 기념사진
앞줄 왼쪽부터 김선기(언어학자), 정인승(국어학자), 이인(초대 법무부장관, 제헌국회의원), 최현배(국어학자), 김양수(제2대 국회의원), 김도연(초대 재무부장관, 제헌국회위원), 김윤경(국어학자)

西紀1964年7月17日 (金曜日)

아쉬운 첫憲法

다루는 사람이 문제

敦岩·梨花莊 따라다니며 李博士에 강의도 했고

아련한추억·하룻밤새 뒤집힌大原則

5 인터뷰

最初의 憲法의 밑거름 法典편찬委員長 李仁씨

學·藝術院賞施賞

3 『경향신문』 1964년 7월 17일 자 인터뷰

4 1967년 궁정동 자택에서 가족과 함께
한글 발전을 위해 평생 헌신한 애산 선생의 유언을 받들어, 가족은 궁정동 자택을 1979년 한글학회에 기증했다. 뒷줄 오른쪽 두 번째가 필자

36

제헌국회의원

이재형

운경 이재형, 대한민국 정치사의 중심인물

이해림 | 손자

나의 조부 운경(雲耕) 이재형(李載瀅, 1914~1992) 선생은 대한민국 정치사에서 빼놓을 수 없는 분으로 제헌국회의원을 비롯하여 7선의 국회의원이자 제12대 국회의장을 역임하며 대한민국의 민주주의와 법치주의 발전을 위해 헌신하신 분이다. 대한민국이 신생 독립국으로 출발하는 과정에서부터 혁명과 쿠데타, 그리고 군사 반란을 거쳐 제6공화국 출범에 이르기까지 이 땅에 민주주의를 정착하기 위해 노력하였으며, 이를 위해 일신상의 희생도 마다하지 않았던 정치인으로서 할아버지의 업적은 오늘날에도 높은 평가를 받고 있다. 그러나 나라의 큰 어른이셨던 할아버지도 일상적인 모습 속에는 따뜻하고 배려 깊은 품격이 가득하셨다. 작고하신 지 33년이 지난 지금도 한국 정치사에서 회자되는 할아버지의 공적 업적과 함께 내 마음속에 아직도 생생한 할아버지와의 따뜻하고 소중한 기억을 이번 기회를 맞아 이야기해 보려고 한다.

초기 생애와 교육

할아버지는 1914년 경기도 시흥군 남면 산본리(지금의 군포시 산본동)에서 태어나셨다. 본관은 전주이고, 아호는 운경(雲耕)이다. 할아버지의 아버지 이규응(李奎應) 옹은 조선 선조의 7남 인성군의 10대 종주이자 9대 종손으로 지역

사회에서 존경받는 인물이었고, 시흥군 남면의 면장을 역임하기도 하셨다. 가문의 역사와 조상의 혼이 서려 있는 땅에서 태어난 할아버지는 남부럽지 않은 청소년 시절을 보낼 수도 있었지만, 일제강점기라는 억압적인 상황 속에서 민족적 자각과 사회적 정의에 대한 의식을 키운 덕분으로 경기제일고보 재학 중 교과서 물려주기 운동과 비밀독서회 등 항일 교내 시위를 주도하다 퇴학당하셨다. 이후 배재고보로 옮겨 졸업한 뒤 일본 주오대학[中央大學] 법과를 졸업하셨다. 주오대학에서의 교육은 할아버지의 정치적 신념과 철학을 형성하는 데 큰 영향을 미쳤는데, 법이 단순한 사회 규범이 아니라 약자를 보호하고 공정한 사회를 만들기 위한 도구라는 점을 깨닫게 해 주었다. 귀국 후에는 경남, 경기 지역의 금융조합 이사를 거쳐 광복 직후에는 조선금융조합연합회 사업부장을 역임하며, 금융 질서를 회복하고 재건하는 실무를 통해 경제와 법률의 관계를 이해하셨다. 이 경험은 이후 할아버지께서 정치에 입문하였을 때 든든한 기반과 초석이 되었다.

제헌국회의원이자 다선 의원, 국회의장으로서의 삶

할아버지의 정치 경력은 대한민국 현대사의 중요한 순간들과 맞닿아 있다. 1948년 할아버지는 경기도 시흥에서 무소속으로 출마하여 제헌국회의원으로 선출되며 본격적인 정치 활동을 시작하셨다. 당시 대한민국은 새로운 국가의 방향성을 설정해야 하는 절체절명의 시기에 있었으므로, 헌법 제정은 단순히 법적 틀을 마련하는 것이 아니라 국가 운영의 근본 원칙과 국민의 기본권을 보장하는 기반을 마련하는 작업이었다. 할아버지는 국민의 기본권을 보장하며 민주주의 원칙을 실현하는 강력한 초석이 되어야 한다는 생각에서 「대한민국헌법」

제정의 과정에 참여를 결심하셨다. 제헌국회의원에 당선된 이후에도 제2대, 제4대, 제5대, 제7대, 제11대, 그리고 제12대 국회에 진출하며 7선의 다선 의원으로, 또한 제12대 국회의장으로 국가 운영의 근본 원칙과 민주주의 체제를 수호하기 위해 헌신하셨다.

산업 발전과 경제 입법, 그리고 국민의 복리 증진

할아버지는 법률적 정교함과 공정성을 바탕으로 민주주의의 정착과 국민의 복리 증진을 국가 과제로 삼아야 함을 강조하며 경제적 약자와 소외된 계층의 권리를 보호하고 국민의 삶을 개선하기 위한 다양한 활동에 매진하셨다.

할아버지는 제헌국회부터 재경위원장으로 활동하며 국가의 경제 정책 수립 과정에 적극 참여하셨다. 이념 대립으로 혼란했던 시기에 지주의 아들로서 과감하게 농지 개혁을 지지하셨고, 예산 제도 및 각종 세제 정책과 귀속 재산 처리 방안과 상공회의소의 설립 등을 제안하셨다. 6.25전쟁 중에는 최연소 상공부장관으로 임명되어 전쟁의 여파로 고통받는 국민을 위해서는 경제 재건과 민생 안정이 최우선임을 주장하였으며, 이를 위해 UN 원조 기관과 긴밀하게 협조하며 국가 재건을 위한 종합 계획을 수립하고 「상공 행정 백서」(1953)를 발간함으로써 후일 경제 개발 계획의 근간이 되도록 하셨다. 국회의 파행이 거듭되던 제3공화국 시기에도 할아버지는 규제 완화와 산업 지원 정책을 통해 대한민국의 경제적 기반을 강화하고 기업을 활성화하고자 하였으며, 민생 관련 경제 정책을 제안하여 국민의 경제적 안정성을 확보하는 데 주력하셨다. 한편 할아버지는 국민 모두가 양질의 교육을 받을 수 있는 기회를 확대하는 데 큰 관심을 가지셨다. 지역 격차와 경제적 어려움으로 교육에서 소외되는 문제를 해결하는 정책 개발에 노력하는 한편, 안양고등공민학교 설립을 위한 토지를 기부하고 모친의 장례비를 기탁하여 안양여중고등학교 설립에 기여했으며, 전주이씨대동종약원의 이화장학회를 설립하는 등 사재를 출연하면서까지 평등한 교육의 기회를 확대하셨다.

입법부의 독립성과 역할 강화

할아버지는 국회의원이자 입법부의 일원으로서 국회의 독립성과 역할을 강화하는 데도 힘쓰셨다. 특히 국회가 단순한 행정부의 보조 기관이 아니라, 국민을 대변하고 국가 정책을 견제하며 발전 방향을 제시하는 기관으로서 본래의 역할에 충실해야 함을 주장하며, 국회의 운영 체계를 개선하고, 입법부가 효율적이고 투명하게 기능할 수 있도록 다양한 방안을 제안하셨다. 또한 국회의원 개개인이 국민의 신뢰를 얻기 위해 책임감 있고 성실한 자세로 의정 활동에 임해야 한다는 점을 끊임 없이 강조하셨다. 예를 들어 내각제 개헌과 선거 제도의 개혁에 참여하였으며, 정책 질문서를 통한 정책 대결 제안, 거대 내각 구성 및 정치 자금 규제 등 막 싹트기 시작한 의회 민주주의의 정착과 투명성 향상을 위한 다양한 방안을 제안하셨다. 한편 3선 개헌을 앞두고 민주주의가 위협받던 시기에는 능력 있는 민주적 정치 세력 양성이 시급하다는 생각에서 한국 정당사상 최초의 싱크탱크인 '한국정치문제연구회'를 창립하셨다(1967). 한국정치문제연구회는 월요 토론과 강좌 및 학술 토론회의 개최, 그리고『한국정치』발간 등의 활동을 통해 정치적 논의의 장을 마련함으로써 무모한 당쟁보다는 시민 의식의 전환과 정치 수준의 향상을 도모하며 한국 정치계의 길잡이 역할을 하였다.

국회의장 재임과 정치적 조정 역할

1980년 민주정의당 대표위원으로 정계에 복귀한 할아버지는 제11대 국회의원과 제12대 국회의장으로 선출되며 입법부의 수장으로서 정치 경력의 정점을 찍으셨다. 할아버지는 군부 정권에 굴하지 않고 대등한 당정 관계를 통해 국회의 독립성을 수호하고, 여야 간의 갈등을 조율하며 정치적 균형을 유지하는 데 중요한 역할을 하셨다. 무엇보다 할아버지는 '11대 국회 개원 교섭 단체 대표 연설'을 통해 대통령 단임제를, 노태우 대통령 후보와의 독대를 통해 6.23민주화 선언으로 직선제를 이끌어 냄으로써 절차적 민주주의를 완성하셨으며, 장영자·이철희 사건과 노태우 후보의 찬조 연설 요청 거절 등을 통해 원칙을 중요시하는 강직함을 보여 주셨다. 국회의장으로서 할아버지는 어려운 현안을 물 흐르듯 순리에 따라 풀어 가고 정치적 대립을 완화하는 예리하면서도 노련한 중재자의 역할을 충실하게 수행하였으며, 국민을 위한 합리적이고 공정한 정책을 마련하여 국회가 국민의 신뢰를 회복하는 데 큰 역할을 하셨다.

외교와 한일 관계 개선

할아버지 특유의 원칙을 강조한 강직함과 대화와 타협을 이끌어 내는 노련함은 정치뿐만 아니라 외교 분야에서도 탁월한 성과를 보였다. 할아버지는 한일의원연맹과 한일친선협회 회장을 역임하며 한국과 일본 간의 관계를 개선하고 양국 간의 교류를 증진하는 데 힘쓰셨다. 할아버지의 노력은 양국 간의 역사적 상처를 치유하고, 경제와 문화적 협력을 강화하는 데 중요한 역할을 하셨다. 할아버지의 이러한 활동은 일본 정부로부터 훈일등극일수교훈장을, 대한민국 정부로부터 수교훈장 광화대장을 수훈하는 결과로 이어졌으며, 단순히 양국 간의 교류를 넘어, 동북아시아 지역의 평화와 협력을 위한 초석을 마련한 것으로 평가받고 있다.

나의 할아버지, 이재형

할아버지의 인간적인 면모는 공적 업적에서 보여지는 강인한 리더십과 정치적 정교함과는 또 다른 매력을 지니고 있다. 언제나 주변 사람들과의 소통을 중요시하며, 사랑하는 가족과 함께하는 소박하지만 의미 있는 시간들을 통해 사람들에 대한 깊은 애정을 표현하는 할아버지의 일상적인 모습 속에는 따뜻하고 배려 깊은 품격이 가득 묻어 있었다.

어린 시절, 나는 할아버지 댁에 자주 머물렀다. 나는 할아버지와의 시간 속에서 많은 추억을 쌓았는데, 그중 하나는 할아버지가 골프를 치고 돌아오실 때마다 항상 사 오시는 캐러멜을 기다리던 순간이었다. 당시 캐러멜은 매우 귀한 간식이었기에 나는 할아버지가 돌아오시면 언제나 할아버지의 캐러멜을 손꼽아 기다렸다. 그 기다림은 단순히 캐러멜을 얻기 위한 시간이 아니라, 할아버지와 내가 소중한 교감을 나누는 시간이었고, 할아버지도 외부에서는 엄하고 강직한 분이셨지만 손자에게는 따뜻한 마음을 가득 담아 캐러멜을 건네셨던 평범한 분이셨다. 이 작은 순간들은 이제 어른이 된 나에게 할아버지의 따뜻한 성품과 애정을 기억나게 하는 소중한 순간이 되었다.

할아버지는 종종 아침에 일찍 일어나 사직동 언덕을 뒤로 걸으시며 하루를 시작하셨다. 손을 잡고 천천히 뒤로 걸으며 할아버지와 나누었던 대화가 나에게는 여전히 생생한 기억으로 남아 있다. 할아버지의 신중한 발걸음과 나즈막한 목소리는 나에게 많은 것을 느끼게 하였고 그 길은 단순히 걷는 길이 아니었다. 그곳에서 할아버지는 인생의 여러 이야기와 이웃들에 대한 따뜻한 마음을 나누어 주셨고, 그런 이야기를 들으며 나는 성장해 갔던 것 같다. 할아버지는 언제나 그렇게 가족과 함께하는 시간 속에서 당신이 쌓아 온 지혜와 경험을 나누시며 후세를 위한 길을 만들어 가셨다.

할아버지는 또한 자연을 매우 사랑하셨다. 정계 은퇴 후 주말마다 나의 부친께서 운영하셨던 산본리 농장에 내려오시면, 할아버지, 아버지, 그리고 나까지 삼대는 함께 농사도 짓고 동물도 키우며 자연의 중요성을 느꼈다. 할아버지가 좋아한 자연은 단순한 꽃과 나무가 아니었다. 할아버지는 그곳에서 각기 다른 꽃들과 나무들 그리고 곡식들이 자라는 모습을 보시며, 자연과 인간이 어우러져 살아가는 이치를 강조하셨다. 그때 나는 10대 사춘기 고등학생으로 주말에 늦잠도 못 자고 새벽에 일어나서 할아버지를 모시고 농장을 둘러보는 일이 힘들었으나, 함께 나무를 심고 꽃을 가꾸던 순간이 할아버지의 삶에서 중요한 가치인 인내와 꾸준함, 그리고 올바른 가치관을 내게 전하는 할아버지만의 방식이었음을 나이 50이 넘어서야 깨닫는다. 할아버지의 정원은 삶의 일면을 상징하는 공간이었으며, 그것은 할아버지가 고집스럽게, 그리고 조용히 삶을 가꾸어 온 방식과 닮아 있었다.

할머니께서 먼저 돌아가시고 사직동 그 큰 한옥에서 적적함을 느끼셨던 할아버지를 위해 나는 가끔 댁으로 자러 가기도 했다. 하지만 대학 생활을 실컷 즐기고 싶었던 나는 늦게 가거나 아예 미리 연락도 못 드리고 가지 않는 날도 있었는데, 그럴 때면 약속을 어겼다고 불호령과 함께 어떠한 작은 약속이라도 지켜야 하고 특히 시간관념에 대해서는 철두철미하게 관리하라고 혼내셨다. 그때는 꾸지람을 듣는 것이 무섭고 서운했으나 그러한 가르침 덕분에 지금의 나는 그 누구보다도 시간 약속을 잘 지키고 있다. 지금도 사직동 할아버지 댁을 갈 때마다 마당에서 서성거리시며 나를 기다리셨던 할아버지 모습이 그립고 또 그립다.

할아버지의 유산

할아버지의 생애는 대한민국이 법과 민주주의를 기반으로 성장하는 데 큰 영향을 미친 중요한 여정이었다. 할아버지의 업적은 단순히 대한민국의 정치 발전과 민주주의 실현에 국한되지 않으며, 할아버지의 철학과 소신은 현재에도 여전히 살아 숨 쉬고 있다. 작고하신 지 33년이 지난 지금도 '교육이 국가 발전의 원동력'이라고 강조하시던 할아버지의 유지에 따라 설립된 운경재단(1993)을 통해 할아버지의 정신이 계속 이어지고 있기 때문이다. 운경재단이 배출한 1천여 명이 넘는 대한민국의 인재들과 아직도 할아버지의 향기가 그대로 느껴지는 운경고택을 통해 할아버지의 정신이 오늘날에도 여전히 우리 곁에 가까이 있다는 것을 느낀다. 할아버지께서 생전에 품으셨던 철학과 가치관이 앞으로도 이어져 대한민국의 미래를 밝히는 중요한 역할을 할 것이라 믿는다.

1 산본 농장에서 가족과 함께한 모습

2 상공부장관이자 한미합동경제위원회 계획분과, 구호분과위원장으로 활동하던 모습(1952. 11.)

3 할아버지(국회의장)와 여야 원내총무들이 헌정 사상 최초로 여야 의원의 합의로 개정한 제6공화국 헌법안을 마주 잡고 있는 모습.

오른쪽부터 양정규, 김현규, 할아버지, 이대순, 정재원 의원(1987. 9. 18.)

4 제12대 국회의장 재임 시절

37

제헌국회의원

이주형

조부 시곡공(時谷公)을 추모하며

이희일 | 손자[1]

나는 경상남도 밀양갑 제헌국회의원 시곡(時谷) 이주형(李周衡, 1906~미상) 선생의 네 손자 중에 둘째이다.

생전에 할아버지는 뵐 수 없었고 오로지 몇 장 남아 있는 사진으로만 뵈었을 뿐이다. 지식인으로 일제의 압제 아래 힘겹게 사시다가 광복을 맞이한 조국에서 제헌국회의원으로 활약하셨으나 6.25전쟁 초기에 북으로 납치되셨다고 들어 알고 있다. 할아버지의 행적을 찾아보려 했으나 집안에 남아 있는 자료도 부족하고, 집안 어른들의 기억을 더듬어 자료로 만들어 할아버지의 사행을 적으려 하니 어려운 점이 많았다. 그래도 여러 곳에 수소문하고 옛 자료를 찾아 할아버지의 행적을 찾아보려고 한다.

할아버지는 1906년 도하(桃下) 이병규(李炳圭)의 넷째 아들로 경상남도 밀양시 부북면 퇴로리에서 태어나셨다. 어릴 때부터 영민하고 행동거지가 대범해서 집안 어른들의 사랑을 받았고, 집안에서 한학을 배우면서, 우리 가문에서 마을 학동들의 신식 교육을 위해 세운 석음재와 사립정진의숙(지금의 초등학교)에

1 경남 밀양시에서 공무원으로 공직에 근무하였고 지금은 은퇴하여 밀양시 지역 발전을 위해서 노력하고 있다.

서 신학문도 아울러 배웠다. 정진의숙 졸업 후에는 서울 휘문고보를 거쳐 경성제대 법문학부 역사학과에 입학해서 4회로 졸업하셨다. 할아버지는 대학 역사학과에 재학 중 『동아일보』에 '박노철(朴魯哲) 씨의 상고진역위치고(上古震域位置考) 예맥종족분포(濊貊種族分布表)를 읽고'라는 제목의 논평을 1930년 12월 19일부터 12월 28일까지 7회에 걸쳐 연재했는데, 이 논평은 그 당시 학계에 신선한 충격을 주었을 뿐만 아니라 지금도 우리 상고사 연구에 자주 인용되고 있다고 한다.

대학 졸업 후에 고향으로 돌아와 사립정진의숙의 교사로서 학생들을 가르치다가 제4대 교장으로 취임하셨다. 할아버지는 혼신의 힘을 기울여 어린 학생들에게 민족 교육, 애국 사상을 고취하는 교육을 하셨으며, 이를 문제 삼은 일본 경찰에 의해 여러 차례 탄압을 받았고 학교는 1939년에 강제로 폐교당하고 말았다.

이후에 일제에 의해 할아버지는 총독부로 들어와 한국인의 태평양 전쟁 참여를 독려하는 일에 가담하라고 강요받았으나 "나는 고향 마을을 떠날 수 없다."라고 거절하신 후에 퇴로리 이장을 자원하여 맡았다고 한다.

할아버지는 정진의숙 교장으로 계시면서 밀양 읍내에 중학교 설립의 필요성을 절감하여 관계 기관에 밀양중학교 설립을 계속 건의했으나 성사되지 못하였다. 그러다가 광복 후인 1946년에야 밀양중학교가 설립되었고, 1946년 8월 15일부터 1948년 5월 30일까지 초대 교장에 취임하셨다.

어려운 가운데서도 밀양 중등 교육의 명문으로 육성하는 데 각고의 노력을 기울이셨다. 교장에 취임하신 후에 나라의 학생들을 올바로 키우기 위해서 교훈을 제정하고 교가를 작사하셨다. 개교 당시의 교훈은 "돌 틈에 샘같이 꾸준하게, 물속의 달같이 깨끗하게, 눈 속의 대같이 꿋꿋하게"였다. 훌륭한 인재를 양성하기 위해 스스로 모범을 보이고 몸소 실천하셨다.

교장 재직 중에 할아버지께서는 대한민국 제헌의회를 구성하기 위한 국회의원 선거에 출마하셨다.

그 당시 후보자들은 밀양군 내의 많은 부락을 찾아다녔는데, 기름이 아닌 화목을 사용하는 목탄차를 빌려 타고 먼 거리를 이동하면서 새 나라 건설을 위한 각자의 정견을 알렸다고 한다. 우리나라 최초 국회의원 선거에 관해 알고 있는 것이 많지 않으나 그 당시 선거 운동을 구경한 이들에 따르면 지게에 포스터를 매달고 다니는 사람, 자전거에 달고 다니는 후보자들도 있었다고 한다. 현재 밀양에 거주하고 있는 밀양중학교 제자들의 말에 따르면 할아버지는 당당하게 한 점 부끄러운 것 없이 깨끗하게 선거를 치렀고 마침내 당선되셨다고 한다. 초대 국회 개원 후 등원하여 대한독립촉성국민회 소속으로 활동하셨는데, 그때 할아버지의 의정 활동에 관한 것은 자료가 부족해서 지금은 쓸 수 없으나 기회가 되면 할아버지께서 새로운 나라 건국을 위해 노력하신 원내 활동 행적을 찾아내려고 한다.

참으로 애통하게도 국회 활동 중이던 할아버지께서는 1950년 6월 25일 북한군의 남침 때 미처 피란하지 못하시고 북한으로 납북되셨고 우리 집안에도 할아버지를 따르던 많은 젊은이가 표상을 잃어 큰 손실이 되었다. 당시 할아버지 연세는 45세였고, 집에 남겨진 할머니, 아버지의 고통은 필자가 헤아릴 수도 없다.

'전시납북제헌국회의원유족회'가 확보한 자료에 따르면, 할아버지는 1959년 초에 함경북도 무산농장으로 옮겨지셨으며, 이후의 행적은 알려진 것이 없다.

이처럼 할아버지께서 분명히 납북당하셨음에도 불구하고 납북과 월북을 구분하지 못하는 지난 세월 동안 가족이 당한 고통과 불이익은 이루 말할 수 없었다. 오랜 세월이 지난 후이지만 다행히 2011년 1월 3일 '6.25전쟁납북피해진상규명 및 납북피해자명예회복위원회'로부터 정식으로 '납북자 결정 통지서'를 받았다.

얼마 전 밀양중학교에서 개교 70주년을 맞이하여, 학교 본관의 중앙 현관 입구에 역사박물관을 만든다고 알려 왔기에 할아버지에 관한 몇 가지 자료를 보냈다. 할아버지의 납북 관련 근거 자료, 밀양중학교의 교훈과 교가 내용, 모자의 3선 테두리에 대한 자료 등이었다.

이후 많은 세월이 흘렀다. 여러 정황으로 보아 살아 계실 가능성이 희박하여 1991년 4월 30일 조모님이 별세하셨을 때 조부님의 손때 묻은 유품들을 정리하여 합장하였으며, 산소는 퇴로리 용현정사 뒤편 선영에 마련했고, 제사는 기일을 알지 못해 할머니 기일에 같이 받들고 있다.

필자는 현재 밀양에서 공직 생활 은퇴 후 지역 발전에 힘쓰고 있으며 늘 할아버지의 정신을 이어 가기 위해 매일 유념하고 있고 할아버지께서 남긴 발자취를 기억하며 앞으로도 할아버지의 삶을 계속해서 전해 나갈 것이다.

1 제헌국회의원 단체 사진 속 이주형 의원(↘ 표시)

38

제헌국회의원

이진수

자랑스러운 나의 외증조부, 이진수 할아버지

최지연 | 외증손녀[1]

나는 외증조부 이진수(李鎭洙, 1900~1968) 할아버지를 생각하면 늘 가슴이 벅차오른다. 할아버지는 대한민국 역사에 빛나는 발자취를 남기신 분이시며, 나와 우리 가족에게 자부심과 정신적 유산을 물려주신 분이시다.

할아버지는 1900년 8월 7일 함경남도 이원군(利原郡)에서 출생하셨고 도쿄의 니혼대학 전문부 공과 전수과, 동 대학교 상과 및 경제학과를 졸업하신 후 교토제국대학 경제학과 및 사회학과를 수료하셨다.

정치인, 기업인, 교육자이시기도 하셨던 외증조부님께서는 8.15광복 후 한국민족대표자대회 대의원으로 활동하시고 1948년 제헌국회의원 선거에서 무소속으로 경기도 양주군 선거구에서 당선되셨다. 이후 제헌국회에서 문교부후생위원회 위원으로 활동하시며 「헌법」과 「정부조직법」을 제정하는 데 기여하셨고, 1948년 7월 14일에는 이준 열사 순국 40주년을 맞아 국회에서 묵념을 주도하셨다. 1950년 제2대 국회의원 선거에서도 같은 선거구에서 당선되셨고, 6.25 전쟁이 발발하자 임시 국회가 있던 부산에서 살아남으셨다.

정치인으로서의 삶뿐 아니라, 한 가정의 가장으로서도 한없이 따뜻하고 자애

1 서울대학교 음악대학 졸업. 현 부천필하모닉오케스트라 상임단원.

로우셨다는 할아버지는 가족을 사랑하셨고 특히 음악을 즐기셨던 분이셨다고 한다.

나의 어머니이자 외증조부의 손녀이신 이영화 님은 이진수 할아버지를 넓은 집 마당에서 말을 타고 다니셨던 멋쟁이 할아버지로 기억하셨고, 학교에 다녀오면 오빠들과 나란히 서서 할아버지께 인사를 드렸었다고 말씀하셨다.

음악을 즐기셨던 할아버지의 영향으로 어머니도 연세대학교 음악대학 기악과를 나오셨고, 나 또한 서울대학교 음악대학을 졸업하고 2003년부터 2025년 현재까지 부천필하모닉오케스트라 비올라 상임단원으로 활동하고 있다. 큰 무대에 설 때마다 나는 언제부터인가 뿌리 깊은 가문의 자긍심을 가지며 연주에 임하게 되었고, 유족의 날 행사에서도 할아버지께서 물려주신 음악이라는 달란트로 연주를 통해 하늘에 계신 할아버지께 감사의 인사를 전할 수 있었다.

대내외적으로 큰 활동을 하신 외증조부님의 삶에는 이루 말할 수 없는 큰 아픔도 있었는데, 6.25전쟁 당시 외증조부님의 아드님이시자 외할아버지의 동생께서 겨우 16세 고등학생의 신분인 학도병으로 전쟁의 최전방에 참여하셨다가 전사하신 큰 비극적인 아픔 속에서도 종군 국회의원으로서 나라를 위해 묵묵히 헌신하셨다고 한다.

제헌국회의원인 할아버지를 기리는 이 글을 쓰면서 나의 마음 한구석에는 큰 아쉬움이 있는데, 나는 외증조부님을 이 땅에서 뵌 적도 없고, 그분의 아드님이자 나의 사랑하는 외할아버지께서는 내가 미국 유학 중일 때 세상을 떠나셔서 외증조부님에 대해 많이 여쭈어보지 못한 것이 너무나 아쉬웠고 지금도 후회로 남아 있다.

그만큼 나는 더 간절한 마음으로 외증조부님의 삶을 기리고 있으며 글로써 다시 한번 그 정신을 되새기고자 한다. 지금 돌이켜 보면 외할아버지께서 살아 계셨을 때 어머니와 나를 유족 대표로 나가게 해 주신 것은 우리 가족에게 외할아버지께서 남겨 주신 가장 큰 정신적 유산이자 따뜻한 선물이었다. 이렇게 유족 대표로 활동하게 되어 나는 외증조부님의 삶을 더 깊이 이해하게 되었고 이제는 그 뜻을 이어 가는 후손으로서 책임감과 자부심을 깊이 느끼며 반듯하게 살아가야겠다고 다짐하며, 대대손손 그 뜻을 가슴 깊이 새기며 외증조부님의 자손답게 살아가고자 한다.

대대손손, 가문의 영광으로.

1　제헌국회 기념 단체 사진
앞줄 왼쪽 두 번째 이진수 제헌국회의원

2　제1대 국회의원들이 공식 모임 중 촬영한 사진
이승만 대통령 왼쪽에 안경 쓰신 분이 이진수 제헌국회의원

3　1948년 제헌국회의원 단체 사진
서울 중앙청 앞에서 촬영된 「대한민국헌법」 제정에 직접 참여한 제헌국회의원들

39

제헌국회의원

전진한

할아버지 우촌(牛村) 전진한(錢鎭漢) 선생을 다시 만나다

전동현 | 손녀[1]

국민학교 2학년이던 1972년 4월이었다. 학교로 급하게 찾아오신 어머니를 따라 뛰어간 장충동 자택에서 할아버지를 뵈었다. 임종이었다. 당시 오빠 전동건과 내가 다니던 동북국민학교에서 후문으로 나가면 할아버지 댁까지 5분도 채 걸리지 않았다. 학교는 지금 태광그룹 사옥으로 바뀌어 여전히 그 자리를 지키고 있지만 장충동 집은 1970년대 말 장충체육관에서 퇴계로를 잇는 길이 개통되면서 사라졌다.

할아버지 우촌(牛村) 전진한(錢鎭漢, 1901~1972) 선생이 돌아가실 때까지 사셨던 장충동 집은 장충단공원에서 앰배서더호텔을 지나 한참 오르막길을 오르면 골목 왼쪽 끝에 자리 잡고 있었다. 그 집은 불하받은 적산 가옥으로 작은 일본식 단층집이었지만 제법 넓은 뒤뜰을 가지고 있었다. 뒤뜰에는 옆집과 단 차로 생긴 높은 축대가 있었는데 매사에 낙천적인 할아버지는 큰 산의 암벽 같지

---

1 역사학 박사. 전공은 중국 현대 정치사상사로 『두 중국의 기원』(서해문집)을 비롯하여 20세기 정치사상에 관한 글들을 집필하였다. 최근에는 『김필례 – 그를 읽고 기억하다』(열화당), 『우촌 전진한 자료집』(서울대노동법연구회, 현암사)의 출판 작업에 참여하였다.

않냐며 아주 마음에 들어 하셨다고 한다. 뒤뜰은 운동을 즐기시던 할아버지의 체력 단련장이기도 했는데 때로 우렁찬 기합을 넣거나 웅변 연습도 하셨나 보다. 당시 신문을 보면 동네에서 소음이 심하다는 민원이 들어와 요즘은 자제하고 계시다는 근황이 종종 보도되고는 했다.

또 뒤뜰에는 밥상의 모든 반찬을 전담하던 텃밭이 있었다. 장충동 집은 매우 좁았지만 항상 사람이 많았다. 정치 활동을 하시던 시절 내내 친척, 고향, 지역구, 정치적 동지분들이 자유롭게 드나들며 미닫이문으로 구획된 작은 쪽방에서 끼어 자고 가던 곳이었기 때문이다. 1960년대 초에 시집온 어머니 회고에 따르면, 커다랗고 둥근 밥상에 가족과 손님 구분 없이 일단 수저만 확보하면 그대로 끼어 앉아서 식사하는 풍경이었다고 했다. 찬거리가 없어 상 위에는 텃밭에서 딴 상추 같은 채소들만 놓여 있었다고도 했다.

자식들이 학교에서 등록금 때문에 집으로 돌려보내지는 지경에 이를 정도로 할아버지에게 가난은 일상이었다. 그런데 가정 형편 때문에 어렵게 학업을 이어 가던 장남이 서울대학교 대학원에 입학했을 때 할아버지는 눈물을 보이셨다고 한다. 남들처럼 자식들을 돌보지 못했던 데 대한 회한이었을까.

가난에도 잠깐의 예외가 있긴 했는데 일제강점기의 짧은 교원 시절이었다. 일제강점기 협동조합운동사의 대표로 감옥살이를 하고 나온 우촌은 함경도 갑산까지 가서 운총육영학교 교원으로 부임했다. 우촌은 “귀양살이나 가는 곳으로 알려져 있는 벽지지만 그곳에서 보낸 1년 남짓한 기간이 내 일생 중 가장 안정되고 편안한 나날을 보낸 시기였다.”(「가난에서 익힌 노동 운동」)라고 회고했다. 숙명여학교를 나온 부인 최숙철도 함께 교원으로 일하며 급여도 받고 동네

분들이 극진히 대해 주어 자기들은 귀리밥을 먹으면서도 우촌 선생 부부는 쌀밥을 먹을 수 있게 해 주었다는 것이다. 그러나 운총주재소 주임은 우촌을 불령선인(不逞鮮人)으로 몰아 학교에 압력을 가했고 급기야 폐교 위협으로 우촌을 몰아내었다.

아쉽게도 할아버지와 함께한 추억은 많지 않다. 안아 주실 때면 그 특유의 콧수염 때문에 제법 따가웠다는 기억과 후두암으로 목소리가 안 나오실 때에도 손주들이 왔다고 뭐 맛있는 것 좀 내오라고 재촉하시던 손짓이 마음에 남았다. 또 다른 단편적인 기억들을 모아 보면, 건강하실 때의 할아버지는 오빠와 나를 데리고 집 근처 장충단공원에 자주 산책을 가셨었다.

그런데 그 산책이 때로 지루하리만큼 길어질 때가 종종 있었던 것 같다. 할아버지를 알아본 분들이 다가와 정중한 태도로 뭔가 질문을 하고 할아버지는 진지하게 말씀하시고 또 다른 분들이 모이고 그러다가 아예 공원 잔디밭이나 나무 밑에 자리 잡고 둘러앉아 강연과 토론이 이어졌다. 지금 떠올려 보면, 그 소박하지만 진지하고도 평화로운 광경이라니……. 우촌 자료집을 준비하면서 잔디밭 토론 관련 사진들을 찾았을 때 나는 반드시 자료집에 넣어야겠다고 마음먹었다. 그 사진의 현장이 즉석 모임이었는지 사전에 약속되었는지 정확한 사정이야 알지 못하지만 그 장면들이 우촌 선생의 삶을 압축해서 보여 준다고 느꼈기 때문이다. 그리고 훗날 『연합뉴스』의 우촌 자료집 소개 기사에서 그 사진을 보았을 때 그 마음이 조금이라도 공감을 얻을 수 있었다는 사실에 감사했다.

사실 오빠와 나는 우촌 선생의 사회장을 목격하기 전까지 우리 할아버지가 그렇게 유명한 분인지 몰랐었다. 할아버지와 함께 다니면 마주치는 많은 분이 알아보고 인사해서 좀 의아하기는 했지만 오빠는 그저 아주 많이 존경받는 동네 어르신 정도로 짐작했다고 했다. 그리고 국민학교 5, 6학년쯤 되었을 때 우리 남매는 한 가지 약속을 했다. 할아버지 자료를 잘 모아서 책을 한 권 만들어 남겨 보자고. 그 이후 우리는 기자로, 역사학도로 살면서 그 약속을 잊은 적은 없었지만 우리가 힘을 보탠 자료집의 출간을 보기까지 50년에 가까운 시간이 지나야 했다.

2023년에 세상에 나온 자료집은 우촌 선생의 두 번째 자료집이다. 우촌 선생의 장남인 아버지 전창원 교수가 1996년에 우촌의 소책자들을 중심으로 우촌 자료집 『이렇게 싸웠다』(무역연구원)를 출간했다. 그때 책을 받아 본 한국 현대사 전공 후배가 우촌 선생은 글도 잘 쓰시고 또 많이 쓰신 분이니 찾아보면 글이 많이 있을 것이라는 조언을 해 주었다. 나는 서울대노동법연구회와 함께 새로운 자료집을 준비하면서 그동안 진행된 현대사 자료 디지털화 작업의 혜택으로 생각보다 많은 자료를 찾아낼 수 있었다. 그리고 자료들을 한글 위주로 정리하는 한편 글에 등장하는 고유명사들에 설명을 달고 옛 표현들에 현대어 표기를 곁들여 조금은 친절한 안내자가 되어 보고자 하였다.

손녀인 내가 어른들께 전해 들은 할아버지 우촌 선생의 이미지는 단편적이었다. 해방 정국 대한노총의 지도자, 다선 국회의원이었지만 평생 야당이나 무소속을 고집했던 태생적 반골 정도였다고나 할까. 그런데 2010년 저서 『노동법 제정과 전진한의 역할』(서울대학교출판문화원)을 들고 아버지를 찾아오셨던 서울대노동법연구회의 이흥재 교수님을 통해 나는 거의 40년 만에 할아버지 우촌을 다시 만났다.

1954년 5월 국회의원 선거 연설회에서, 당시 부산 동구 수정국민학교 3학년이었던 소년 이흥재는 우촌을 처음 목도했다고 한다.

> 몇 차례 뒤에 등단한 건장한 체구의 후보자가 얼굴이 벌개지면서 열변을 토하자 관중석 이곳저곳에서 비슷한 옷차림의 청년들이 연설을 훼방하기 위해 질러 대는 고함소리와 삿대질. 그럴수록 더욱 우렁차게 열변을 토한 그 늠름한 후보자가 연설을 끝내고 내려오자마자 그대로 경찰에 체포되어 연행되는 또다른 놀라움. 무슨 영문인지도 모르고 겁에 질린 그 소년에게 들리는 옆의 지게꾼 아저씨의 한탄 소리. "이런 법이 어디 있나. 개○○○. 전진한 선생을 잡아 가둔다고 당선 안 되는가, 민심이 천심인데." 처음으로 알게 된 전진한. 되뇌어 보는 '이런 법, 민심이 천심'이란 말.[2]

오랜 세월 소년 시절의 그 기억을 안고 노동법을 연구했던 이 교수님의 눈에 비친 우촌은 자유협동주의를 바탕으로 한 통일 지향의 사회민주주의자였다. 나아가 제헌헌법의 노동법은 사회민주주의를 지향한 전진한과 이를 지지한 무소속 의원들이 근로자의 권익 옹호를 통한 남한 사회의 통합은 물론, 나아가 남북한 통일 실현을 위한 이념적 합일점을 담보하려는 피어린 비원탑(悲願塔)이었다.

이 교수님과 서울대노동법연구회 노동법을 연구하시는 분들 덕분에 나는 자유와 협동의 통일을 말하는 '자유협동주의'를 다시 들여다보게 되었다. 그리고 여기에서 일제강점기 협동조합운동사, 좌익노조 전평과 대립하는 한편 조선방직 쟁의 등으로 정권과도 대립했던 독자적 노동 운동, 제헌헌법의 '이익균점',

2 이흥재, 『노동법 제정과 전진한의 역할』, 「머리말」(서울대학교출판문화원, 2010).

1960년대 야권 통합을 위한 중재자 역할, 성명서와 팸플릿을 통한 메시지 정치 등 우촌의 다채로운 행보를 관통하는 어떤 맥락을 찾을 수 있을지도 모르겠다는 생각이 들었다.

돌이켜 보면 우촌 스스로도 주관적 이상주의자, 정치계의 고아를 자처했던 외로운 여정이었다. 협동하되 자유롭고, 자유롭게 협동해야 한다는 그의 주장은 결국 독점과 강권에 대한 고집스러운 저항이었다. "자유는 협동에서 온 자유임으로 독점성과 배타성이 개재할 수 없고 협동은 자유에서 온 협동임으로 강권주의와 기계주의가 용납될 수 없다."[3]

우촌이 꿈꾸었던 새로운 조국은 각자 자기가 있을 곳에서(各得其所) 각자 타고난 천성을 다하는(各盡其性) 사회였고, 사회 연대성과 공존성이 발휘됨으로써 각 개인에게 자유와 '빵'이 갖추어지는 사회였다.[4] 이 사회관은 국가 건설 과정에서 노동법에 적용되었을 때 국가는 국가의 것을, 자본가는 자본가의 것을, 노동자는 노동자의 것, 즉 자기 맡은 바 일을 하며 그 지위를 보장하자는 '이익균점(利益均霑)'이 되었다.[5]

우촌의 주장이 당시 척박한 현실에서 가당치 않은 이상주의였을지라도 "결코 밉지 않은 전진한 씨의 담백한 열의에 탄복"하게 되는 이유는 "노동자와 농민을 도매금으로 팔아먹은 허다한 정치인들이 있는 중에 그래도 전 아저씨만은 진심으로 노동자와 농민의 이익을 추구해 온 것이 사실이기 때문"[6]이라고 했다.

---

3 전진한, 『자유협동주의』(국회타임스사, 1957).
4 전진한, 앞의 책 (1957).
5 제1회 제24차 국회 본회의 헌법안 제2독회, 1948. 7. 3.
6 필자 미상, 「신춘 정당 순례 노동당 편」, 『경향신문』. 1955. 2. 13.

또한 우촌 스스로도 인정했던 "낙관적이고 평화적이며 타협하기를 좋아하는 성격"[7]은 일제강점기 말 은둔해 있던 인제 내면 화전민촌에서 밭일을 싫어하던 조카들에게 잔소리 대신 대하소설『삼국지』를 풀어놓으며 신명 나게 함께 일했던 일화에서도, 1960년대 백의종군의 자세로 야권 통합을 위해 중재에 나섰던 면모에서도 잘 드러난다. 독불장군적 기질도 강했던 우촌이 그래도 '호인'으로 기억될 수 있는 이유는 어쩌면 자유 협동적 관계에 입각한 인간관, 공존하고 상생해야 할 상대에 대한 깊은 존중이 기저에 깔려 있었기 때문은 아니었을까.

1 1962년 환갑 기념사진. 배경으로 장충동 자택 뒤뜰과 축대가 보인다.

---

7 전진한,『이렇게 싸웠다』, 당내 배포용, 1966.

DUBINSKY'S GLAD-HANDING was hit of a party. Here he cements relations with Korea's Chun Chin Han.

DUBINSKY'S OLD FRIEND, A.F. of L.'s Matthew Woll (*right*), joins him with Italy's smiling Giulio Pastore.

DUBINSKY'S NEW FRIEND, Malaya's Narayanan (*left*), visits with him and British leader Herbert Morrison.

ANTI-COMMUNIST WORKERS OF THE WORLD UNITE

Labor delegates from 40 countries convene in London, form organization to combat Red-dominated W.F.T.U.

In London last week labor leaders gathered to found a world federation for the labor unions of democratic countries. The American Federation of Labor participated for the first time. So did the U.S. Congress of Industrial Organizations, the British Trades Union Congress and the Dutch Federation of Labor, all of which earlier had quit the pro-Soviet World Federation of Trade Unions. The delegates in London represented 40 million workers of 40 nations. The U.S. sent a delegation of 21 to London—10 each from the A.F. of L. and the C.I.O., along with one lonesome representative of John L. Lewis' independent United Mine Workers. The U.S. delegation with its three advisers dominated the conference in size (it was more than twice as large as any other), in its sartorial elegance (bright neckties) and in diplomacy. To be sure Mike Quill, the belligerent boss of New York's C.I.O. transport workers, did arouse the displeasure of British union leaders by one blundering speech in his best Irish brogue, in which he attacked Northern Ireland as a British "slave state." But the C.I.O.'s peppery Walter Reuther smoothed over the meeting's principal controversy by proposing a neat compromise admitting Europe's Catholic trade union organizations to membership, a step which had been opposed by socialist delegates. And a Reuther pal, the A.F. of L.'s jovial, barrel-shaped David Dubinsky, proved the best ambassador for U.S. labor. Dubinsky slapped backs (*above*) and spread good fellowship like a walking delegate at a 1900 A.F. of L. convention.

2 제헌국회 임기 중 대한노총 대표로 런던 국제자유노동조합연맹 창립 대회에 참가했을 때 위원장 두빈스키(David Dubinsky. 미국)와 인사하는 장면.

(맨 왼쪽 사진. 미국 주간지 『LIFE』. 1949. 12. 12. 54쪽). 우촌은 이 대회에서 이사로 선임되었다.

3 한일 회담 중단과 여야 협조를 촉구하는 단식 투쟁(1965년 5월 8일~5월 17일. 국회의사당) 기자 인터뷰

4 공원 잔디밭에 앉아 토론하는 우촌과 시민들. 1960년대 추정.

40

제헌국회의원

정현모

초대 경상북도지사 시절

은(銀)주전자에 담긴 그리움

한동현 | 외고손자[1]

제헌국회의원 백하(白下) 정현모(鄭顯模, 1893~1965) 선생은 나의 외할머니(정양자)의 조부님이시다. 나는 외가 쪽의 첫 손주로 태어나 사랑을 듬뿍 받으며 자랐고, 자연스레 '국회의원 할아버지' 이야기를 들으며 성장했다. 주위에서 가장 존경하는 분이 누구냐고 물으면, 나는 주저 없이 외조부모님이라고 답한다. 그리고 그분들이 존경했던 인물, 정현모 할아버님에 대하여 회고해 보고자 한다.

한 시대의 이름이 되다

정현모 제헌국회의원은 경상북도 안동 임하현 현하리(현 안동시 길안면 현하리)에서 '현골 정 부자' 집안의 아들로 태어나셨다. 유년기에는 안동 최초의 근대 중등 교육 기관인 협동학교에서 동산(東山) 류인식(柳寅植), 일송(一松) 김동삼(金東三) 등 당대 안동 지역의 명망 있는 거인들에게 가르침을 받았다. 이후 보성중학교를 거쳐 일본 와세다대학교 정경학과를 졸업하셨다. 귀국 후에는 『조선일보』와 『시대일보』의 주필로 언론계에 몸담으셨으며, 실업계 중역으로도

1 미국 드폴대학교 경영대학 졸업 후 귀국해, 대웅제약을 포함한 국내 제약업계에서 6년간 해외 사업 분야에 몸담고 있다.

활동하시며 산업, 출판, 농업, 교육 등 다양한 분야에 기여하셨다. 사회 각 분야에서 폭넓게 활동하셨고, 독립운동가로서의 면모 또한 깊은 인상을 남기셨다. 신간회에서 전국 두 번째로 컸던 안동지회 창립을 주도하고 초대 부회장을 거쳐 1928년에는 회장으로 선출되셨다. 이 시기 일제 경찰에 체포되신 적도 있으며, 현재 경상북도 독립운동기념관에는 정현모 신간회 안동지회장의 애국 계몽 활동을 기리는 독립운동가 비석과 전시물이 자리하고 있다.

광복 후에는 제헌국회의원, 초대 경상북도지사, 자유당 당무국장, 제4대 충청북도지사, 재단법인 신라학원 초대 이사장 등을 역임하며 국가와 지방의 발전에 큰 족적을 남기셨다.

신간회 활동과 관련된 인상 깊은 일화가 하나 있다. 대한민국 광복 후 좌우 대립이 극심하던 시절, 안동의 한 마을 청년들이 좌익 활동으로 처벌 위기에 처하게 되었을 때, 마을 어른들은 대표를 정해 예전에 신간회 시절 함께 독립운동을 했던 인연으로, 정현모 제헌국회의원(당시 초대 경북지사)을 찾아가 도움을 청했다. 정현모 지사는 "전향하면 다 살리도록 하겠다."라며 해결책을 제시했고, 결국 청년들은 전향을 받아들였다. 경찰도 정현모 지사의 전화를 받고 마을 어른들에게 위협적인 태도를 바꾸어 오히려 절을 하며 예를 갖췄다고 한다. 이 사건으로 정현모 제헌국회의원은 마을 사람들에게 '생명의 은인'으로 여겨졌고, 그 이야기는 지금까지 후손들에게도 전해지고 있다.

아버지 같은 할아버지

나의 외할머니는 정현모 제헌국회의원의 장남인 정휘두 대동공업전문학교 교수(일본 호세이대학교 법과대학 졸업, 국가대표 테니스 선수 출신)의 장녀로 태어나, 안동의 '대감집' 손녀로서 많은 사랑을 받으며 자랐다. 외할머니가 여덟 살 무렵, 아버지께서 병환으로 갑작스레 돌아가시자, 정현모 선생께서는 장남의 가족을 거두시고 책임지셨다. 외할머니는 지금까지도 정현모 선생을 '아버지 같은 할아버지'로 기억하고 있다. 가정에서는 말수가 적으신 근엄한 어른이셨다. 나라의 큰일을 맡으신 분이었기에 가족과 친척들조차도 쉽게 다가가지 못했다고 한다. 그러나 어린 손주들에게만큼은 한없이 다정하셨던 분이었다. 속정이 깊고, 집안일과 친척들까지도 세심히 살피셨던 모습은 지금도 가족의 기억 속에 따뜻하게 남아 있다.

정현모 선생이 충청북도지사로 재직하실 때는 6.25전쟁 중이었다. 그 시기 가족 모두가 도지사 관사에 거주했는데, 관사에는 항상 경찰이 보초를 섰고, '충북 100호' 세단이 들어설 때면 "받들어총! 도지사 각하께 경례!"가 울려 퍼졌다고 한다. 가족 모두가 나가서 할아버지를 맞이하던 장면은 외할머니의 기억 속에 또렷이 남아 있다. 특히 막내 손주를 안고 수염을 비비며 귀여워하시던 모습은, 당시에는 까칠해서 싫었다고 회상되지만 지금은 가족 모두에게 추억으로 남아 있다. 그 외에도 가족들은, 사냥을 좋아하셔서 종종 꿩을 잡아 들르셨던 이범석 국무총리, 충북지사 관사를 방문하셨던 함태영 부통령의 모습을 기억한다. 그리고 무엇보다도 잊지 못할 일은 전쟁 중 외할머니 가족을 데리러 지프차를 몰고 김천 외가로 오셨다는 할아버지 이야기일 것 같다. 그길로 온 가족이 부산으로 피란을 떠났고, 덕분에 무사히 전쟁의 위기를 넘길 수 있었다.

은주전자에 담긴 그리움

외할머니의 기억 속에서 가장 강하게 남은 장면은 결혼을 앞두고 할아버지인 정현모 제헌국회의원을 찾아뵈었던 순간이다. 1964년 가을, 외할머니는 큰동생 정탁(전 언론중재위원, 정현모 제헌국회의원의 장손)과 함께 예비 남편이었던 외할아버지를 모시고 제헌동지회 사무실로 할아버지를 찾아뵈었다. "할아버지, 이 사람이 제가 결혼할 김 성 자 훈 자라고 합니다." 그렇게 정중히 인사를 드리자, 할아버지인 정현모 제헌국회의원은 매우 흐뭇해하시면서, "내가 너한테 뭘 해 주고 싶은데, 지금은 뭘 하나 해 줄 게 없구나."라고 말씀하시며 작은 은주전자를 꺼내셨다. 그 주전자는 그해 같은 제헌국회의원인 윤치영 당시 서울특별시장이 제헌절을 맞아 동료 제헌국회의원들에게 선물한 것이었다. 정현모 선생은 "이거라도 내가 너를 주고 싶다."라며 그 주전자를 손녀에게 건넸다. 외할머니는 그 주전자를 무엇보다 마음이 담긴 선물로 여겨 지금까지도 소중히 간직하고 계신다. 처음에는 할아버지를 생각하면서 반짝이게 닦기도 했지만, 지금은 자연스레 변색된 모습 그대로 두고 계신다고 한다. "이젠 닦지 않아. 그 까맣게 변한 모습이 오히려 더 좋고 멋있어." 그 은빛이 바래고 까맣게 변한 주전자는, 변함없는 그리움과 함께 지금도 외가의 장식장 한쪽에 조용히 놓여 있다.

기억을 품고 내일을 살아간다

올해 우리 나이로 서른셋. 오랜 미국 생활을 뒤로하고 고국에서 사회생활을 시작한 지도 어느덧 8년이 되었다. 때로는 지치고, 모든 것을 내려놓고 도망치고 싶을 때가 있다. 그럴 때마다 정현모 할아버님께서 1926년 『개벽』 11월 호에 남기신 「주왕산 탐승기」를 떠올리며 산책을 하거나 하늘을 올려다 본다. 그리고 마음속으로 되뇐다. 그분의 마음이 깃든 작은 은주전자처럼, 나 역시 누군가에게 따뜻하게 기억되는 사람이 되고 싶다. 정현모 할아버님처럼 주어진 자리에서 최선을 다하고, 한 시대를 살아 낸 이름으로 오래도록 기억되는 사람이 되고 싶다. 그 길을 따라 나아가며, 언젠가 나도 누군가에게 의미 있는 이름으로 남기를 바란다.

> 이때에 나에게서는 바깥세상에서 꿈꾸던 모든 것들이 사라지기 시작했다. 하나도 남지 않고 모조리 사라져 버렸다. 오직 털끝만치의 차별도 없이 공평하게 비춰 주는 평화로운 달을 바라보며 흐르고 싶은 대로 흐르는 시냇물 소리와 울고 싶은 대로 우는 귀뚜라미 소리를 듣고 있는 이 외에는 아무것도 없었다. 그리하여 평화스럽고 자유스러운 이 대자연의 품속에서 어찌하면 이 순간과 같은 삶을 영속할까 하는 생각뿐이었다. 그리고 세간에서 서로 싸우고, 속이고, 달래고, 빼앗고 하는 그 모든 거짓 장난은 조금도 염두에 비치지 않았다.[2]

---

2 정현모, 「주왕산 탐승기」, 『개벽』 11월 호(1926).

1 1952년 제4주년 제헌절 기념 제헌국회의원 단체 사진
앞줄 왼쪽부터 신익희 제헌국회의장, 임영신 초대 상공장관, 윤치영 초대 내무장관
뒷줄 왼쪽부터 정현모 초대 경북지사, 이윤영 초대 무임소장관

2 제헌국회의원과 생전 가까웠던 초대 문교부장관 안호상 장관과
초대 국무총리 이범석 장군

3 1959. 11. 28. 경무대에서 이승만 대통령과 정현모 제헌국회의원

4 1964년 제16주년 제헌절 기념 은주전자

41

제헌국회의원

조국현

강철 같은 지조를 지킨 할아버지

조봉근 | 손자[1]

나의 할아버지 조국현(曺國鉉, 1896~1969) 선생은 1896년 6월 11일 전라남도 화순군 화순읍 연동 마을에서 태어났다. 호는 남리(南里), 자는 윤하건부(崙河蹇夫), 윤하(崙河)라고 불렀다. 험한 산과 강을 걷고 넘는다는 뜻이다. 자칭이 그래서인지 할아버지의 삶 또한 험한 강과 산을 넘나들었던 것 같다. 국내 독립운동가이며 성균관(成均館), 유도회(儒道會)를 대표하는 한학자이며 우리나라 유림의 거두(巨頭)이자 제헌국회의원과 초대 참의원(參議員)을 지낸 정치인이었다. 조부님과 함께했던 추억들이 지금 대한민국의 살아 있는 헌정사며 생활사이다.

할아버지는 제주도 한학자 부해(浮海) 안병택(安秉宅) 선생에게 사사(師司)하였다. 1905년(을사년)은 을사늑약이 체결된 해이다. 당시 열 살인 할아버지께

---

1 글쓴이 조봉근은 6.25전쟁으로 아버지 조영준(당시 26세)이 인민군 빨치산에게 죽임을 당하고 아홉 달 후 유복자(遺腹子)로 태어났다. 할아버지 조국현 선생을 아버지처럼 따르고 존경하며 할아버지가 서거하시기 전까지 19년간 동고동락했다. 어머니는 28세에 청상과부가 되어 대가족을 거느리고 힘겹게 사셨고, 할아버지가 국회의원 선거에 다섯 번 나가실 때마다 선거 운동원들의 식사를 항상 힘들게 집에서 준비하시느라 누구보다 고생이 많으셨으며 5년 전 97세에 별세하셨다. 글쓴이는 정치학을 전공했지만 정치인의 말로가 너무나 험난하여 가족 반대로 정치의 길을 가지 않고, 교사로 교직에 몸담았다가 태성컴퓨터(現, APPLE) 대표를 했다. 현재 전남대학교 총동창회 부회장, 대한민국 제헌국회의원유족회 자문위원을 맡고 있다.

서 을사늑약이 체결된 소식을 듣고 비분강개하며 지었던 유명한 한시(漢詩)를 소개한다.

五百年來國 日右欲奪之(5백 년 역사 우리나라를 저 일본이 빼앗으려 하네.)
我讀君子書 一鈒欲滅之(군자의 글을 읽은 이 내 몸이 일장검 들어 멸망시키려네.)[2]

1919년 3월 1일 민족 대표 33인을 중심으로 독립선언서에 각계 사회 대표가 서명했으나 소식을 늦게 접한 조선 유림의 대표들은 서명하지 못하였고 이에 유교계는 큰 실의에 빠졌다.

1919년 3월 15일 각지의 만세 시위 소식을 들은 할아버지는 직접 3.1운동의 주동자로 참여하였다. 전라남도 화순 '갱무산 만세시위운동'이다.

산상에 펄럭이는 태극기, 메아리치는 독립 만세 소리에 모두 감격하였다. 적병들이 산상으로 올라오는 것을 보고, 소중한 국기를 적들의 손길에 더럽힐세라, 고이 말아 몸에 지니고 현장을 탈출하였다. 기호 지방(충청, 경기도)의 여러 곳으로 전전하며 온갖 고초를 겪는 중에도 만나는 사람들에게 독립 정신을 고취하면서 격려 고무하였다.

할아버지는 유학자로 중국 고서(古書)부터 조선의 한학(漢學)을 습득해서인지 침술(鍼術)에 능했다.[3] 할아버지는 3.1운동의 주동자로 수배가 내려졌고 고향을 떠나야 했다. 충청, 경기 지방으로 피신하여, 몇 년간 침을 놓는 침술인으로 은둔(隱遁) 생활을 해야 했다. 수배 중에도 한학 외 신학문을 배우고자 이름

---

2 한시와 함께 그림의 일화도 있다. '글 읽는 선비가 일본 천황의 목을 베는 그림'을 그렸고 서당 수업 전 다짐하며 하루를 시작했다고 한다. 1919년 3.1운동 당시 일본 경찰들의 수색 과정에서 그림이 압류되었다.

3 허약한 나를 위해 보사침(補瀉鍼: 원기를 돕거나 나쁜 기를 내보내는 침)을 수시로 놓아 주시기도 했다.

을 윤하(崙河)로 변경하고 중동학교(中東學校)에 입학하여 중등과를 수료한다.

1921년~1922년 할아버지는 서울에서 더 과감하게 국내 항일 운동에 전념한다. 한일합병 당시 합병 조서를 작성한 김윤식(金允植)의 사회장(社會葬)을 반대하는 광화문 연설을 하여 일본 경찰에 체포되었다. 조선 자치 운동[4]을 반대하고 성토하는 과정에서 또다시 일본 경찰에 체포되었다.

국내에 남아 있는 항일 유림으로서 상해임시정부에서 활동하고 있는 백범(白凡) 김구, 심산(心山) 김창숙 그리고 3.1운동으로 투옥된 위창(葦滄) 오세창 등과 은밀(隱密)한 연락을 취하면서 독립운동을 하였다.

1922년 전국유도회(全國儒道會) 청년부장에 선출됨과 동시에 전라남도 화순 유도회 청년부장에도 선출된다. 이듬해 고향으로 돌아와 농촌의 소작 운동을 하기도 하며, 일제하에서 국내 교육의 차별을 극복하기 위해서 민립대학설립기성회 화순지부장으로 활동하기도 한다.

1925년에는 언론계에도 종사한다. 10년간 『동아일보』 개벽지사(開闢誌社), 『동아일보』 지국 화순 기자로 활동하였다.

기자에서 사업가로 전환하며 합명 회사 전남양행 대표이사로 발전기, 발동기 회사를 운영했고 지역에서는 나름대로 성공한 사업가이기도 하였다. 성공했지만 일제(日帝)와의 타협은 없었다. 할아버지는 창씨개명을 철저히 거부했다. 그로 인하여 1943년 아버지(故 조영준)는 중등학교 입학을 불허당했고 국내에서는 고등 교육을 받을 수 없게 되어 일본 동경으로 유학길에 올랐다.

---

4 일제의 지배를 인정하는 범위 내에서 자치권을 획득하여 독립을 위한 실력을 양성하자는 주장이다.

일제는 성균관을 경학원(經學院)으로 개칭하여 격하하였고, 천황의 하사금으로 운영하게 하며 식민지 교육을 강요하는 기관으로 전락시켰다. 할아버지는 1945년 광복 이후 일제로부터 빼앗겼던 성균관(成均館), 유도회(儒道會) 수복(修復)에 전념한다. 유림은 일제로부터 빼앗겼던 성균관의 권리, 재산, 기능 등을 되찾기 위해 유도회 총본부[5]를 조직하여 전국에 흩어진 유림을 규합한다. 또한 성균관대학교 설립에도 대성회 대표로서 역할을 하였다.

할아버지는 호남 유림의 대표로서 대성회(大成會) 회장으로 당선되어 전남 광주에서 사립(私立) 대성대학(大成大學)을 설립하였고 1948년 5월 광주 향교 명륜당에서 개교식을 했다. 창씨개명을 하지 않아 자녀의 중고등학교 입학 불허의 수모를 겪은 동시에 고등 교육을 위해 왜(倭)놈 나라로 유학 보내야 하는 부모 심정과 더불어 국립 대학의 필요성에 그는 재산을 털어 국립 전남대학교 설립 기성회에 모두 희사(喜捨)했다. 대성대학은 전남대학교 문리과 대학[6]으로 흡수되었고 지역 거점 국립 대학으로 거듭나게 되었다. 나를 비롯하여 가족이나 친지 모두 이 대학을 거쳐 가지 않은 사람이 없으며 할아버지의 넓은 혜안으로 자부심 있게 학교에 다닐 수 있게 해 주셔서 감사할 따름이다.

1948년 지역구 전남 화순 제헌국회의원에 당선된다. 호남 대성회는 물론이며 전국유도회 총본부를 포함한 유림의 대표(代表)가 의회 진출을 한 셈이다. 유교

---

5 성균관 대동회(大同會) 김성규 위원장. 서울 중심 유림 이재억 위원장. 영남 중심 대동유림회(大同儒林會) 이기원 위원장. 호남 중심 대성회(大成會) 조국현 위원장. 심산 김창숙을 대표 위원장으로 추대하여 성균관 대학 설립 및 기성회를 발족시킨 단체이다.

6 문학부: 법학과, 국문학과, 영문학과, 철학과, 사학과, 정치학과
이학부: 수학과, 물리학과, 화학과

가 5대 종교 지도자로 역할을 하던 시대이기도 하다. 제헌국회 2년의 의정 기간 의정 발언 횟수 300회가 넘게 열정적이고 압도적으로 의정 활동을 했다.

가장 큰 업적은 제헌국회 국호 논쟁 당시 국호를 '대한민국'[7]으로 반드시 해야 할 것을 발의하였다. 그의 요지는 이렇다. 대한민국을 국호로 씀으로써 3.1운동을 헌법 속에 살려 내고 임시정부의 법통을 계승한다는 게 요지이다. 대(大)자가 제국주의적이다. 대청(大淸)이니 대영(大英)이니 제국주의 칭호와 같아 쓸 수 없다는 의견도 있었다고 한다. 한학자이고 유학자인 그가 삼한(三韓: 마한 54개국, 진한 12개국, 변한 12개국)의 역사를 외우듯이 꿰고 있고 유창한 설명에 여기저기 감탄사가 흘러나왔다고 한다. '통합된 삼한'이라는 말이 '대한'이라 설명하였고 의원들 앞에 이러한 설득이 없었다면 국호는 어떻게 결정되었을지 모를 일이다.

그의 업적 중 하나는 「농지법」 제정이다. 각 문중(門衆)의 제위토(祭位土) 설정(設定) 조문을 삽입하는 데 성공하였다. 유림의 대표답게 문중 제사를 지내기 위한 실질적 재산권 보장을 입법으로 마련해 준 셈이다. 또한 친일파 척결을 위한 반민특위 위원으로서 활동하였고, "3천만 국민 모두 사상의 자유에 위배되어 「국가보안법」에 안 걸릴 수 없다."라며 자손만대의 죄를 짓는 행위로 규탄하고 입법 반대 입장을 개진하였다. 2004년 한참 「국가보안법」 폐지 및 「형법」 대체 이슈가 있을 때 그가 생각났다. 56년 앞을 내다보고 민권 사수를 위한 입법

---

7 제헌국회 제20차 회의 6월 29일(화) 국회 속기록
헌법기초위원 의결: 대한민국 17표, 고려공화국 7표, 조선공화국 2표, 한국 1표
본회의(찬반 투표): 재석 의원 188명 중 찬성 163인 반대 2인으로 대한민국 국호 본회의 통과

권자의 헌법적 권리를 행사했다는 점에서 감탄을 금할 수 없었다.

1951년 초 6.25전쟁이 한창이던 시기 나의 아버지(故 조영준, 당시 26세)가 제헌국회의원의 아들이라는 이유로 북한 인민군, 빨치산에 의하여 학살당한 끔찍한 해이다. 남한 단독 정부 수립의 주요 인사로 제거해야 할 요인으로 지령이 내려왔던 것으로 추측한다. 아버지는 친구 결혼식 동상례[8] 진행 중 죽창을 든 인민군이 들이닥쳐 아버지 포함 마을 사람 30여 명을 야산으로 끌고 가 구타하고 결박하였다고 한다. "내가 조국현의 아들이다." 이 사람들은 풀어 달라고 하여 30여 명 모두가 풀려나고 혼자서 풀려나지 못하고 화순군 도암면 천태산 골짜기로 끌려가 살해당하였다.

비극이고 내가 아홉 달 유복자(遺腹子)가 된 이유이다. 아버지는 할아버지와 마을 사람들 모두를 살리고 의인(義人)으로 생을 마감한 효자(孝子)이다. 2024년 4월 16일 정부 기관인 '진실·화해를위한과거사정리위원회'에 의하여 최종 진실 규명 결정되었다.

할아버지는 이승만 정권에 반대 견해에 섰다. 자유당 정권 하수인들의 성균관재단 장악이 가장 큰 이유이다. 조선 시대 고전 대학 역사 시점 원년으로(1398년) 삼고 조선 교육 기관의 기능을 온전히 받은 성균관대학교가 대한민국을 대표하는 대학 기능을 하기를 바라셨다. 경성제국대학의 후신인 서울대학교가 아닌 성균관대학교가 국립대학교의 역할을 하기를 바라셨다. 600년 전통의 성균관 정신이 깃든 국립 교육 기관이 없는 것이 통탄할 일이다. 이 배후에는 성

8 결혼식이 끝나고 친구들이 신랑을 괴롭히던 혼인 풍속. 술과 음식 대접 및 타족장(打足掌: 발바닥 때리기).

균관재단을 사리사욕처럼 이용하는 비정통파 경학원(일제의 성균관 격하 기관) 출신들이 성균관재단을 불법 점거했고 그 과정에서 자유당 그리고 이승만 파사현정(破邪顯正) 기치로 투쟁한다.

4.19혁명 이후에 성균관은 일시 수복됐다.

4.19혁명[9] 이후에 총선거가 진행됐고 역사상 처음으로 양원제 선거를 치렀다. 이 과정에서 할아버지 조국현은 6년 임기 초대 참의원(參議員)에 당선되었다. 초등학교 3학년이었던 나도 광주에서 서울로 전학이 확정됐던 시기이다. 5대 국회 출범 8개월 만에 5.16군사정변으로 국회는 해산되었고, 자유당 정권에서 수복된 성균관재단 사태도 군사 정권하에서 다시 미궁으로 빠졌고, 나의 서울 전학도 물거품이 되었다.

조국현 의원, 대법관 출신 유림 심농(心農) 김찬영 선생 등(정통파 유림으로 불림.)의 대법원 승소 판례에도 불구하고 군사 정권하에서 비정통파 경학원 출신 친일 유림이 성균관을 불법 점거하였다. 이 과정에서 비정상적으로 점거 중인 성균관대학교를 우리가 알고 있는 마지막 선비 심산(心山) 김창숙 선생이 비정통파 유림이 회유한 명예총장직을 수락하였다. 선생이 이러한 매절(賣切)하는 행위를 한 것은 고령의 나이에 그리고 말년을 변절하게 된 중요한 역사적 사건이다. 심산 김창숙 선생의 손자 김위, 손녀 김주 등이 할아버지의 잘못된 의사결정을 뒤집고 원복하려고 무던히 애썼지만 물거품이 되었다. 그 외 내용은 『성

---

9 4.19혁명 당시 원내 정치인은 아니었지만, 시민들로부터 "당신 같은 사람들이 정치를 똑바로 해라."라는 질책을 받자 고개 숙여 시민들께 "죄송하다."라고 사과 인사를 하던 할아버지가 생각난다. 이때 5대 선거에 출마 결심을 하신 것 같다.

균관 유도회 수난 약사』(운곡 김석원 저, 1962년) 일독을 권한다(김석원 씨는 심산 김창숙 선생의 제자).

박정희 정권이 굴욕적 한일협정을 체결하고 이 과정에서도 할아버지는 굴욕외교에 대해 성토했고 독재 정권의 노골적인 박해 속에서도 투쟁하셨다. 성균관을 다시 정통파 유림이 되찾는 길은 법률적인 대응밖에 없었다. 조국현은 1969년 6월 27일 74세의 연세로 전국유도회 총본부 부위원장 대(代) 위원장으로 성균관재단의 정통파 유림의 자치에 최종 손을 들게 해 줄 대법원 확정 판결이 나기 하루 전날 돌아가셨다. 민주당 정권에서 11대 법무부장관을 지낸 조재천(曺在千) 씨를 방문하고 나와 제2 한강교(현재 양화대교)를 건너시다가 삼륜차 기사(펩시콜라[10] 소속)에 의하여 교통사고로 의문사하셨다.

장례 절차는 서울에서 동지장(同地葬: 제헌동지회, 참의회, 유도회) 및 사회장으로 거행됐다. 그의 죽음이 남긴 것은 우리 가족에게 전세방 두 칸짜리가 전부였다. 그해 나는 19살이었는데 유복자로 태어나 아버지로 섬기던 할아버지와의 갑작스러운 작별은 큰 충격으로 다가왔다. 어머니 이용호 여사와 누나 조경희와 함께 유림 전통 방식 3년상(喪)을 매일 조상식(朝上食), 석상식(夕上食)으로 예를 드렸다. 할아버지의 죽음 이후 대법원 판결은 승소했지만, 실행 주체가 없어졌다. 그 결과 지금의 성균관의 모습인 것이다.

신홍렬(辛洪烈) 선생 등 호남 유림은 조부의 시문과 논설문을 수집하여 유고집을 발간하기 위해 노력하였다. 유고집은 1987년 가을이 되어서 발간되었다(남리

---

10 사망 사건 관련 재판 시 지금의 김앤장 수준의 대형 로펌 변호사로 고용되었었다.

유고: 南里 遺稿). 서문은 임시정부 국무령을 지낸 백강(白岡) 조경한(趙擎韓) 선생이 썼다. 1987년 당시 김대중 총재는 반독재 정치인이며 유림 독립운동가인 할아버지를 위해 '척사부정(斥邪不正)[11]' 휘호로 뒤늦은 유고집 출판을 축하했다.

독립운동가, 정치인, 성균관 유학자 등 많은 수식어가 붙지만, 그는 오로지 국가 그리고 교육 운동으로서 성균관을 지키려고 노력했다. 할아버지가 다섯 번의 선거를 치르는 동안 두 번 당선되었는데, 제헌국회의원, 최초 참의원이 될 수 있었던 것은 6.25전쟁으로 28세에 미망인이 된 며느리 이용호 여사의 '조국현가(家)'를 지키기 위한 온전한 헌신과 희생 없이는 불가능한 일이었다. 어머님의 직계에 딸과 손자, 손녀 등 박사 학위자가 4명이다. 지금은 고인이 된 어머니 이용호 여사께 진심으로 감사의 인사를 드리고 싶다.

11 척사부정: 부정한 것을 배척하고, 옳은 일을 돕는다.

1 조국현 의원 영결식: 서민호 대중당 당수(왼쪽), 유진오 신민당 당수(오른쪽)

2 조국현 의원 영결식: 유진오 헌법기초위원이자 신민당 당수(왼쪽) 조봉근(오른쪽), 글쓴이(손자)

3 1949년 3월 8일 성균관 명륜당/유도교도원 제1기 입학식
(앞줄 오른쪽 4번째 조국현 의원, 정중앙 백범 김구 선생)

4 조국현 선생 문집 출판 기념 / 척사부정 / 후광 김대중

42

제헌국회의원

조영규

관해(觀海) 조영규(曺泳珪)
제헌·3·4·5대 4선 국회의원

조상경 | 딸

나의 선친인 관해(觀海) 조영규(曺泳珪, 1913~1986) 선생은 국회 내에서 최다 발언자로 꼽히면서 입바른 말씀으로 면도칼이라는 별명을 갖고 계셨습니다. 정치 활동 내내 야당만 고집하시고, 서민과 함께 야인으로 사는 것을 두려워하지 않으셨습니다. 정의와 민생을 위해 투쟁적 정치를 펼치셨습니다. 이런 아버님은 누군가에게는 두려움의 대상이었고, 누군가에게는 존경의 대상이셨습니다.

선친의 이러한 정치적 성정은 저희 집안 내력과 깊은 연관이 있습니다. 선대로 거슬러 올라가면, 창녕(昌寧) 조(曺)씨 선조들께서는 정언(正言) 벼슬을 많이 하셨던 것입니다. 광해군 때는 직언 끝에 영광으로 유배되었던바, 후손인 아버님께서는 전라남도 영광 출신의 국회의원으로 활동하신 것입니다.

영광에서 종가를 형성하여 여러 대를 거치며 형성된 가옥은 아버님께서 사시던 때의 형태가 심전(心田) 안중식 화백의 「채화정망영광도(彩華停望靈光圖)」로 그 모습이 남아 있습니다.

저로부터 헤아려 오르면, 5대 조부 정2품 첨절제사 조병무 님, 정3품 비서원승 고조부 조강환 님은 구한말 조선 3대 갑부 중 한 분이셨고, 증조부 성균관박사 학천 조희경 님, 조부 금호 조설현 님까지 저희 집안은 호남 제일의 갑부로 호남에서 근대 기업의 근간을 주도하셨던 것으로 기록되어 있습니다. 조희경 님은 조선인 최초로 화학 공업인 조일비누공업을 인수, 경영하시고 조설현 님은 경성방직, 『조선일보』(신석우 대표 시, 1925년) 등에 투자하시고 해동은행을 친일 귀족 윤덕영에게 조선 최초 민족 자본으로 인수, 전무취체역(대표이사)을 맡으셨습니다. 심전의 그림은 그런 저희 집안의 가세를 보여 주고 있습니다.

아버님께서는 서울 유학생으로 경성 관철동 33번지에서 경성제일고보(현 경기고등학교)를 다니셨습니다. 이후 북경대학에서 경제학을 전공하셨습니다. 제가 할머니께 전해 듣기로는, 북경으로 학비를 보낼 때는 인삼 보따리로 보냈는데 이렇게 해서 독립 자금도 지원하려는 것이었다고 합니다.

한편 조부께서 미두(米豆)에 투자하셨다가 일제의 농간으로 전 재산을 경매당하는 처지에 이르렀습니다. 조부님께서는 일본 천황을 상대로 재판을 진행하셨습니다. 동경을 왕래하시던 중에 조부 금호 조설현 님이 의문의 사고로 생을 마감하셨습니다. 그런지라 일제강점기에서도 우리 자본으로 기업을 키워야 한다는 일념은 일본과 대립하는 가풍으로 이어졌습니다. 이 무렵 아버님은 종갓집 장손으로서 가솔들을 위해 삼일 밤낮을 물수레를 돌려 논에 물을 댔다고 하는데, 이 일화는 경기고등학교 동창들 사이에 귀감이 될 일로 회자되어 왔습니다. 아버님의 이런 강인한 성격은 오빠와 제게 전해졌고, 아울러 우리 남매는 일제 물품은 안 쓰는 것으로 교육받았습니다.

일제강점기 말 아버님은, 경성의대를 졸업한 의사였던 저의 숙부 조영완 님으로부터, 일본이 독립투사 자손 500여 명을 현해탄에서 수장시키려고 한다는 소식을 들었습니다. 아버님은 외과의사가 되면 전쟁을 벌인 일본도 어쩌지 못할 테니 목숨을 보존할 수 있으리라고 생각하셨습니다. 아버님은 선운사 암자로 숨어드셨습니다. 그리고 18개월 만에 의학 공부를 마치고, 전남도립병원에서 실습하면서 남들이 가장 꺼리는 궂은일들을 밤낮없이 처리하셨고, 마침내 의사 면허를 취득하셨습니다. 의사라는 직업은 이후 소신껏 정치 활동을 하실 수 있는 바탕이 되었습니다.

이후 해공(海公) 신익희 선생님의 권유로 영광에서 민주당 소속으로 제헌국회의원이 되셨습니다. 해공 선생님은 훗날 민주당은 아버님이 이끌어야 한다고 늘 말씀하셨습니다.

1950년 2대 국회의원 선거 때는 비서관으로 있었던 김창집의 배신으로 낙선의 패배를 맞으셨습니다. 김창집이 자유민주당의 사주를 받아 배신에 나섰던 것입니다. 그는 6.25전쟁 때 미아리 고개에서 숙부인 조영완 님과 당숙의 표적 사살을 교사했습니다. 아버님은 이후 더욱 투철한 반공 사상을 갖게 되었습니다. 3대 국회에서는 현재의 3.8선을 만드시기 위해 국내외적으로 고군분투하셨습니다. 또한 국산품 장려 정책과 한국 문화 예술 지원 정책, 농업 관련 정책 등 다양한 분야에서 애쓰셨습니다.

1954년 국회의 사사오입 개헌, 이어진 친일파 재집권은 더욱 아버님을 분노케 하였습니다. 이에 맞서시면서 더욱 강성파가 되셨던 것 같습니다.

한편 유석(維石) 조병옥 박사님은 조부님과 각별한 사이였습니다. 아버님은 그런 조 박사님과 뜻을 나누기도 하셨습니다. 조병옥 박사님의 미국행을 의사이셨던 선친은 강력히 반대하셨으나 아드님들의 권유로 미국행을 선택하심을 가장 애석하게 생각하셨으며 묘지를 직접 답사하시고 장례위원을 하셨습니다.

4대 국회의원 시절인 1960년 3.15 부정 선거와 사사오입 자유당 재집권에 반대하는 4.19혁명이 일어났습니다. 학생들의 추앙 대상이셨던 아버님은 학생들과 함께 시위에 나섰습니다. 불의 앞에서 한 치 망설임 없이 투쟁을 벌이신 것입니다.

5대 국회의원 시절에 5.16군사정변이 발생했습니다. 이때는 내무분과위원장을 맡고 계셨습니다. 군인들이 집에 와서 군홧발로 아버지를 연행해 가는 모습을 어렴풋이 기억합니다. 아버님은 한 치의 부정부패도 없었기에 바로 풀려나셨지만, 대쪽 같은 정치 행보를 보이셨기에 경계 대상으로 지목되어 무언의 탄압 대상이 되셨습니다. 박정희 전 대통령이 가장 회유하고 싶으면서도 가장 두려운 상대가 되어, 온갖 정치적 탄압을 받으신 것입니다.

이후 선친께서는 해공 신익희 선생님 이후 해위(海葦) 윤보선 전 대통령을 추대하시고 그 뜻을 같이하셨습니다. 1964년 김종필과 오히라의 한일 회담 반대 운동에 적극적으로 참여하셨습니다. 장충단공원의 시국 강연회에서 그 유명한 오징어 외교라는 발언으로 청중을 감동하게 하셨습니다. 앞으로는 경제 원조이지만 뒤로는 일제강점기에 희생되신 분들의 눈물을 팔아 버린 굴욕적인 김종필의 회담을 놓고, 아버님은 오징어가 먹물을 뿌려 주변 것을 더럽히듯 소중한 것들이 김종필의 회담에 가려지고 훼손되고 있다는 것을 날카롭게 지적하신 것입니다. 일제에 희생된 많은 사람의 눈물을 잊어서는 안 된다는 것을, 아버님은 오징어 외교라는 촌철살인의 비유로 지적하신 것입니다. 근자의 소녀상 건립은 아버님의 판단과 일맥상통한 것이라고 생각합니다.

이후에도 선친께서는 윤보선 전 대통령과 함석헌 옹, 사상계 장준하 선생님, 유진오 박사님과 함께 항상 시국을 걱정하는 모임에 앞장서시고, 또 유세장을 다니셨습니다. 그 결과로 정치적 탄압을 받으셨습니다.

저의 오빠인 고 조기상 의원이 제6대 국회의원 선거에 나설 때의 일입니다. 1963년 당시 오빠는 26세의 나이로 아버님으로부터 지역구를 물려받아 영광에서 출마했습니다. 이때 공화당은 아버님께서 역량을 발휘하실 것을 두려워해서 총력을 다한 정치 공세를 펼쳤습니다. 애석하게도 오빠는 낙선의 패배를 맛보게 되었습니다.

이후 아버님은 내외문제연구소를 개설하셔서 구국의 뜻을 같이하는 분들과 끊임없이 교류하며 정치 활동을 펼치셨습니다. 정의롭고 의연하며 소신 있게 정당 활동을 하시는 모습에, 신민당 당원들은 압도적 지지로 아버님을 1971년 신민당 상임위원회 의장으로 추대했습니다. 아버님은 김대중 전 대통령을 신민당 대통령 후보로 만드는 데 주력하셨습니다. 그리고 마침내 이철승 전 의원을 설득하는 데 성공하셨습니다.

1971년 갈현동 집에는 새벽마다 의원님들이 오셔서 회의를 하셨습니다. 그해 아버님은 7대 대통령 선거를 위해 김대중 후보와 전국을 다니시며, 전라도 천대론을 펴셨던 것이 기억납니다. 이것이 동서를 가르는 것이 되었을지도 모르겠습니다. 그렇다면 그것은 아버님의 과오인 듯합니다. 모든 사람은 공과 과가 있기 마련인가 봅니다.

아버님의 과오는 모든 일과 모든 인연에 책임을 다하려는 데서 비롯된 것 같습니다. 국회의원 재직 시에는 서울로 유학 온 청년들을 돌보아 주셨습니다. 대략 열 명 정도가 되는데, 아버님은 저에게 그들을 '시용 오빠(수양 오빠의 전라도 방언)'로 부르라고 하셨습니다. 아들처럼 청년들을 돌보아 주신 것은, 찾아온 청년들에 대한 당신의 책임감이 어떤 것인가를 보여 줍니다.

아버님께서는 1975년 정계를 은퇴하시고 낙향하셨습니다. 영광에서 개원하시고 돌아가실 때까지 의료 활동에 전념하셨습니다. 장날이면 아버님은 250여 명 정도의 환자를 진료하고는 하셨습니다. 이 중 1/3은 무료로 치료해 주셨습니다. 책임을 다하시려는 아버님의 자세는, 자신에게 몸을 맡긴 환자들에게도 지켜졌던 것입니다.

노년에도 해위 선생님과는 뜻을 같이하셨습니다. 1986년에 돌아가실 때까지 시국을 염려하시며 친분을 나누셨습니다. 한 번 맺은 인연은 소중히 여기고 책임을 다하려 하셨던 것입니다.

제 기억 속 아버님의 모습은 항시 바쁘셨고 많은 방문객 틈에 계셨습니다. 그 와중에도 새벽이면 부지런하게 화초를 가꾸셨습니다. 종갓집 장손으로서 모든 가족을 아우르는 데 한 치 흐트러짐이 없으셨습니다. 아무리 바빠도 다정다감한 성정 그대로 주변의 모든 것을 품어 주셨습니다.

강직하고 책임감 강하신 성정으로 면도날 같은 정치적 발언을 내놓으시던 아버님은 75세의 일기로 우리 곁을 떠나셨습니다. 돌아가시고 나니 대들보가 뽑힌 듯 그 빈자리는 깊고 넓기만 합니다. 그 자리가 무엇으로도 메워지질 않아 허전함이 끝이 없습니다.

1 국민훈장 무궁화장 수훈

2 3.8선 현장 답사 사진

3 장충단공원에서의 유세 장면

4 왼쪽부터 조영규 의원, 김대중 전 대통령 그리고 김영삼 전 대통령

43

제헌국회의원

지청천

지청천 장군의 아픔과 고뇌

지상철 | 손자

일평생 무장 독립운동으로, 광복 이후에는 국회의원으로 살아오신 백산(白山) 지청천(池青天, 1888~1957)[1] 장군의 남아 있는 일기를 통해 인간적인 모습을 살펴보고자 한다. 생전에 지청천 장군을 대면하여 생활했던 부모님과 고모님 등은 이미 작고하셔서 내용을 들을 수 없음이 안타깝다. 나는 태어나기도 전에 돌아가셔서 사진으로만 남아 있는 기록으로만 유추하여 볼 수 있을 뿐이다. 여기서는 크게 두 가지로 인간적인 아픔과 고뇌를 표현한 일기의 내용을 살펴보고자 한다. 첫째는 어머니에 대한 사모의 마음이고, 두 번째는 국민들이 살아가는 모습 속에서 인간적으로 긍휼히 여기는 마음이다.

1951년 5월 12일

5월은 아름다운 달이다. 5월 1일은 노동자의 날, 5월 5일은 어린이날, 5월 11일은 어머니날. 아- 어머니의 은덕이여. 산같이 높고 바다같이 깊다. 돌아가신 우리 어머니께서 내게 주신 엄위하고 자비 깊은 감화 덕택에 내가 여기까지 이를 수 있었다. 내가 청소년이었을 적 어머니께서 주도하신 지덕체 세 가지에 관한 교육은 오늘날 '누구라' 하

1 지청천/이청천.
제헌국회의원 당선 당시에는 암살 위험이 커서 어머니의 성씨인 '이'씨 성으로 활동하였다.

고 이름이 천하에 가득하게 하신 어머님의 고심의 결정으로 보인다. 간식하지 않는 습관과, 약은 효과보다 오히려 손해가 많다는 주의와, 아침에 일찍 일어나도록 하는 엄격하신 실습 등은 어려서 받은 교훈에 기인함을 잘 안다.

1951년 9월 12일

녹번리(碌磻里) 친가의 산에 가서 성묘하니 잡초가 무성하고 전란 시에 아들 된 도리를 다하지 못하니 가슴속이 답답함을 참을 수 없었다. 우리 부친과 모친의 사랑, 특히 과부로서 5세 된 외아들을 가난한 환경 가운데서 가르치고 기르시느라 고심하심과 항상 하신 말씀이 "내가 너 5세에 과부가 되어 오직 외아들인 너를 키우는 것은 내가 네 덕을 보려는 것이 아니다. 너는 훌륭한 사람이 되어서 나라에 충성한 영웅이 되어 문호를 빛내면 너는 부모의 뜻을 받드는 효자가 되어야 할 것이다." 이 말씀은 내가 평생에 잊지 못하는 유훈이었다.

1953년 2월 16일

오늘은 음력 정월 초하루, 어머니의 기일이라 약간의 술과 과일로 제사를 올렸다. 그날 어머니께서는 해 질 녘에 화장실에서 나오시다가 뇌일혈로 기절하여 쓰러지셨고 약간의 코피가 나왔는데, 다음 날 새벽 3시경에 돌아가셨다. 남긴 말씀이 없으셨다. 평소에 "나는 죽을 때 유언이 없을 것이다."라고 하시더니 그대로 되었다. 나는 그 당시 일본 도쿄 육군중앙유년학교 본과 1학년에 재학 중이었다. 그날 밤 꿈에 돌아가신 아버지께서 부채질을 하시며 "네 어머니는 나와 같이 간다."라고 말씀하시기에, 나는 곧바로 "이승과 저승이 다른데, 아버지께서 어머니와 같이 가신다니, 어머니가 돌아가신다는 말씀입니까?"라고 물었는데, 갑자기 아버지가 사라지셨다. 깨어나니 온몸이 떨리고 정신이 아찔했다. 오전 8시경에 본국 본가에서 전보를 받았다. 내용은 "모친 돌아가심. 속히 오라."였다.

아, 하늘과 땅이 어둡고, 한동안 정신이 혼미했다. 내 일생에서 가장 사랑하고 가장 두려워하던 어머니를 잃었을 때, 외국 유학으로 인해 시중도 못 들고 임종도 지키지 못한 것이 평생의 한이 되었다.

1955년 2월 18일

녹번리 선친과 모친의 묘에 성묘하고 돌아오니 정오였다. 생일 이후 잊지 않고 본분을 다하기 위해 성묘한 것이다. 어머니께서는 45세의 늦은 나이에 나를 출산하시느라 얼마나 고생하셨겠는가.

아, 부모님의 은덕이여! 어머니께서 가난한 살림에 외아들을 기르시며 얼마나 애쓰셨는지, 나의 어린 시절 모습이 생생히 기억에 남아 있다.

1953년 9월 15일

1. 요즘은 상당히 서늘해져서 아침저녁으로 선선하다. 여름철 더위도 어렵지만, 형편이 어려운 사람에게 추위는 큰 재앙이다. 서울로 돌아온 대다수 빈민의 겨울나기 문제, 주택과 연료 등이 걱정이다. 정부에서 주택이 없고 자활 능력이 없는 자는 서울로 오지 말라고 대통령이 특별 담화를 발표하는 등 소극적인 정책을 취하고 있으니, 이것이 옳은 일인지 그른 일인지 모르겠다. 서울 안에 이미 천여 명의 거지가 길거리에 방황하는 상황이다.
2. 한미재단의 한국 책임자로 이기붕 군이 임명되어 한국은행 2층 27호실에 사무소를 열고 87종의 원조 사업체에 원조금을 활발히 계속 지급하고 있다고 한다. 그런데 유독 군인유족회는 원조 대상에서 제외되고 있으니 매우 섭섭하다. 이는 동서양의 윤리와 가정 제도나 사회 제도가 다른 데서 기인한 것이라 한다. 군인 유족에 관한 원조를 호소한 것이 여러 번인데도 불구하고 항상 상이군인, 미망인 등을 경시하고, 유족인 노약자, 특히 자활 능력이 없는 사람의 구호 및 자립 생활 지도 등에 관하여

등한시할 뿐 아니라 구호 대상에서 제외하려고 한다. 가정 제도가 서양과 다른 우리로서 서구인의 윤리관에만 따르는 것이 옳은 일인가? 크게 연구하고 시정할 사회적 큰 문제이다. 전쟁을 한 번 치르고 나면 더욱이나 나라 안이 전쟁터가 되어 장기 작전을 경험한 후에는 많은 파산자와 거지들이 생기는 우리 한국의 실정을 무시하고 올바른 정치나 사기를 북돋울 수 있을까?

1953년 12월 7일

1. 오늘은 대설인데, 오전 10시경 약간의 눈발이 흩날리더니 잠시 후 그쳤다. 물이 얼고 한기가 점점 가까워지는 이때, 부산 대화재로 2천여 호가 모두 타 버린 데다가, 이른바 '하꼬방'이라고 하는 집들은 모두 화재의 원인이라 하여 철거한다고 하니, 집 없는 백성의 겨울나기를 어떻게 해야 할지 걱정이다. 서울도 방화 대책으로 하꼬방을 헐어 버린다니 새 집은 짓지 않고, 겨우 '하꼬방'이라도 있는 집까지 헐어 버리기만 하고 대책은 지지부진하니 딱한 일이다.

1954년 1월 13일

소한(小寒) 때 날씨가 봄 같더니, 지난 대한(大寒)도 마치 봄과 같았다. 한강도 올해는 얼지 않고 겨울을 넘겼으니, 연료가 부족하고 얇은 옷을 입은 가난한 백성을 돌보는 하늘의 마음이 이토록 깊은가, 감격스럽다.

1954년 12월 16일

날씨는 예년보다 3도나 더 낮은 혹한이었다. 굶주린 빈민들이 동사하는 일이 없기를 바란다. "백성이 먹고 살 걱정이 없고, 군사력이 튼튼하며, 백성이 정부를 신뢰해야 한다."는 것이 공자가 가르친 정치의 가장 큰 근본 요결이자, 만고불변의 진리다.

1955년 1월 7일

늦겨울 추위가 시작되어 동지 이후로 추위가 점점 심해지더니, 최근에는 영하 14.8도까지 내려가며 한강도 얼어붙고 생활고에 시달리는 빈곤한 사람들은 여러 가지 어려움을 겪고 있다. 고층 건물에서 스팀을 사용하는 부유층과 비교하면 생활 수준의 차이가 너무나 크다. 모든 국민이 최소한의 생활 균형을 누릴 수 있는 세상이 되어야 한다!

1 제헌국회의원 선거 결과(1948. 5. 10.)

2 제헌국회의원 단체 사진

3 제헌국회의원 단체 사진
(앞줄 오른쪽에서 세 번째 지청천 장군)

4 공군기지(사천비행장) 시찰

(오른쪽에서 네 번째 지정천 장군, 다섯 번째 최용덕 공군참모총장, 왼쪽에서 두 번째 우리나라 최초의 여류 비행사이자 독립운동가 권기옥 여사)

44

제헌국회의원

최범술

1975년 일흔하나 되던 해의 효당

효당(曉堂) 최범술(崔凡述) 제헌국회의원

최화정 | 아들[1]

선친 효당(曉堂) 최범술(崔凡述, 1904~1979) 제헌국회의원은 불교계의 원로로 독립운동가이며 교육자요, 사천시 제헌국회의원을 지낸 정치가이며 현대 한국 차도(茶道)의 중흥조이다. 젊은 시절 이름은 영환(英煥)이요 당호는 금봉(錦峯)이며 법호는 효당(曉堂)이다.

선친은 1904년 음력 5월 26일 진시(辰時)에 경남 사천군 서포면 밤섬(栗浦)에서 태어나 1945년 광복이 될 때까지 국내외에서 동지들과 함께 열렬한 항일 투쟁을 하다가 일제 총검하에 무려 수십 회 피검되어 옥고를 겪었다.

선친의 항일 정신은 지금의 초등학교 격인 사립 개진학교(開進學校)에 다니던 어린 시절에 이미 싹터 난폭한 일어 교사인 북촌방일(北村邦一)을 배척하는 궐기를 일으켜 학급 급우인 빈기홍·임성엽·신영곤과 함께 주모자로 지목되어 퇴학당함으로써 구체적으로 시작되었다.

중등 교육 기관인 해인사 지방학림에 수학하며 정진하던 1919년(己未年) 3월 1일 독립운동이 일어나자 선언서 일만 부를 복사하여 배부한 일로 곤양 헌병 분견대에 끌려가 일병 중 가장 포악하기로 소문난 취전(鷲田)이라는 헌병 특

1 동국대학교 일반대학원 불교학 박사 수료, (現)효당가 반야로 차도문화원 사무국장.

무조장에게 악랄한 폭행을 당한 후 지게에 지워져서 진주 감옥으로 옮겨지기도 했다.

그 후 1922년 일본 동경으로 건너가 고학하던 중, 박열(朴烈)과 만나게 되었고, 그 이듬해 박열·육홍균(陸洪均)·박흥곤(朴興坤) 등과 함께 일경(日警)이 말하는 '불령선인사(不逞鮮人社)'를 조직하고 『불령선인지(不逞鮮人誌)』를 월간으로 발간하며 투쟁했다. 선친은 박열과 밀의(密議)하여 중국 상해로 건너가 다물단(多勿團)을 만나 폭탄을 몰래 가져와 일본 천왕을 비롯한 일본 각료들을 폭사시키려고 한 이른바 '대역 사건(大逆事件)'에 연루되어 3년 가까이 피검되어 숱한 고통을 당했다. 그러나 선친은 굴하지 않고 오히려 일본 동경에서 김법린(金法麟)·강유문(姜裕文)·허영호(許永鎬)·박윤진(朴允進) 등과 함께 불교계의 항일 비밀 결사체인 '만당(卍黨)'을 결성하여 항일 투쟁을 전개해 나갔다.

또한 일본 유학 시절 인도 승려 달마바라(Anagārika Dharmapāla, 1864~1933)로부터 전해 받은 불사리(佛舍利) 3과를 범어사에 기증하여 탑을 세우고 봉안하였는데, 이는 인도의 대탑을 수리하던 중에 나온 것으로서 달마바라가 그 불사리 약간을 나누어 받아 세계 여러 나라에 전한 것 중의 일부이다.

1933년 일본 대정(大正)대학 본과를 졸업하던 무렵 '조선불교청년총동맹'의 제3대 중앙집행위원장에 피선되어 국내로 돌아와 주로 활동하였다. 이후 선친이 주지를 맡고 있던 경남 사천 다솔사(多率寺)는 그때부터 경남 일대의 독립운동 본거지로서 한용운(韓龍雲)·김범부(金凡夫)·김법린(金法麟) 등을 비롯한 수많은 애국지사가 모여 활동했다. 즉 다솔사 내에 불교전수강원(佛敎專修講院)과 경성의 명성여학교(현 동국대학교 사범대학 부속 여자중고등학교) 등을, 이듬해인 1934년 다솔사 인근에는 농민 자제들을 교육하기 위한 초등 교육 기관인 광명(光明)학원을 세워 그 초대 교장을 역임하면서 교육을 통한 애국을 꾀했으며 이에 따라 동지들과 함께 검거되기가 광복되기까지 수십 차례에 걸쳐 다년간 계속되었다. 특히 1937년 해인사에서 『고려대장경』의 인경 작업을 불교계의 비밀 항일 결사 단체인 만당(卍黨) 당원들과 수행하면서 이를 감독하였다. 이 인경 작업과 자료 조사를 통해서 요(遼)나라 대장경의 대안본(大安本)과 수창본(壽昌本), 원효 대사의 『십문화쟁론(十門和諍論)』 일부, 의상 대사의 『백화도량발원문(白花道場發願文)』, 『대각국사문집(大覺國師文集)』 등을 발견하였다.

그러한 수난의 시기에도 선친은 또 만해, 박광(朴洸), 김봉률(金奉律), 김적음(金寂音) 등과 연결되어 비밀리에 독립 자금을 모금하여 중국에 있던 항일 단체에 보냈다. 또한 1943년 우리의 역사를 온전히 전하고자 단재 신채호 선생의 유고 수집 건으로 13개월간 동지들과 경남도감방에 사상범으로 피검되어 옥고를 치렀다. 이후 1945년 초중순 조선총독부가 주도하여 790명이 수록된 『조선인요시찰인약명부(朝鮮人要視察略名簿)』에 민족주의적 성향으로 정치적 요시찰 대상자로 기록되었다.

광복 후 조선불교중앙총무원(총무원장 김법린)의 설립을 주도하여 총무부장에 취임하였고, 1946년 3월 『신생(新生)』 창간호에 신채호 선생의 『조선사』 복간본 연재를 시작했다.

이후 1947년 미소공동위원회 대한불교단체 대표에 피임되었고, 이 해에 해인사 주지가 되었으며, 1948년 선거 당시 삼천포 사천 지역에서 출마하여 제헌국회의원에 당선되었다. 이후 무소속구락부를 중심으로 재정위원과 간사로 활동하면서 반민법과 '유상몰수(有償沒收) 유상분배(有償分配)'를 위주로 하는 농지 개혁을 주도하였다. 이러한 미소공동위원회의 반탁 운동 참여와 '유상(有償)' 위주의 농지 개혁 주장으로 남로당을 비롯한 불교계 좌익과 대립하였다. 그러나 이승만 정권과는 좌우 간의 대화를 주장한 이유로 정국에 대한 인식에서 근본적인 차이를 보였다.

또한 선친은 불교중앙총무원 총무부장으로서 1946년 국립부산대학의 설립에 불교계가 자금의 절반을 충당하도록 하였고, 다시 1947년 해공(海公) 신익희(申翼熙)가 주도한 '국민대학관'에 참여하여 정식 대학인 '국민대학'(학장 신익희)으로 인가받으면서 초대 이사장에 취임하였다. 그러나 이후 대학 운영상의 문제로 해공 측과 갈등을 겪었다. 1951년 해인사를 내습한 공비(共匪)와 우리 측 군경으로부터 해인사를 보호하였으며, 이후 해인중고등학교를 창설하였다. 그 이듬해에 국민대학과 분리된 해인대학(현 경남대학교)을 설립하고 이사장에 취임하였다.

또한 만해 선생의 『한용운 전집』의 간행을 수차례 시도하여 편찬을 꾀하였으며, 여러 가지 애로 끝에 드디어 1973년 7월에 발간하게 되었다. 이듬해 『대각국사문집』을 발간하였다.

만년에는 오로지 불교인으로서 평생 전념해 온 원효 성사(聖師)의 사상 및 그 교학의 복원과 연구에 전념하여 도제(徒弟) 양성에 힘을 기울였고 또한 잊혀 가던 차 문화(茶文化)를 중흥시켜 현대 한국 차도(茶道)의 중흥조로서 그 방면에 이바지한 공적이 크다.

1969년에 국민훈장 무궁화장을 수훈했고 1979년 7월 10일 서울에서 입적(入

寂)했다. 1990년 건국훈장 애족장이 추서되었으며 1996년 10월 9일 국립대전현충원에 안장되었다.

학문적 관심은 원효(元曉)·의천(義天)·초의(艸衣)·만해(卍海) 등에 많았으며 「원효대사반야심경복원소(元曉大師般若心經復元疏)」, 「십문화쟁론복원(十門和諍論復原)을 위한 모집 자료」, 「해인사사간루판목록(海印寺寺刊鏤板目錄)」, 「해인사와 3.1운동」 등의 논문과 기고문 『사람은 어떻게 살아야 하나』, 『한국(韓國)의 차도(茶道)』 등의 저서가 있다.

근래에는 『효당 최범술 문집』(민족사, 2013) 1~3권과 연구서인 『효당 최범술의 불교(佛敎)와 차도(茶道)』(민족사, 2024) 등이 발간되었다.

1 일본 대정대학 졸업 기념
(앞줄 왼쪽에서 두 번째)

2 해인대학 제4회 졸업 기념(첫줄 왼쪽에서 6번째) 단기 4286년 3월 21일

3 석굴암에서(왼쪽 아래 효당, 의제 허백련, 지운 김철수)

4 왼쪽부터 제헌국회의원 백곡 김진구, 한학자 육천 안붕언, 효당, 변호사 김달호(조봉암의 친구), 제헌국회의원 인석 강달수

大韓民國憲法

前文

悠久한歷史와傳統에빛나는
韓國民은 己未三一運動으로大
建立하여 世界에宣布한偉大한
을繼承하여 이제民主獨立國家를
에있어서 正義人道와同胞愛로써
結을鞏固히하며 모든社會的弊
하고 民主主義諸制度를樹立하
濟、社會、文化의모든領域에있
의機會를均等히하고 能力을最
揮케하며 各人의責任과義

부록

제헌국회의원 명단[1]

강기문(姜己文)

1899~미상
6.25전쟁 중 납북
경상남도 산청. 무소속

강달수(姜達秀)

1905. 5. 18.~1981. 6. 24.
경상남도 하동. 부산15구락부
* 대한민국 제헌국회의원유족회 활동

강선명(姜善明)

1905. 10. 3.~1981. 1. 12.
전라남도 목포. 무소속
* 대한민국 제헌국회의원유족회 활동

강욱중(姜旭中)

1909. 2. 19.~미상
6.25전쟁 중 납북
경상남도 함안. 조선민족청년단
* 대한민국 제헌국회의원유족회 활동

곽상훈(郭尙勳)

1896. 10. 21.~1980. 1. 19.
경기도 인천 갑. 무소속

구중회(具中會)

1897. 4. 21.~미상
6.25전쟁 중 납북
경상남도 창녕. 무소속
* 대한민국 제헌국회의원유족회 활동

---

1 한자 표기/ 생몰 연도/ 선거구/ 소속 정당 또는 단체/ * 후손 대한민국 제헌국회의원유족회 활동 여부.
내용은 대한민국헌정회 「회원 프로필」, 한국사데이터베이스 「근현대 인물 자료」(국사편찬위원회), 『한국 민족문화 대백과사전』(한국학중앙연구원), 「역대 국회의원 인적 사항」(국회), 유족 제공 정보 참조. 위의 자료에서 생몰 연도가 확인되지 않는 경우 각주에 다른 출처를 표기하였다.
사진은 유족 제공 자료와 『사진으로 본 국회 20년, 1948~1967』[한국정경사 편(1968), 한국정경사, pp. 31~55.]에 수록된 자료임을 밝혀 둔다. 그리고 「대한민국헌법」 공포 기념 단체 사진(원장길 의원 유족 제공)의 고화질 복원을 통해 프로필 사진을 확보하기도 하였다. 다만 위 자료에 사진이 누락된 김교중 의원(전라북도 무주)과 홍순영 의원(북제주 갑)은 헌정회 프로필과 유족으로부터 적합한 사진을 확보하지 못하여 프로필 사진을 수록하지 못하였음을 밝혀 둔다.

권병로(權炳魯)

1903. 5. 14.~1988. 5. 11.
경상북도 의성 을.
대한독립촉성국민회
* 대한민국 제헌국회의원유족회 활동

권태욱(權泰郁)

1910. 10. 15.~1981. 6. 11.[2]
경상북도 마산. 무소속

권태희(權泰羲)

1907. 4. 2.~미상
6.25전쟁 중 납북[3]
경상북도 김천 갑. 무소속

김경도(金景道)

1905. 4. 7.~미상
6.25전쟁 중 납북
경상남도 함양. 대한독립촉성국민회
* 대한민국 제헌국회의원유족회 활동

김경배(金庚培)

1894. 10. 5.~미상
6.25전쟁 중 납북
경기도 연백 갑. 무소속

김광준(金光俊)

1915. 11. 15.~1971. 2. 24.
강원도 울진. 무소속
* 대한민국 제헌국회의원유족회 활동

김교중(金敎中)

1911. 10. 9.~1950.
6.25전쟁 중 사망
전라북도 무주. 대동청년단
* 대한민국 제헌국회의원유족회 활동

김교현(金敎賢)

1889. 4. 2.~미상
6.25전쟁 중 납북
충청북도 보은. 무소속

김기철(金基喆)

1917. 5. 31.~1986. 10. 10.
충청북도 충주. 대동청년단

김덕렬(金德烈)

1910. 9. 2.~미상
6.25전쟁 중 납북
경기도 양주 갑. 무소속
* 대한민국 제헌국회의원유족회 활동

2 『경향신문』, 1981. 6. 12. 11면

3 『동아일보』, 1983. 5. 29. 1983. 6. 2. 2면

김도연(金度演)

1894. 6. 16.~1967. 7. 19.
서울 서대문. 한국민주당

김동원(金東元)

1884. 2. 1.~미상
6.25전쟁 중 납북
서울 용산. 한국민주당

김동준(金東準)

1905. 6. 10.~미상
충청남도 서산 을. 무소속

김명동(金明東)

1903. 11. 25.~1950.
충청남도 공주 갑. 무소속

김문평(金汶枰)

1906.~1987. 1. 27.
전라남도 여수 갑.
대한독립촉성국민회

김병회(金秉會)

1917. 9. 17.~미상
6.25전쟁 중 납북
전라남도 진도. 무소속
* 대한민국 제헌국회의원유족회 활동

김봉두(金奉斗)

1906. 4. 8.~1972. 7. 22.
전라북도 장수. 무소속

김봉조(金鳳祚)

1905. 1. 19.~1983. 5. 5.
경상북도 청송. 교육협회
* 대한민국 제헌국회의원유족회 활동

김상덕(金尙德)

1891. 12. 10.~미상
6.25전쟁 중 납북
경상북도 고령. 민족통일본부
* 대한민국 제헌국회의원유족회 활동

김상돈(金相敦)

1901. 6. 9.~1986. 4. 30.
서울 마포. 무소속

김상순(金相舜)

1901. 10. 10.~미상
전라남도 장성. 한국민주당

김상호(金尙鎬)

1901. 1. 2.~1982. 2. 9.
전라남도 나주 을. 한국민주당
* 대한민국 제헌국회의원유족회 활동

김수선(金壽善)

1911. 6. 26.~1972. 7. 25.
경상남도 울산 갑. 무소속

김약수(金若水)

1890. 10. 21.~미상
6.25전쟁 중 납북
경상남도 동래. 조선공화당

김영기(金英基)

1905. 1. 8.~1989. 5. 1.
경기도 안성. 대한독립촉성국민회
* 대한민국 제헌국회의원유족회 활동

김영동(金永東)

1907. 9. 1.~미상
6.25전쟁 중 납북
전라북도 고창 갑. 무소속
* 대한민국 제헌국회의원유족회 활동

김옥주(金沃周)

1915. 4. 5.~미상
6.25전쟁 중 납북[4]
전라남도 광양. 무소속
* 대한민국 제헌국회의원유족회 활동

김용재(金用在)

1912. 12. 19.~1958. 1. 31.[5]
충청남도 당진.
대한독립촉성국민회
* 대한민국 제헌국회의원유족회 활동

김용현(金用鉉)

1914. 2. 18.~미상
전라남도 무안 갑. 한국민주당

김용화(金鏞化)

1902. 1. 23.~1970. 8. 16.[6]
충청남도 천안. 무소속
* 대한민국 제헌국회의원유족회 활동

김우식(金禹植)

1888. 2. 20.~미상
6.25전쟁 중 납북
경상북도 달성. 전도회
* 대한민국 제헌국회의원유족회 활동

김웅권(金雄權)

1897. 6. 16.~1961. 2. 25.
경기도 파주. 무소속
* 대한민국 제헌국회의원유족회 활동

---

4 『경향신문』, 1980. 9. 12. 1980. 9. 16. 1면 참조

5 「당진 향토 문화 백과」, 『디지털 당진 문화 대전』 (https://dangjin.grandculture.net/dangjin) 참조

6 『디지털 천안 문화 대전』 (https://cheonan.grandculture.net) 참조

김웅진(金雄鎭)

1905. 10. 11.~미상
6.25전쟁 중 납북
경기도 수원 을. 무소속
* 대한민국 제헌국회의원유족회 활동

김익기(金翼基)

1916. 2. 19.~1992. 10. 1.
경상북도 안동 갑.
대한독립촉성국민회

김익노(金益魯)

1905. 4. 15.~1962. 8. 24.
경상북도 영일 을. 무소속
* 대한민국 제헌국회의원유족회 활동

김인식(金仁湜)

1913. 12. 22.~2008. 2. 25.
경기도 옹진 을. 대동청년단

김장열(金長烈)

1899. 5. 24.~미상
6.25전쟁 중 납북
전라남도 완도. 무소속
* 대한민국 제헌국회의원유족회 활동

김재학(金載學)

1897.~1984. 11. 21.
경상남도 통영 갑. 한국민주당

김종문(金鍾文)

1907. 3. 11.~1950.
6.25전쟁 중 사망
전라북도 정읍 을. 한국민주당

김종선(金鍾善)

1900. 10. 12.~1950.
6.25전쟁 중 사망
전라남도 구례. 한국민주당
* 대한민국 제헌국회의원유족회 활동

김준연(金俊淵)

1895. 3. 14.~1971. 12. 31.
전라남도 영암. 한국민주당

김중기(金仲基)

1901~미상
6.25전쟁 중 납북
전라남도 장흥. 무소속

김진구(金振九)

1906. 7. 29.~1987. 4. 5.
강원도 삼척. 대한독립촉성국민회
* 대한민국 제헌국회의원유족회 활동

김철(金喆)

1896. 9. 6.~1978. 3. 21.
경상북도 경주 갑.
대한독립촉성국민회

김철수(金銕洙)

1906. 12. 2.~1973. 7. 3.
충청남도 부여 을.
대한독립촉성국민회
* 대한민국 제헌국회의원유족회 활동

김태수(金泰洙)

1905. 1. 29.~1970. 8. 14.[7]
경상남도 창원 갑.
대한독립촉성국민회
* 대한민국 제헌국회의원유족회 활동

김효석(金孝錫)

1894.~미상
6.25전쟁 중 납북
경상남도 합천 을.
대한독립촉성국민회

남궁현(南宮炫)

1912. 2. 14.~1986. 11. 24.
충청남도 부여 갑.
대한독립촉성국민회
* 대한민국 제헌국회의원유족회 활동

노일환(盧鎰煥)

1914. 4. 3.~미상
6.25전쟁 중 납북
전라북도 순창. 한국민주당
* 대한민국 제헌국회의원유족회 활동

라용균(羅容均)

1895. 2. 25.~1984. 7. 6.
전라북도 정읍 갑. 한국민주당
* 대한민국 제헌국회의원유족회 활동

류래완, 류래한
(柳來琓, 柳來漢)[8]

1888. 5. 12.~1956. 9. 12.
경기도 양평. 무소속
* 대한민국 제헌국회의원유족회 활동

류준상(柳俊相)

1911. 4. 19.~1950. 9. 26.
6.25전쟁 중 사망. 전라북도 완주 갑.
대한독립촉성국민회
* 대한민국 제헌국회의원유족회 활동

문시환(文時煥)[9]

1897. 8. 12.~1973. 11. 11.
경상남도 부산 갑.
조선민족청년단
* 대한민국 제헌국회의원유족회 활동

민경식(閔庚植)

1920. 12. 30.~2000. 12. 22.
경기도 용인. 대한독립촉성국민회

---

7 『동아일보』, 1970. 8. 15. 7면. 참조

8 원명은 류래완. 국회의원 당선 후, 류래한으로 개명하였다.

9 「독립유공자 공적 정보」, 『공훈전자사료관』 (https://e-gonghun.mpva.go.kr) 참조

박기운(朴己云)

1912. 10. 3.~1993. 10. 24.
충청북도 청주. 무소속
* 대한민국 제헌국회의원유족회 활동

박상영(朴湘永)

1918. 5. 13.~1995. 12. 23.
경상북도 예천. 한국민주당
* 대한민국 제헌국회의원유족회 활동

박순석(朴順碩)

1904. 2. 18.~1992. 2. 27.
경상북도 영일 갑. 무소속

박우경(朴愚京)

1894. 7. 4.~미상
충청북도 영동. 무소속

박윤원(朴允源)

1908.~미상
6.25전쟁 중 납북
경상남도 남해. 무소속

박종남(朴鐘南)

1915. 7. 27.~1968. 10. 11.
전라남도 광산. 무소속
* 대한민국 제헌국회의원유족회 활동

박종환(朴鐘煥)

1904. 1. 17.~미상
6.25전쟁 중 납북
경상북도 청도. 대한독립촉성국민회
* 대한민국 제헌국회의원유족회 활동

박준(朴峻)

1905. 6. 7.~1973. 12. 16.
경상북도 군위. 무소속

박찬현(朴瓚鉉)

1917. 9. 23.~1991. 9. 25.
경상남도 부산 정. 무소속
* 대한민국 제헌국회의원유족회 활동

박해극(朴海克)

1882. 2. 14.~미상
6.25전쟁 중 납북
경상남도 밀양 을. 무소속

박해정(朴海禎)

1916. 7. 21.~1966.
경상북도 경산. 무소속

배중혁(裵重赫)

1922. 2. 10.~미상
6.25전쟁 중 납북
경상북도 봉화. 대동청년단

배헌(裵憲)

1896. 4. 27.~1955. 3. 3.
전라북도 이리. 무소속

백관수(白寬洙)

1889. 1. 28.~미상
6.25전쟁 중 납북
전라북도 고창 을. 한국민주당
* 대한민국 제헌국회의원유족회 활동

백남채(白南埰)

1886. 1. 1.~1950.
경상북도 대구 병. 한국민주당

백형남(白亨南)

1915. 11. 3.~1950. 9. 29.
6.25전쟁 중 사망
전라북도 익산 갑. 대동청년단
* 대한민국 제헌국회의원유족회 활동

서상일(徐相日)

1885. 7. 9.~1962.
경상북도 대구 을. 한국민주당

서성달(徐成達)

1892. 12. 7.~미상
경기도 고양 갑.
대한독립촉성국민회

서순영(徐淳永)

1900. 6. 17.~1983. 5. 9.
경상남도 통영 을. 무소속

서용길(徐容吉)

1912. 8. 6.~1992. 6. 18.
충청남도 아산. 무소속
* 대한민국 제헌국회의원유족회 활동

서우석(徐禹錫)

1889. 12. 6.~1966.
전라남도 곡성. 한국민주당
* 대한민국 제헌국회의원유족회 활동

서이환(徐二煥)

1894~미상
경상북도 울릉도. 무소속

서정희(徐廷禧)

1886~미상
6.25전쟁 중 납북
경기도 포천. 한국민주당
* 대한민국 제헌국회의원유족회 활동

성낙서(成樂緖)

1905. 6. 23.~1988. 11. 24.
충청남도 대전.
대한독립촉성국민회
* 대한민국 제헌국회의원유족회 활동

손재학(孫在學)

1901. 12. 28.~1989. 3. 29.
충청남도 홍성.
대한독립촉성국민회
* 대한민국 제헌국회의원유족회 활동

송봉해(宋鳳海)

1887. 12. 18.~1971. 4. 26.
전라남도 해남 갑.
대한독립촉성국민회
* 대한민국 제헌국회의원유족회 활동

송진백(宋鎭百)

1905. 10. 3 - 1983. 12. 18.
충청남도 대덕.
대한독립촉성국민회
* 대한민국 제헌국회의원유족회 활동

송창식(宋昌植)

1900. 7. 4.~미상
6.25전쟁 중 납북
경기도 이천. 대한독립촉성국민회
* 대한민국 제헌국회의원유족회 활동

송필만(宋必滿)

1890.~1978. 7. 23.
충청북도 진천. 한국민주당
* 대한민국 제헌국회의원유족회 활동

신광균(申光均)

1897. 3. 28.~1974. 4. 26.
경기도 개풍. 대한독립촉성국민회
* 대한민국 제헌국회의원유족회 활동

신방현(申邦鉉)

1892. 2. 28.~1973. 12. 7.
충청남도 공주 을. 무소속
* 대한민국 제헌국회의원유족회 활동

신상학(辛相學)

1913.~미상
6.25전쟁 중 납북
경상남도 김해 갑. 무소속
* 대한민국 제헌국회의원유족회 활동

신성균(申性均)

1907. 6. 8.~미상
6.25전쟁 중 납북
전라북도 전주. 무소속

신익희(申翼熙)

1894. 7. 11.~1956. 5. 5.
경기도 광주. 대한독립촉성국민회
* 대한민국 제헌국회의원유족회 활동

신현돈(申鉉燉)

1904. 4. 9.~1965.
전라북도 무주.
대한독립촉성국민회

신현모(申鉉謨)

1894. 1. 8.~1975. 1. 29.
경기도 연백 을. 한국민주당
* 대한민국 제헌국회의원유족회 활동

안준상(安駿相)

1898. 1. 9.~1994. 12. 27.
경상남도 의령. 조선민족청년단

양병직(梁秉直)

1908. 11. 8~1975. 10. 13.
제주도 북제주 을. 대한청년단
* 대한민국 제헌국회의원유족회 활동

연병호(延秉昊)

1904. 11. 22.~1963.
충청북도 괴산. 무소속

오기열(吳基烈)

1889. 3. 9.~1950. 8.
6.25전쟁 중 사망
전라북도 진안. 무소속

오석주(吳錫柱)

1888. 12. 1.~1952. 6. 1.[10]
전라남도 고흥 갑.
대한독립촉성국민회
* 대한민국 제헌국회의원유족회 활동

오용국(吳龍國)

1905. 10. 28.~미상
6.25전쟁 중 납북
제주도 남제주. 무소속
* 대한민국 제헌국회의원유족회 활동

오택관(吳澤寬)

1888. 4. 20.~미상
6.25전쟁 중 납북
경기도 옹진 갑. 한국독립당

오택열(吳宅烈)

1898. 3. 6.~미상
6.25전쟁 중 납북
경상북도 영덕.
대한독립촉성국민회

원용균(元容均)

1892. 12. 24.~1961. 11. 19.
강원도 횡성. 대한독립촉성국민회

원용한(元容漢)

1877. 4. 26.~1959. 2. 28.
경기도 여주. 대동청년단

원장길(元長吉)

1912. 12. 12.~2002. 2. 9.
강원도 강릉 갑. 대동청년단
* 대한민국 제헌국회의원유족회 활동

유성갑(柳聖甲)

1910. 11. 11.~1950. 9. 28.
6.25전쟁 중 사망[11]
전라남도 고흥 을. 단민당
* 대한민국 제헌국회의원유족회 활동

---

10 「독립유공자 공적 정보」, 『공훈전자사료관』 (https://e-gonghun.mpva.go.kr) 참조
11 「부산 향토 문화 백과」, 『부산 역사 문화 대전』 (https://busan.grandculture.net) 참조

유진홍(俞鎭洪)

1890. 12. 10.~1978. 5. 22.
충청남도 논산 갑.
대한독립촉성국민회

유홍렬(柳鴻烈)

1907. 2. 2.~1966. 9. 17.[12]
충청북도 제천. 무소속
* 대한민국 제헌국회의원유족회 활동

육홍균(陸洪均)

1900.~1983. 7. 5.[13]
경상북도 선산.
대한독립촉성국민회

윤병구(尹炳求)

1911. 9. 14.~1985. 6. 20.[14]
충청남도 예산. 무소속

윤석구(尹錫龜)

1892. 3. 15.~1950.
6.25전쟁 중 사망
전라북도 군산. 무소속
* 대한민국 제헌국회의원유족회 활동

윤재근(尹在根)

1910. 11. 26.~1972. 1. 24.
경기도 강화. 무소속

윤재욱(尹在旭)

1910. 8. 25.~1996. 6. 2.
서울 영등포. 대동청년단
* 대한민국 제헌국회의원유족회 활동

윤치영(尹致暎)

1898. 2. 10.~1996. 2. 9.
서울 중구. 한국민주당
* 대한민국 제헌국회의원유족회 활동

이강우(李康雨)

1889.~미상
6.25전쟁 중 납북
경상남도 진주. 무소속
* 대한민국 제헌국회의원유족회 활동

이구수(李龜洙)

1912.~미상
6.25전쟁 중 납북
경상남도 고성. 무소속

---

12 「제천 향토 문화 백과」, 『디지털 제천 문화 대전』 (https://jecheon.grandculture.net/jecheon) 참조

13 『동아일보』, 1983. 7. 6. 11면

14 『매일경제』, 1985. 6. 21. 11면

이남규(李南圭)

1901. 2. 29.~1976. 8. 30.
전라남도 목포.
대한독립촉성국민회

이만근(李萬根)

1913. 1. 11.~미상
6.25전쟁 중 납북
충청북도 청원 을. 무소속

이문원(李文源)

1907. 8. 10.~미상
6.25전쟁 중 납북
전라북도 익산 을. 무소속

이범교(李範敎)

1888. 7. 27.~1951. 12. 29.[15]
경상북도 영천 을.
대한독립촉성국민회

이병관(李炳瓘)

1908. 2. 20.~1961. 11. 21.
경상북도 김천 을. 무소속
* 대한민국 제헌국회의원유족회 활동

이병국(李炳國)

1882. 9. 15.~1949. 4. 8.
충청남도 천안.
대한독립촉성국민회
* 대한민국 제헌국회의원유족회 활동

이상돈(李相敦)

1912. 3. 20.~1997. 7. 14.
충청남도 천안. 민주국민당
* 대한민국 제헌국회의원유족회 활동

이석(李錫)

1907. 3. 17.~미상
6.25전쟁 중 납북. 경상북도 경주 을.
대한독립촉성국민회
* 대한민국 제헌국회의원유족회 활동

이석주(李錫柱)

1904. 1. 28.~1998. 10. 30.
전라북도 완주 을.
대한독립촉성농민총연맹

이성득(李聖得)

1899. 5. 5.~1985. 4. 16.
경기도 개성. 무소속
* 대한민국 제헌국회의원유족회 활동

이성우(李成佑)

1897.~1965. 8. 7.[16]
전라남도 함평. 무소속
* 대한민국 제헌국회의원유족회 활동

이성학(李聖學)

1906. 10. 14.~1980. 10. 22.
전라남도 해남 을. 대동청년단

15 「대구 향토 문화 백과」, 『대구 역사 문화 대전』(https://www.grandculture.net/daegu) 참조

16 함평이씨대종회 인터넷 족보, p. 1067(http://www.hampyeonglee.com) 참조

이승만(李承晩)

1875. 3. 26.~1965. 7. 19.
서울 동대문 갑.
대한독립촉성국민회
* 대한민국 제헌국회의원유족회 활동

이영준(李榮俊)

1896. 9. 17.~1968.
서울 동대문 을. 한국민주당
* 대한민국 제헌국회의원유족회 활동

이요한(李要漢)

1899. 3. 10.~1988. 3. 29.
전라북도 옥구.
대한독립촉성국민회

이원홍(李源弘)

1903. 3. 9.~1976. 4. 7.[17]
경상남도 합천 갑.
대한독립촉성국민회

이유선(李裕善)

1903. 11. 14.~1974. 7. 8.[18]
경기도 부천.
대한독립촉성국민회

이윤영(李允榮)

1890. 10. 2.~1975. 10. 15.[19]
서울 종로 갑. 조선민주당

이의상(李宜相)

1889. 9. 15.~1968. 12. 18.
충청북도 음성.
대한독립촉성국민회

이인(李仁)

1896. 9. 20.~1979. 4. 5.
서울 종로 을. 무소속
* 대한민국 제헌국회의원유족회 활동

이재학(李在鶴)

1904. 5. 31.~1973. 11. 23.
강원도 홍천. 무소속
* 대한민국 제헌국회의원유족회 활동

이재형(李載瀅)

1914. 11. 7.~1992. 1. 30.
경기도 시흥. 무소속
* 대한민국 제헌국회의원유족회 활동

---

17 『조선일보』, 1976. 4. 9. 7면 참조
18 『경향신문』, 1974. 7. 9. 7면 참조
19 『경향신문』, 1975. 10. 17. 1면 참조

이정기(李珵器)

1915. 12. 28.~1966. 8. 13.[20]
전라북도 남원. 조선민족청년단

이정래(李晶來)

1899.~1989. 7. 28.
전라남도 보성. 한국민주당

이종근(李鍾根)

1907. 8. 27.~미상
충청남도 청양.
대한독립촉성국민회

이종린(李鐘麟)

1883. 2. 11.~1950. 9. 28.
6.25전쟁 중 사망
충청남도 서산 갑. 무소속

이종순(李鍾淳)

1891. 11. 14.~미상
강원도 춘성.
대한독립촉성국민회

이주형(李周衡)

1906. 1. 6.~미상
6.25전쟁 중 납북. 경상남도 밀양 갑.
대한독립촉성국민회
* 대한민국 제헌국회의원유족회 활동

이진수(李鎭洙)

1900. 8. 7.~1968. 12. 9.
경기도 양주 을. 무소속
* 대한민국 제헌국회의원유족회 활동

이항발(李恒發)

1891. 11. 25.~1957.
전라남도 나주 갑. 무소속

이호석(李浩錫)

1911. 11. 12.~1959. 8. 30.
경상북도 성주. 무소속

이훈구(李勳求)

1906. 6. 6.~1960. 6. 13.
충청남도 서천. 무소속
* 대한민국 제헌국회의원유족회 활동

임석규(林奭奎)

1907. 2. 16.~미상
충청남도 보령. 대동청년단

임영신(任永信)

1899. 11. 20.~1977. 2. 17.[21]
경상북도 안동 을.
대한여자국민당

---

20 『동아일보』, 1966. 8. 20. 7면 참조

21 『경향신문』, 1977. 2. 17. 7면 참조

장기영(張基永)

1904. 9. 1.~1981. 5. 17.[22]
강원도 영월. 무소속

장면(張勉)

1899. 8. 28.~1966. 6. 4.
서울 종로 을. 무소속

장병만(張炳晩)

1900. 7. 17.~미상
6.25전쟁 중 납북
경상북도 칠곡. 대한독립촉성국민회
* 대한민국 제헌국회의원유족회 활동

장홍염(張洪琰)

1910. 11. 25.~1990. 11. 5.
전라남도 무안 을. 한국민주당

전진한(錢鎭漢)

1901. 11. 5.~1972. 4. 20.
경상북도 상주 을.
대한노동총연맹
* 대한민국 제헌국회의원유족회 활동

정광호(鄭光好)

1895. 8. 22.~미상[23]
6.25전쟁 중 납북
전라남도 광주. 한국민주당
* 대한민국 제헌국회의원유족회 활동

정구삼(鄭求參)

1893. 12. 3.~1979. 3. 27.
충청북도 옥천.
대한독립촉성국민회
* 대한민국 제헌국회의원유족회 활동

정균식(鄭均植)

1904. 5. 13.~1957. 4. 15.[24]
전라남도 담양. 조선민족청년단

정도영(鄭島榮)

1901. 9. 16.~1979. 8. 12.
경상북도 영천 갑.
대한독립촉성국민회

정우일(丁又一)

1898. 3. 19.~1960.[25]
경상북도 의성 갑. 무소속
* 대한민국 제헌국회의원유족회 활동

---

22 「독립유공자 공적 정보」, 『공훈전자사료관』 (https://e-gonghun.mpva.go.kr) 참조

23 「독립유공자 공적 정보」, 『공훈전자사료관』 (https://e-gonghun.mpva.go.kr) 참조

24 『동아일보』, 1957. 4. 18. 3면 참조

25 「의성향토문화백과」, 『디지털의성문화대전』 (https://uiseong.grandculture.net/uiseong) 참조

정준(鄭濬)

1915. 2. 13.~2004. 7. 30.
경기도 김포. 무소속
* 대한민국 제헌국회의원유족회 활동

정진근(鄭鎭瑾)

1907. 9. 29.~1984. 7. 25.
경상남도 양산. 무소속
* 대한민국 제헌국회의원유족회 활동

정해준(鄭海駿)

1903. 12. 17.~1993. 5. 4.
전라북도 금산.
대한독립촉성국민회
* 대한민국 제헌국회의원유족회 활동

정현모(鄭顯模)

1893~1965
경상북도 안동 을. 무소속
* 대한민국 제헌국회의원유족회 활동

조국현(曺國鉉)

1896. 6. 11.~1969. 6. 27.
전라남도 화순. 대성회
* 대한민국 제헌국회의원유족회 활동

조규갑(曺奎甲)

1904. 3. 27.~1994. 10. 3.
경상남도 김해 을. 무소속

조병한(趙炳漢)

1902. 11. 10.~미상
6.25전쟁 중 납북
경상북도 문경. 무소속

조봉암(曺奉岩)

1899. 9. 25.~1959. 7. 31.
경기도 인천 을. 무소속

조영규(曺泳珪)

1913. 10. 7.~1986. 6. 21.
전라남도 영광. 한국민주당
* 대한민국 제헌국회의원유족회 활동

조옥현(趙玉鉉)

1903. 5. 1.~미상
6.25전쟁 중 납북
전남 순천 을. 대한독립촉성국민회
* 대한민국 제헌국회의원유족회 활동

조재면(趙在勉)

1900. 10. 29.~미상
6.25전쟁 중 납북
전라북도 부안. 대한독립촉성국민회
* 대한민국 제헌국회의원유족회 활동

조종승(趙鐘勝)

1903. 5. 3.~미상
6.25전쟁 중 납북
충청북도 단양. 무소속
* 대한민국 제헌국회의원유족회 활동

조중현(趙重顯)

1895. 3. 1.~미상
6.25전쟁 중 납북
경기도 장단. 무소속

조한백(趙漢栢)

1908. 2. 28.~1997. 3. 18.
전라북도 김제 갑. 무소속

조헌영(趙憲泳)

1901. 1. 8.~미상
6.25전쟁 중 납북
경상북도 영양. 한국민주당

주기용(朱基瑢)

1897. 3. 12.~1966. 5. 8.[26]
경상남도 창원 을. 무소속

지청천. 이청천(池青天. 李青天)

1888. 1. 25.~1957. 1. 15.[27]
서울 성동. 대동청년단
* 대한민국 제헌국회의원유족회 활동

진직현(晋直鉉)

1901. 3. 29.~1961. 6. 5.
전라북도 임실.
대한독립촉성국민회

진헌식(陳憲植)

1902. 2. 9.~1980. 9. 19.
충청남도 연기.
대한독립촉성국민회

차경모(車庚模)

1890. 7. 5.~1950. 9. 2.
전라남도 강진. 무소속

최국현(崔國鉉)

1899. 5. 15.~1970. 10. 24.
경기도 고양 을. 무소속

최규옥(崔圭鈺)

1901. 2. 26.~1978. 4. 9.
강원도 춘천. 대한독립촉성국민회

---

26 『조선일보』, 1966. 5. 11. 3면 참조

27 제헌국회 때 서울 성동에서 대한독립촉성국민회 소속으로 출마해 당선된 이청천 의원은 3가지 이름을 사용했다. 이청천(李青天), 지청천(池青天), 지대형(池大亨)인데 본명은 지대형이다. 제헌국회에서는 3가지 이름을 모두 사용했지만 제2대 국회에서는 지청천만 썼다. (김종해, 「다른 이름 같은 의원, 이명동인(異名同人)」, 『국회보』 2011년 7월 호 참조) 유족 제공 정보에 따르면 당시 지청천 장군에 대한 암살 위협이 컸기 때문에 어머니의 성인 이씨 성으로 활동하였고 그래서 제헌국회의원 선거에도 이청천으로 입후보하여 당선되었다고 한다.

최범술(崔凡述)

1904. 5. 26.~1979. 7. 10.
경상남도 사천. 무소속
* 대한민국 제헌국회의원유족회 활동

최봉식(崔奉植)

1892. 6. 12.~1981.[28]
경상남도 울산 갑. 무소속

최석홍(崔錫洪)

1909. 2. 12.~미상
6.25전쟁 중 납북
경상북도 영주. 대동청년단

최석화(崔錫和)

1912. 5. 9.~1982. 12. 9.
경기도 평택. 무소속

최운교(崔雲敎)

1900. 9. 19.~1987. 3. 8.
충청남도 논산 을. 무소속
* 대한민국 제헌국회의원유족회 활동

최윤동(崔允東)

1897. 7. 3.~1965. 5. 11.[29]
경상북도 대구 갑. 한국민주당

최창섭(崔昌燮)

1888. 4. 29.~ 1979. 11. 30.
경상남도 합천 을. 무소속
* 대한민국 제헌국회의원유족회 활동

최태규(崔泰奎)

1919. 3. 30.~미상
6.25전쟁 중 납북
강원도 정선. 무소속

최헌길(崔獻吉)

1901. 2. 19.~1982. 12. 18.
강원도 강릉 을.
대한독립촉성국민회

표현태(表鉉台)

1903.~1982. 3. 2.
경상남도 거창.
대한독립촉성국민회

한석범(韓錫範)

1897. 8. 26.~미상
6.25전쟁 중 납북
경상남도 부산 병. 한국민주당

한암회(韓巖回)

1900. 7. 17.~미상
6.25전쟁 중 납북
경상북도 상주 갑.
대한독립촉성국민회

28 「울산 향토 문화 백과」, 『울산 역사 문화 대전』 (https://ulsan.grandculture.net) 참조
29 「독립유공자 공적 정보」, 『공훈전자사료관』 (https://e-gonghun.mpva.go.kr) 참조

허영호(許永鎬)

1900. 12. 21.~1952. 1. 30.
경상남도 부산 갑. 무소속
* 대한민국 제헌국회의원유족회 활동

허정(許政)

1896. 4. 3.~1988. 9. 18.
경상남도 부산 을. 한국민주당

홍길선(洪吉善)

1904. 7. 1.~1980. 8. 8.
경기도 수원 갑. 대동청년단

홍범희(洪範憙)

1917. 6. 8.~1972. 2. 28.
강원도 원주. 무소속
* 대한민국 제헌국회의원유족회 활동

홍성하(洪性夏)

1898. 1. 15.~1978.
서울 동대문 갑. 한국민주당

홍순영(洪淳寧)

1867.~1949. 12. 1.
제주도 북제주 갑.
대한독립촉성국민회
* 대한민국 제헌국회의원유족회 활동

홍순옥(洪淳玉)

1895. 3. 19.~미상
6.25전쟁 중 납북
충청북도 청원 갑. 무소속
* 대한민국 제헌국회의원유족회 활동

홍익표(洪翼杓)

1910. 1. 24.~1976. 4. 26.
경기도 가평. 무소속

홍희종(洪熺種)

1894. 2. 25.~1950.
6.25전쟁 중 사망
전라북도 김제 을.
조선민족청년단

황두연(黃斗淵)

1905. 2. 15.~1984. 5. 24.
전라남도 순천 갑.
대한독립촉성농민총연맹
* 대한민국 제헌국회의원유족회 활동

황병규(黃炳珪)

1907.~1984. 2. 17.[30]
전라남도 여수 을. 무소속
* 대한민국 제헌국회의원유족회 활동

황윤호(黃潤鎬)

1913.~미상
6.25전쟁 중 납북
경상남도 진양. 무소속

30 『동아일보』, 1984. 2. 18. 7면 참조

황호현(黃虎鉉)

1911. 3. 22.~1992. 3. 20.
강원도 평창. 대한독립촉성국민회
* 대한민국 제헌국회의원유족회 활동

제헌국회 사진 자료

1 「대한민국헌법」 공포 기념 제헌국회 단체 사진. 1948. 7. 17.
(제헌국회의원 원장길 유족이 제공한 사진을 세은비주얼스튜디오 김병구 대표가 고해상으로 재촬영하였음.)

1 서성달
2 최범술
3 서정희
4 한암회
5 최윤동
6 정현모
7 이성학
8 권태욱
9 이원홍
10 주기용
11 이종린
12 서상일
13 윤치영
14 김동원
15 이승만
16 신익희
17 지청천
18 김도연
19 신성균
20 이문원
21 이윤영
22 김영기
23 조국현
24 오택관
25 이병국
26 오석주
27 박준
28 이구수
29 서우석
30 이종근
31 이성득
32 노일환
33 최태규
34 김익기
35 김종선
36 김문평
37 신방현
38 김영동
39 정구삼
40 오택열
41 최운교
42 김기철
43 김익노
44 권태희
45 송봉해
46 최석화
47 정우일
48 조종승
49 박기운
50 김철
51 정준
52 조병한
53 김웅진
54 진헌식
55 김준연
56 김옥주
57 이정기
58 장면
59 안준상
60 홍익표
61 김동준
62 김병회
63 성낙서
64 박순석
65 황병규
66 김명동
67 강욱중
68 홍순옥
69 유홍렬
70 이정래
71 김인식
72 유진홍
73 김경배
74 박윤원
75 김철수
76 전진한
77 백형남
78 윤재욱
79 류래한
80 이석
81 연병호
82 정균식
83 허정
84 강기문
85 장홍염
86 김용재
87 이훈구
88 원용한
89 서용길
90 홍희종
91 황호현
92 구중회
93 이성우
94 김교현
95 황두연
96 신광균
97 조재면
98 이남규
99 임석규
100 김진구

사진 1의 제헌국회의원 명단

1948년 제헌국회의원 단체 사진의 명단은 원장길 의원 유족분들께서 소중히 관리해 오신 덕분에 대한민국 헌정사의 귀중한 기록을 찾을 수 있었음을 밝힌다. 초상화로만 전하던 일부 의원들은 사진 대조 결과, 109번과 118번의 이만근 의원 중복을 제외한 모든 기록이 일치함을 확인하였다.

101 최국현
102 홍길선
103 송창식
104 조헌영
105 김덕렬
106 김상순
107 이유선
108 남궁현
109 이만근
110 윤재근
111 김봉조
112 이요한
113 조옥현
114 전규홍(사무총장)
115 이종순
116 조한백
117 곽상훈
118 이만근
119 신현모
120 김재학

121 김수선
122 조봉암
123 박찬현
124 김약수
125 최규옥
126 이병관
127 백관수
128 송진백
129 문시환
130 홍범희
131 이주형
132 민경식
133 백남채
134 박종남
135 이범교
136 김장열
137 이진수
138 최헌길
139 조영규
140 이재형

141 박우경
142 김봉두
143 박해정
144 진직현
145 이석주
146 조중현
147 박상영
148 유성갑
149 권병로
150 송필만
151 이영준
152 라용균
153 정해준
154 육홍균
155 서순영
156 오기열
157 이항발
158 김중기
159 윤병구
160 김웅권

161 김상덕
162 표현태
163 조규갑
164 한석범
165 박종환
166 원장길
167 원용균
168 김경도
169 김우식
170 장기영
171 서이환
172 이호석
173 김종문
174 신현돈
175 이재학
176 오용국
177 김효석
178 신상학
179 정광호
180 김태수

181 정진근
182 장병만
183 이강우
184 최석홍
185 배중혁
186 강달수
187 김광준
188 정도영
189 류준상
190 김상호
191 김상돈

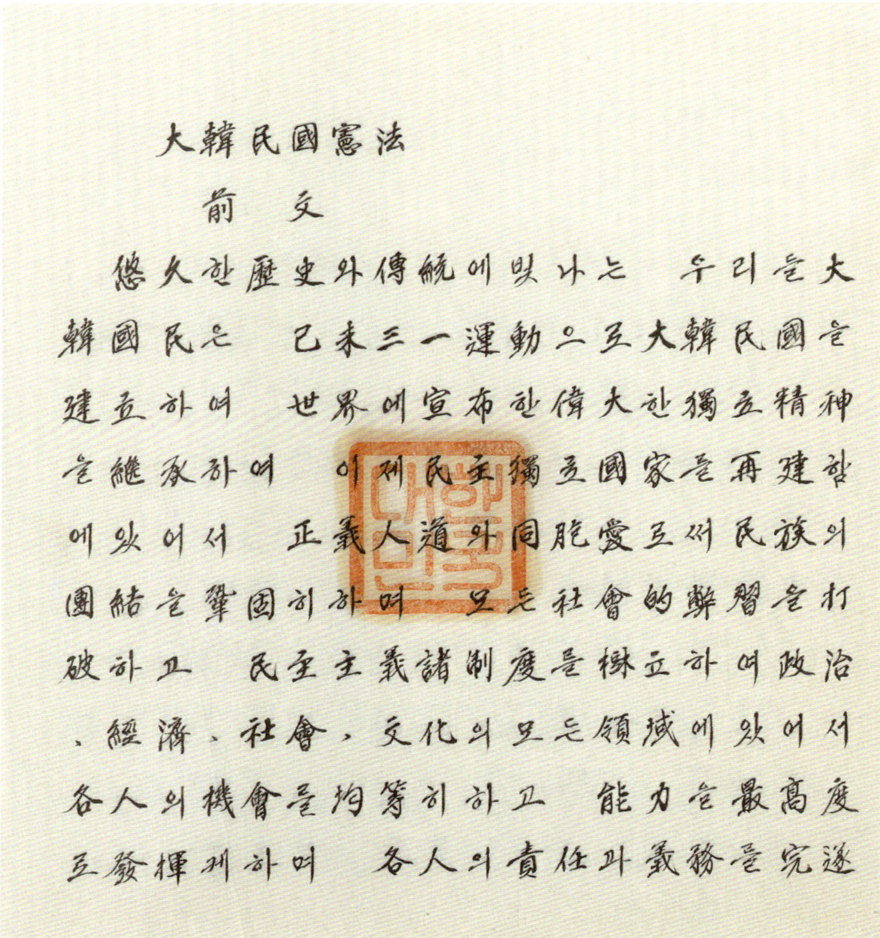

大韓民國憲法

前　文

悠久한歷史와傳統에빛나는 우리들大
韓國民은 己未三一運動으로大韓民國을
建立하여 世界에宣布한偉大한獨立精神
을繼承하여 이제民主獨立國家를再建함
에있어서 正義人道와同胞愛로써民族의
團結을鞏固히하며 모든社會的弊習을打
破하고 民主主義諸制度를樹立하여政治
、經濟、社會、文化의모든領域에있어서
各人의機會를均等히하고 能力을最高度
로發揮케하며 各人의責任과義務를完遂

2 「대한민국헌법」 전문(前文)
(대통령기록관 1A00614174534944)

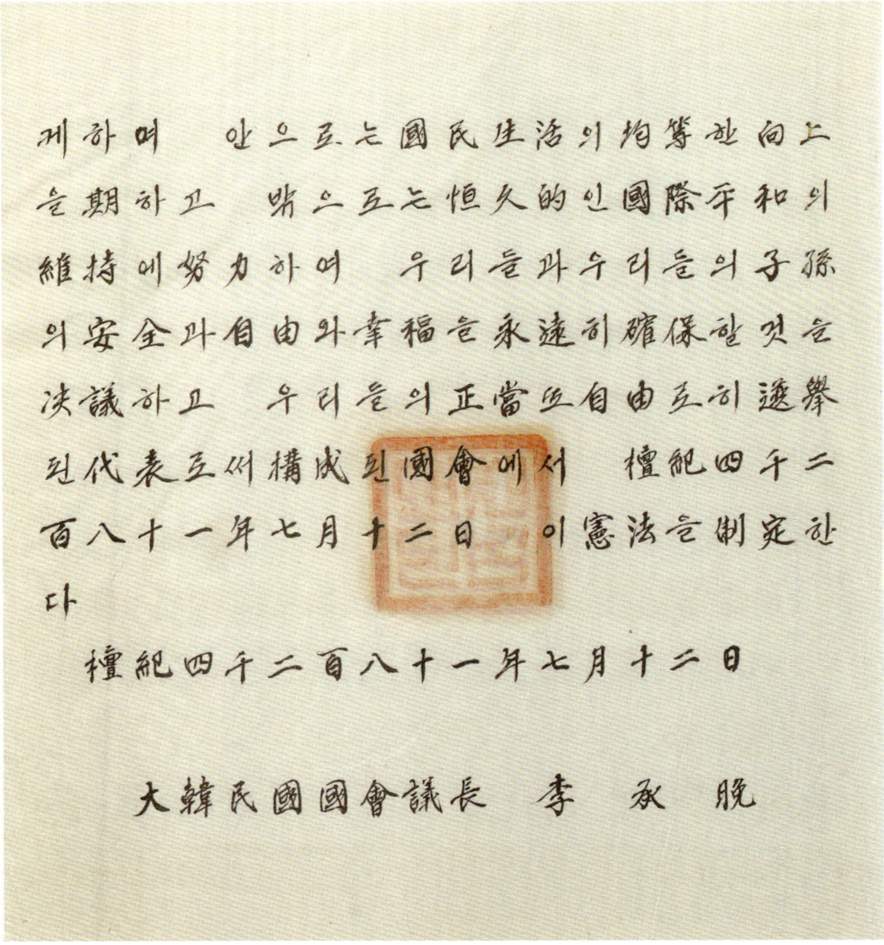
케하여 안으로는國民生活의均等한向上
을期하고 밖으로는恒久的인國際平和의
維持에努力하여 우리들과우리들의子孫
의安全과自由와幸福을永遠히確保할것을
決議하고 우리들의正當또自由로히選擧
된代表로써構成된國會에서 檀紀四千二
百八十一年七月十二日 이憲法을制定한
다

檀紀四千二百八十一年七月十二日

大韓民國國會議長 李 承 晩

2

3 제헌헌법이 수록된 대한민국『관보(官報)』제1호

총 4면. 1948. 09. 01. 총무처 법무담당관.

(국가기록원. BA0200213)

第二十五條 모든國民은法律의定하는바에依하여公務員을選擧할權利가있다

第二十六條 모든國民은法律의定하는바에依하여公務를擔任할權利가있다

第二十七條 公務員은主權을가진國民의受任者이며언제든지國民에對하여責任을진다 國民은不法行爲를한公務員의罷免을請願할權利가있다

公務員의職務上不法行爲로因하여損害를받은者는國家또는公共團體에對하여賠償을請求할수있다 但公務員自身의民事上이나刑事上의責任이免除되는것은아니다

第二十八條 國民의모든自由와權利는憲法에列擧되지아니한理由로써輕視되지는아니한다

國民의自由와權利를制限하는法律의制定은秩序維持와公共福利를爲하여必要한境遇에限한다

第二十九條 모든國民은法律의定하는바에依하여納稅의義務를진다

第三十條 모든國民은法律의定하는바에依하여國土防衛의義務를진다

第三章 國會

第三十一條 立法權은國會가行한다

第三十二條 國會는普通, 直接, 平等, 秘密選擧에依하여公選된議員으로써組織한다

國會議員의選擧에關한事項은法律로써定한다

第三十三條 國會議員의任期는四年으로한다

第三十四條 國會의定期會는每年一回十二月二十日에集會한다 公休日인때에는그翌日에集會한다

第三十五條 臨時緊急의必要가있는때에는大統領또는國會의在籍議員四分之一以上의要求에依하여議長은國會의臨時會를集會한다

第三十六條 國會는議長一人 副議長二人을選擧한다

第三十七條 國會는憲法또는法律에特別한規定이없는限在籍議員의過半數의出席과出席議員의過半數로써議決을行한다 可否同數인때에는議長이決定權을가진다

第三十八條 國會의會議는公開한다 但國會의決議에依하여秘密會로할수있다

第三十九條 國會議員과政府는法律案을提出할수있다

第四十條 國會에서議決된法律案은政府로移送되어十五日以內에大統領이公布한다 法律案에異議가있을때에는大統領은異議書를附하여國會로還付하고國會는再議에붙인다 再議의結果國會의在籍議員三分之二以上의出席과出席議員三分之二以上의贊成으로前과같은議決을한때에는그法律案은法律로서確定된다 法律案이政府로移送된後十五日以內에公布또는還付되지아니하는때에도그法律案은法律로서確定된다 大統領은本條에依하여確定된法律을遲滯없이公布하여야한다 法律은特別한規定이없는限公布日로부터二十日을經過함으로써效力을發生한다

第四十一條 國會는豫算案을審議決定한다

第四十二條 國會는國際組織에關한條約, 相互援助에關한條約, 講和條約, 通商條約, 國家나國民에게財政的負擔을지우는條約, 立法事項에關한條約의批准과宣戰布告에對하여同意權을가진다

第四十三條 國會는國政을監査하기爲하여必要한書類를提出케하며證人의出頭와證言또는意見의陳述을要求할수있다

第四十四條 國務總理, 國務委員과政府委員은國會에出席하여意見을陳述하고質問에應答할수있으며國會의要求가있을때에는出席答辯하여야한다

第四十五條 國會는議員의資格을審査하며議事에關한規則을制定하고議員의懲罰을決定할수있다 議員을除名함에는在籍議員三分之二以上의同意가있어야한다

第四十六條 大統領, 副統領, 國務總理, 國務委員, 審計院長, 法官其他法律이定하는公務員이그職務遂行에關하여憲法또는法律에違背한때에는國會는彈劾의訴追를決議할수있다 國會의彈劾訴追의發議는議員五十人以上의連署가있어야하며그決議는在籍議員三分之二以上의出席과出席議員三分之二以上의贊成이있어야한다

第四十七條 彈劾事件을審判하기爲하여法律로써彈劾裁判所를設置한다 彈劾裁判所는副統領이裁判長의職務를行하고大法官五人과國會議員五人이審判官이된다 但大統領과副統領을審判할때에는大法院長이裁判長의職務를行한다 彈劾判決은審判官三分之二以上의贊成이있어야한다 彈劾判決은公職으로부터罷免함에그친다 但이에依하여民事上이나刑事上의責任이免除되는것은아니다

第四十八條 國會議員은地方議會의議員을兼할수없다

第四十九條 國會議員은現行犯을除外하고는會期中國會의同意없이逮捕또는拘禁되지아니하며會期前에逮捕또는拘禁된때에는國會의要求가있으면會期中釋放된다

第五十條 國會議員은國會內에서發表한意見과表決에關하여外部에對하여責任을지지아니한다

第四章 政府

第一節 大統領

第五十一條 大統領은行政權의首班이며外國에對하여國家를代表한다

第五十二條 大統領이事故로因하여職務를行할수없을때에는副統領이그權限을代行하고大統領, 副統領모다事故로因하여職務를行할수없을때에는國務總理가그權限을代行한다

第五十三條 大統領과副統領은國會에서無記名投票로써各各選擧한다 在籍議員三分之二以上의出席과出席投票數三分之二以上의贊成으로當選을決定한다 但三分之二以上의得票者가없는때에는二次投票를行한다 二次投票에도三分之二以上의得票者가없는때에는最高得票者二人에對하여決選投票를行하여多數得票者를當選者로한다 大統領과副統領은國務總理또는國會議員을兼하지못한다

第五十四條 大統領은就任에際하여國會에서左의宣誓를行한다

「나는 國憲을 遵守하며 國民의 福利를 增進하며 國家를 保衛하여 大統領의 職務를 誠實히 遂行할 것을 國民에게 嚴肅히 宣誓한다」

第五十五條 大統領과 副統領의 任期는 四年으로 한다. 但, 再選에 依하여 一次 重任할 수 있다. 副統領은 大統領在任中 在任한다.

第五十六條 大統領, 副統領의 任期가 滿了되는 때에는 늦어도 그 任期가 滿了되기 三十日前에 그 後任者를 選擧한다.

大統領 또는 副統領이 闕位된 때에는 卽時 그 後任者를 選擧한다.

第五十七條 內亂, 外患, 天災, 地變 또는 重大한 財政, 經濟上의 危機에 際하여 公共의 安寧秩序를 維持하기 爲하여 緊急한 措置를 할 必要가 있는 때에는 大統領은 國會의 集會를 기다릴 餘裕가 없는 境遇에 限하여 法律의 效力을 가진 命令을 發하거나 또는 財政上 必要한 處分을 할 수 있다.

前項의 命令 또는 處分은 遲滯없이 國會에 報告하여 承認을 얻어야 한다. 萬一 國會의 承認을 얻지 못한 때에는 그때부터 效力을 喪失하며 大統領은 遲滯없이 此를 公布하여야 한다.

第五十八條 大統領은 法律에서 一定한 範圍를 定하여 委任을 받은 事項과 法律을 執行하기 爲하여 必要한 事項에 關하여 命令을 發할 수 있다.

第五十九條 大統領은 條約을 締結하고 批准하며 宣戰布告와 媾和를 行하고 外交使節을 信任接受한다.

第六十條 大統領은 重要하다고 認定하는 國務에 關하여 國會에 出席하여 發言하거나 書翰으로 意見을 陳述한다.

第六十一條 大統領은 國軍을 統帥한다.

國軍의 組織과 編成은 法律로써 定한다.

第六十二條 大統領은 憲法과 法律의 定하는 바에 依하여 公務員을 任免한다.

第六十三條 大統領은 法律의 定하는 바에 依하여 大赦, 特赦, 減刑과 復權을 命한다.

一般赦免을 命함에는 國會의 同意를 얻어야 한다.

第六十四條 大統領은 法律의 定하는 바에 依하여 戒嚴을 宣布한다.

第六十五條 大統領은 法律의 定하는 바에 依하여 勳章 其他 榮典을 授與한다.

第六十六條 大統領의 國務에 關한 行爲는 文書로 하여야 하며 모든 文書에는 國務總理와 關係國務委員의 副署가 있어야 한다. 軍事에 關한 것도 또한 같다.

第六十七條 大統領은 在職中 內亂 또는 外患의 罪를 犯한 境遇 以外에는 刑事上의 訴追를 받지 아니한다.

第三節 國務院

第六十八條 國務院은 大統領과 國務總理 其他의 國務委員으로 組織되는 合議體로서 大統領의 權限에 屬한 重要國策을 議決한다.

第六十九條 國務總理는 大統領이 任命하고 國會의 承認을 얻어야 한다. 國會議員總選擧後 新國會가 開會되었을 때에는 國務總理任命에 對한 承認을 다시 얻어야 한다.

國務委員은 大統領이 任免한다.

國務委員의 總數는 國務總理를 合하여 八人 以上 十五人 以內로 한다.

國務總理 또는 國務委員은 軍人으로서 現役을 免한 後가 아니면 任命될 수 없다.

第七十條 大統領은 國務會議의 議長이 된다.

國務總理는 大統領을 補佐하며 國務會議의 副議長이 된다.

第七十一條 國務會議의 議決은 過半數로써 行한다.

議長은 議決에 있어서 票決權을 가지며 可否同數인 境遇에는 決定權을 가진다.

第七十二條 左의 事項은 國務會議의 議決을 經하여야 한다.

一, 國政의 基本的 計劃과 政策

二, 條約案, 宣戰, 媾和 其他 重要한 對外政策에 關한 事項

三, 憲法改正案, 法律案, 大統領令案

四, 豫算案, 決算案, 財産處分의 骨子計劃, 豫算外 國庫의 負擔이 될 契約 其他 財政에 關한 重要事項

五, 臨時國會의 集會要求

六, 戒嚴案, 解嚴案

七, 軍事에 關한 重要事項

八, 榮典授與, 赦免, 減刑, 復權에 關한 事項

九, 行政各部間의 連絡事項과 權限의 劃定

十, 政府에 提出 또는 回附된 請願의 審査

十一, 大法官, 檢察總長, 審計院長, 國立大學總長, 大使, 公使, 國軍總司令官, 國軍參謀總長, 其他 法律에 依하여 指定된 公務員과 重要國營企業의 管理者의 任免에 關한 事項

十二, 行政各部의 重要한 政策의 樹立과 運營에 關한 事項

十三, 其他 國務總理 또는 國務委員이 提出하는 事項

第四節 行政各部

第七十三條 行政各部長官은 國務委員 中에서 大統領이 任命한다.

國務總理는 大統領의 命을 承하여 行政各部長官을 統理監督하며 行政各部에 分擔되지 아니한 行政事務를 擔任한다.

第七十四條 國務總理 또는 行政各部長官은 所管行政事務에 關하여 職權 또는 特別한 委任에 依하여 總理令 또는 部令을 發할 수 있다.

第七十五條 行政各部의 組織과 職務範圍는 法律로써 定한다.

第五章 法院

第七十六條 司法權은 法官으로써 組織된 法院이 行한다.

最高法院인 大法院과 下級法院의 組織은 法律로써 定한다.

法官의 資格은 法律로써 定한다.

第七十七條 法官은 憲法과 法律에 依하여 獨立하여 審判한다.

第七十八條 大法院長인 法官은 大統領이 任命하고 國會의 承認을 얻어야 한다.

第七十九條 法官의 任期는 十年으로 하되 法律의 定하는 바에 依하여 連任될 수 있다.

第八十條 法官은 彈劾, 刑罰 또는 懲戒處分에 依하지 아니하고는 罷免, 停職, 減俸되지 아니한다.

第八十一條 大法院은 法律의 定하는 바에 依하여 命令, 規則과 處分이 憲法과 法律에 違反되는 與否를 最終的으로 審査할 權限이 있다.

法律이 憲法에 違反되는 與否가 裁判의 前提가 되는 때에는 法院은 憲法委員會에 提請하여 그 決定에 依하여 裁判한다.

憲法委員會는 副統領을 委員長으로 하고 大法官 五人과 國會議員 五人의 委員으로 構成한다.

憲法委員會에서 違憲決定을 할 때에는 委員 三分之二 以上의 贊成이 있어야 한다.

憲法委員會의 組織과 節次는 法律로써 定한다.

4

定한다

第八十二條 大法院은 法院의 內部規律과 事務處理에 關한 規則을 制定할 수 있다

第八十三條 裁判의 對審과 判決은 公開한다 但 安寧秩序를 妨害하거나 風俗을 害할 念慮가 있는 때에는 法院의 決定으로 公開를 아니할 수 있다

第六章 經濟

第八十四條 大韓民國의 經濟秩序는 모든 國民에게 生活의 基本的 需要를 充足할 수 있게 하는 社會正義의 實現과 均衡있는 國民經濟의 發展을 期함을 基本으로 삼는다 各人의 經濟上 自由는 이 限界內에서 保障된다

第八十五條 鑛物 其他 重要한 地下資源, 水産資源, 水力과 經濟上 利用할 수 있는 自然力은 國有로 한다 公共必要에 依하여 一定한 期間 그 開發 또는 利用을 特許하거나 또는 特許를 取消함은 法律의 定하는 바에 依하여 行한다

第八十六條 農地는 農民에게 分配하며 그 分配의 方法, 所有의 限度, 所有權의 內容과 限界는 法律로써 定한다

第八十七條 重要한 運輸, 通信, 金融, 保險, 電氣, 水利, 水道, 까스 및 公共性을 가진 企業은 國營 또는 公營으로 한다 公共必要에 依하여 私營을 特許하거나 또는 그 特許를 取消함은 法律의 定하는 바에 依하여 行한다

對外貿易은 國家의 統制下에 둔다

第八十八條 國防上 또는 國民生活上 緊切한 必要에 依하여 私營企業을 國有 또는 公有로 移轉하거나 또는 그 經營을 統制, 管理함은 法律이 定하는 바에 依하여 行한다

第八十九條 第八十五條乃至第八十八條에 依하여 特許를 取消하거나 權利를 收用使用 또는 制限하는 때에는 第十五條第三項의 規定을 準用한다

第七章 財政

第九十條 租稅의 種目과 稅率은 法律로써 定한다

第九十一條 政府는 國家의 總收入과 總支出을 會計年度마다 豫算으로 編成하여 每年 國會의 定期會開會初에 國會에 提出하여 그 議決을 얻어야 한다

特別히 繼續支出의 必要가 있을 때에는 年限을 定하여 繼續費로서 國會의 議決을 얻어야 한다

國會는 政府의 同意없이는 政府가 提出한 支出各項의 金額을 增加하거나 또는 新費目을 設置할 수 없다

第九十二條 國債를 募集하거나 豫算外에 國家의 負擔이 될 契約을 함에는 國會의 議決을 얻어야 한다

第九十三條 豫測할 수 없는 豫算外의 支出 또는 豫算超過支出에 充當하기 爲하여 豫備費는 미리 國會의 議決을 얻어야 한다

豫備費의 支出은 次期國會의 承認을 얻어야 한다

第九十四條 國會는 會計年度가 開始되기까지에 豫算을 議決하여야 한다 不得已한 事由로 因하여 豫算이 議決되지 못한 때에는 國會는 一個月以內에 假豫算을 議決하고 그 期間內에 豫算을 議決하여야 한다

第九十五條 國家의 收入支出의 決算은 每年 審計院에서 檢査한다

政府는 審計院의 檢査報告와 함께 決算을 次年度의 國會에 提出하여야 한다

審計院의 組織과 權限은 法律로써 定한다

第八章 地方自治

第九十六條 地方自治團體는 法令의 範圍內에서 그 自治에 關한 行政事務와 國家가 委任한 行政事務를 處理하며 財産을 管理한다

地方自治團體는 法令의 範圍內에서 自治에 關한 規定을 制定할 수 있다

第九十七條 地方自治團體의 組織과 運營에 關한 事項은 法律로써 定한다

地方自治團體에는 各各 議會를 둔다

地方議會의 組織, 權限과 議員의 選擧는 法律로써 定한다

第九章 憲法改正

第九十八條 憲法改正의 提議는 大統領 또는 國會의 在籍議員 三分之一 以上의 贊成으로써 한다

憲法改正의 提議는 大統領이 이를 公告하여야 한다

前項의 公告期間은 三十日 以上으로 한다

憲法改正의 議決은 國會에서 在籍議員 三分之二 以上의 贊成으로써 한다

憲法改正이 議決된 때에는 大統領은 卽時 公布한다

第十章 附則

第九十九條 이 憲法은 이 憲法을 制定한 國會의 議長이 公布한 날로부터 施行한다

但 法律의 制定이 없이는 實現할 수 없는 規定은 그 法律이 施行되는 때부터 施行된다

第百條 現行法令은 이 憲法에 抵觸되지 아니하는 限 效力을 가진다

第百一條 이 憲法을 制定한 國會는 檀紀四千二百七十八年八月十五日以前의 惡質的인 反民族行爲를 處罰하는 特別法을 制定할 수 있다

第百二條 이 憲法을 制定한 國會는 이 憲法에 依한 國會로서의 權限을 行하며 그 議員의 任期는 國會開會日로부터 二年으로 한다

第百三條 이 憲法 施行時에 在職하고 있는 公務員은 이 憲法에 依하여 選擧 또는 任命된 者가 그 職務를 繼承할 때까지 繼續하여 職務를 行한다

大韓民國國會議長은 大韓民國國會에서 制定된 大韓民國憲法을 이에 公布한다

檀紀四千二百八十一年七月十七日

大韓民國國會議長 李承晩

法律第一號

政府組織法

第一章 總則

第一條 本法은 政府의 行政組織의 大綱을 定함을 目的으로 한다

第二條 大統領은 行政權의 首班으로서 法令에 依하여 모든 行政機關을 統理, 監督한다 中央行政機關의 長의 命令이나 處分이 違法 또는 不當하다고 認할 때에는 이를 中止 또는 取消할 수 있다

第三條 行政機關의 設置와 그 名稱은 部, 處, 廳 또는 局, 課로 하고 各行政機關의 種類와 名稱은 本法으로써 定한다

第四條 各行政機關에는 그 所管事務를 分掌하기 爲하여 必要한 局, 課를 두며 法律이 定하는 바에 依하여 分局을 둘 수 있다

제헌국회의원유족회 연혁(1994년~2025년)

연도	월일	내용
1994	7월 14일	제헌동지회 정기총회에서 원장길 제헌국회의원을 제헌국회의원유족회 조성위원장으로 추대
	8월 9일	대한민국 제헌국회의원유족회 정관 초안 작성
1995	11월 14일	제헌국회의원유족회 발기인 총회
	12월 14일	창립총회 개최(회장 김진현)
1996	1월	『제헌유족회보』 제1호 발간
	2월 21일	정기이사회 개최
	7월 17일	제48주년 제헌절 기념식 유족 대표 17인 참석
		정기총회 개최(이화장)
	12월 25일	회원 수첩(1996) 제작
1997	4월 17일	정기이사회 개최
	7월 17일	제49주년 경축식 및 정기총회 개최(이화장)
	10월 10일	국회로부터 사단법인 설립 허가서를 받음
	10월 31일	서울지방법원에 사단법인 설립 등기
1998	5월 23일	납북 제헌국회의원 정부 서훈(국민훈장 무궁화장)을 국회에 요청
	7월 17일	제50주년 경축식 및 정기총회 개최(이화장)
	12월 17일	운경재단에서 2500만 원을 기탁(기금 운용 중)
1999	7월 17일	제51주년 경축식 및 정기총회 개최(이화장)
	11월 29일	정기이사회 개최

2000	7월 17일	第52주년 경축식 및 정기총회 개최(이화장)
2001	7월 17일	第53주년 경축식 및 정기총회 개최(이화장)
2002	7월 17일	第54주년 경축식 및 정기총회 개최(이화장)
	11월 28일	송년회 개최(제헌회관)
2003	3월 24일	정기이사회 개최(제헌회관)
	7월 7일	정기이사회 개최(정기총회 준비)
	7월 17일	第55주년 경축식 및 정기총회 개최(이화장)
	12월 18일	송년회 개최(제헌회관)
2004	4월 19일	정기이사회 개최(제헌회관)
	7월 8일	정기이사회 개최(정기총회 준비)
	7월 17일	第56주년 경축식 및 정기총회 개최(이화장)
	12월 23일	송년회 개최(제헌회관)
2005	3월 16일	제헌절을 공휴일 계속 존치 요청 건의서 제출(국무총리실)
	7월 7일	정기이사회 개최(정기총회 준비)
	7월 17일	第57주년 경축식 및 정기총회 개최(이화장)
2006	7월 17일	第58주년 경축식 및 정기총회 개최(이화장)
	12월 28일	송년회 개최(제헌회관)
2007	7월 10일	정기이사회 개최
	7월 17일	第59주년 경축식 및 정기총회 개최(이화장)
	12월 11일	송년회 개최(제헌회관)
2008	1월 9일	국회의장께 김인식 제헌국회의원 별세 시 국회장 건의
	2월 28일	김인식 제헌국회의원 별세(국회장 및 대전국립묘지 안장)

2008	3월 11일	정기이사회 개최(제헌회관)
	3월 17일	국회에 제헌동지회 회관 존속 건의
	5월 6일	(미서훈)납북 제헌국회의원 광복 60주년에 정부 서훈 요청 (국회, 행정안전부)
	6월 30일	정기이사회 개최(제헌회관)
	7월 14일	제헌 60주년 기념 제헌국회 특별 전시회 개최
	7월 17일	『고난의 역정을 아버지 곁에서 보다』 출판
	7월 17일	제60주년 경축식 및 정기총회 개최(이화장)
	10월 9일	정기이사회 개최(출판 기념)
2009	2월 11일	정기이사회 개최(신년 인사)
	7월 13일	정기이사회 개최(총회 부의안 처리)
	7월 17일	제61주년 경축식 및 정기총회 개최
	12월 8일	송년회 개최(정기이사회)
2010	5월 23일	납북 제헌국회의원 정부 서훈(국민훈장 무궁화장)을 국회에 요청
	3월 31일	정기이사회 개최(제헌회관 보존 논의)
	4월 5일	제헌회관 보존 요청(국회사무처)
	7월 13일	정기이사회 개최(총회 부의안 처리)
	7월 17일	제62주년 경축식 및 정기총회 개최, 회장 개선(신임 회장 이응선)
	9월 10일	제헌회관 보존 건의 국회의장 면담
	12월 10일	송년회 개최(정기이사회)
		김진현 전임 회장을 고문으로 추대
2011	3월 4일	정기이사회 개최
	7월 8일	정기이사회 개최(총회 부의안 처리)

2011	7월 17일	第63주년 경축식 및 정기총회 개최
	9월 19일	정기이사회 개최
	12월 19일	송년회 개최(정기이사회)
2012	3월 31일	정기이사회 개최
	7월 4일	정기이사회 개최(정기총회 준비)
	7월 17일	第64주년 경축식 및 정기총회 개최, 회장 개선(신임 회장 조기상)
		유족회 인터넷 카페 개설
	11월 30일	정기이사회 개최
2013	4월 1일	정기이사회 개최
	4월 5일	이사회 개최(제헌회관 보존 논의)
	7월 5일	이사회 개최(정기총회 준비)
	7월 17일	第65주년 경축식 및 정기총회 개최(이화장)
	7월 26일	제헌회관 개방 시작
	10월 4일	정기이사회 개최(제헌회관 활성화 논의)
	12월 20일	송년회 개최
2014	2월 3일	제헌국회의원 기념 조형물 제막식(국회의사당 중앙홀)
	4월 25일	정기이사회 개최(제헌회관 활성화 논의)
	7월 4일	정기이사회 개최(정기총회 준비)
	7월 17일	第66주년 경축식 및 정기총회 개최
	12월 19일	송년회 개최(이사회)

2015	7월 3일	정기이사회 개최(정기총회 준비)
	7월 17일	제67주년 경축식 및 정기총회 개최
	8월 11일	정의화 국회의장 제헌회관 방문
	11월 6일	정기이사회 개최(제헌기념관 설립 논의)
2016	4월 30일	제헌기념관 설립(제헌회관)
	5월 27일	제헌회관 개보수 및 대한민국 제헌국회의원 기념관 설립 관련 정의화 국회의장에게 감사패 전달
	7월 1일	정기이사회 개최(정기총회 준비)
	7월 17일	제68주년 경축식 및 정기총회 개최
2017	3월 17일	정기이사회 개최
	7월 11일	이사회 개최(정기총회 준비)
	7월 17일	제69주년 경축식 및 정기총회 개최
	12월 1일	송년회 개최(이사회)
2018	4월 6일	정기이사회 개최
	7월 13일	이사회(총회 준비) 개최
	7월 17일	제70주년 경축식 및 정기총회 개최, 회장 개선(신임 회장 최대우)
	8월 31일	유족회 청년회 발족
	10월 21일	인사혁신처장의 제헌절 공휴일 지정 관련 회신
	12월 7일	송년회 개최(이사회)
2019	3월 30일	정기이사회 개최
	4월 10일	임시의정원 100주년 기념식 유족회 참석

	7월 5일	정기이사회 개최
2019	7월 17일	第71주년 경축식, 문희상 국회의장 초청 오찬 간담회 및 정기총회(국회 사랑재)
	12월 14일	송년회 개최(이사회)
2020	7월 17일	第72주년 경축식 및 정기총회 개최(10명 내외 참석)
		회장, 감사, 사무총장 등 긴급회의
2021	7월 17일	第73주년 경축식 취소(코로나)
2022	7월 9일	정기이사회 개최
	7월 17일	第74주년 경축식 및 정기총회 개최, 회장 개선(신임 회장 윤인구)
	10월 15일	제1차 청년회원의 날(관훈미술관)
	11월 20일	엄홍길 대장과 함께하는 삼대(三代) 우이령길 산행
	11월 22일	신임 집행부 김진표 국회의장 예방
	11월 25일	정문헌 종로구청장(본회 이사)과 제헌회관 발전 방안 협의
	11월 26일	임시이사회
	12월 17일	제1회 대한민국 제헌국회의원유족회원의 날 개최 및 임시총회(국회의원회관 제2소회의실)
2023	6월 3일	제2차 청년회원의 날(운경고택)
	6월 27일	헌정회 정대철 신임 회장 예방(윤인구 회장, 신동호 사무총장)
	7월 9일	정기이사회 개최
	7월 12일	광복회 이종찬 신임 회장 예방 (윤인구 회장, 조희승 부회장)
	7월 16일	김진표 국회의장 초청 오찬 간담회 및 정기총회(국회 사랑재)
	7월 17일	第75주년 경축식

2023	7월 27일	헌정회원 제헌회관 방문(윤인구 회장, 정문헌 종로구청장)
	9월 23일	제3차 청년회원의 날(윤보선 고택)
2024	5월 10일	공식 홈페이지 개설(www.constitution1948.or.kr) / 앱 개설(안드로이드)
	6월 15일	제4차 청년 회원의 날 및 정기이사회(이화장)
	7월 1일	제헌절 공휴일 재지정 청원을 위해 법안 발의자 윤호중 국회의원과 함께 우원식 국회의장 예방
	7월 4일	임시이사회(제헌절 청원서 이사진 날인 관련)
	7월 5일	유족회 전원 연명 제헌절 공휴일 재지정 청원서 국회사무처 접수 및 행정안전위원회 회부
	7월 17일	제76주년 경축식 및 정기총회
	10월 31일	2025 유족회 창립 30주년 기념 서적 출판위원회 발족
2025	6월 19일	2024~2025년 신규 회원 대상 간담회
	7월 11일	우원식 국회의장 초청 오찬 간담회 및 정기이사회(국회 사랑재)
	7월 17일	제77주년 경축식에서 유족회 감사패 수상 및 정기총회
	9월 10일	국회사무총장 제헌회관 방문(2026년 상반기 상시 개방을 위한 개보수 현황 점검)
	12월 14일	2025 유족회 창립 30주년 기념 행사 및 출판회

제헌국회의원유족회 임원 명단(창립~5대)

구분	임기	직위	성명
창립	1995	회장	• 김진현
		부회장	• 이두용, 안병우, 황원탁
		감사	• 이인수, 김관호
		이사	• 김영길, 구자호, 백운선, 오재경, 유지호, 이옥, 이완재, 조국형, 조기상, 최대우, 홍기덕
1대	1996~2010	회장	• 김진현
		부회장	• 안병우, 이두용, 이인수(1996~2010) • 유지호, 조기상, 황원탁(2007~2010)
		감사	• 김관호(1996~2010) • 유지호(1996~2006) • 남궁유헌(2007~2010) • 김현욱, 이응선(2009~2010)
		이사	• 구자호, 김영길, 백운선, 오재경, 이옥, 이완재, 조국형, 조기상, 홍기덕, 황원탁(1996~2010) • 김현욱, 김현풍, 남궁유헌, 라종일, 류대진, 류희택, 박영충, 박웅진, 백성례, 서영철, 송현달, 윤인선, 홍승희, 정택영, 조동민(2004~2010) • 김형인, 박형진, 송병삼, 신명철, 윤건(2007~2010) • 김철길(2008~2010) • 김용세, 김두호, 박순용, 유희창, 이준, 이인용(2009~2010)
		사무총장	• 최대우(1996~2010)
2대	2010~2012	고문	• 김진현
		회장	• 이응선
		부회장	• 이인수, 안병우, 조기상, 유지호, 황원탁 • 김현욱, 최대우(2011~2012)
		감사	• 남궁유헌, 신명철
		이사	• 구자호, 김철길, 김형인, 김현욱, 김현풍, 라종일, 박영충, 박형진, 백성례, 서영철, 송현달, 송병삼, 신명철, 유대진, 유희택, 윤건, 조동민, 홍승희 • 송희성, 이정구(2010~2012)

2대	2010~2012	사무총장	• 최대우(2010~2011) • 윤건(2011~2012)
		사무차장	• 윤건(2010~2011) • 박형진(2011~2012)
3대	2012~2018	고문	• 김진현, 이응선
		회장	• 조기상
		부회장	• 김관호, 김현욱, 안병우, 유지호, 이인수, 최대우, 황원탁 • 이응선(2016~2018)
		감사	• 남궁유헌, 신명철
		이사	• 김현풍, 김형인, 유대진, 유희창, 박순용, 박영충, 백성례, 서영철, 송현달, 송희성, 이인용, 이정구
		사무총장	• 윤건
		사무차장	• 박형진
4대	2018~2022	고문	• 김진현(2018~2022) • 유지호, 이응선, 이인수, 조기상(2019~2022)
		회장	• 최대우
		부회장	• 김관호, 김현욱, 김현풍, 남궁유헌, 박영충, 송희성, 신명철, 이인용, 황원탁
		감사	• 송병삼, 이정구
		이사	• 김두호, 김재관, 김흥수, 김형인, 박순용, 백성례, 서영철, 송현달, 윤인구, 조봉근(2018~2022) • 서동진, 신한철, 이영복, 이영화, 이종구(2019~2022) • (청년이사) 김기연, 김정훈, 송민철, 신동호, 유유미, 조재민, 조희승, 최성룡, 태준호(2019~2022)
		사무총장	• 윤건
		사무차장	• 김남석, 박형진
5대	2022~현재 (2025)	고문	• 김진현, 이응선, 유지호, 이인수, 최대우
		자문위원	• 김관호, 김현욱, 김현풍, 남궁유헌, 라종억, 박형진, 백성례, 송병삼, 신명철, 윤건, 이정구, 조봉근, 황원탁
		회장	• 윤인구
		부회장	• 김남석, 이병구, 조희승, 최성룡
		감사	• 유유미, 전동현

5대	2022~현재 (2025)	이사	• 권익태, 김기연, 김두호, 김재관, 김태정, 김형인, 김흥수, 노홍석, 박순용, 박영인, 박지휘, 서동진, 서동철, 송대선, 신동협, 이서영, 이영복, 이영화, 이종구, 정문헌, (청년이사) 류태우, 윤나현 • 김정훈(2022~2024) • 권정아, 박윤, 박준휘, 이해림, 임병권, 최지연, (청년이사) 김민재(2024~)
		사무총장	• 신동호
		사무차장	• 송민철 • 조재민(2022~2024) • 김정훈(2024~)

제헌국회의원유족회 창립과 초창기 일화들

김진현 | 제헌국회의원유족회 창립 회장[1]

유족회 창립 30주년을 맞아 건국의 아버지 제헌국회의원들의 체취와 행적을 『시대의 얼굴들 — 제헌국회의원을 추억하다』로 기록하려는 것이 이번 출간의 목적이라고 전해 왔다. 필자로서는 유족회의 첫 출판물인 2008년 간행 『고난의 역정을 아버지 곁에서 보다』의 첫 장 「대한민국 정통성 체험 — 제헌국회의원과 그 가족의 삶과 기억」 (pp. 12~49)에서 자세히 다루었기에 여기서는 생략한다. 이 2008년 유족회 첫 출판은 필자가 당시 정부의 '대한민국건국60주년기념사업위원회 집행위원장'으로서 기념사업회 예산을 배정해서 이루어진 것이다. 이번 출간에서는 창립 무렵의 꼭 필요한 회고와 유족회로서는 아픈 역사의 상처와 과제 한 가지만 적고자 한다.

유족회 창설은 실은 '유족'들(자식들)이 앞장섰다기보다 당시 생존하셨던 분들 특히 1994년 5월 19일 박상영, 원장길, 윤재욱 제헌국회의원께서 최형우 내무부장관을 방문, 제헌국회의원 유족 현황 조사를 요청함으로써 시작되었다. 내무부에서 확인된 제헌국회의원 유족 160명 앞으로 인적 관계 확인서를 발송(1994년 7월 4일)하고 제헌동지회 정기 총회(1994년 7월 14일)에서 원장길 의

---

1 김영기 제헌국회의원 아들. 전 과학기술처 장관.

원을 유족회설립위원장으로 추대, 유족회 정관(안)을 작성함으로써 본격화되었다. 유족들이 정식으로 등장하기 시작한 것은 당시 서울시립대 총장과 정부의 세계화추진위원회 공동위원장(국무총리와 2인 체제)이었던 필자와 김관호, 최대우에게 동지회 회의 참석 요청으로 시작(1994년 10월 19일), 기 확인된 유가족 24명(추후 33명 추가)에게 통보, 1995년 11월 14일 올림픽파크호텔에서 박상영, 이석주 의원과 필자 등 16명이 참석 발기인 총회를 개최하여 정관, 임원 선출안을 의결하고 한 달 뒤 12월 14일 같은 장소에서 유족 대표 62명이 참석 발기인총회를 열었다. 제헌동지회 박상영 회장, 원장길 부회장의 축사를 받으며 회장 김진현, 부회장 이두용, 안병우, 황원탁, 감사 이인수, 김관호, 이사 구자호, 이옥, 오재영, 유지호, 조기상, 최대우 등 11명으로 발족했다. 1996년도 예산 규모가 310만 원이었으니 어떤 살림이었는지 짐작할 수 있을 것이다. 발기인총회와 창립총회 비용 중 190만 원은 안병우 부회장의 찬조가 크게 기여했다. 창립 준비 그리고 초기 유족회 활동에서 최대우 이사, 김관호 감사, 창립 후 얼마 안 되어서 부회장이 되신 이인수 박사의 도움이 특별히 컸다.

창립 회장으로서 특별히 의미를 두고자 하는 것은 마지막 제헌국회의원의 승천을 '국회장'으로 모신 것이다. 김인식 의원이 2008년 2월 25일 노환으로 95세에 별세하셨다. '제헌국회의원'의 상징성으로 해서 마지막 고인을 '국회장'으로 하고 국립묘지에 모시도록 적극 추진했다. 이미 노환으로 위독하셨을 때부터 준비하여 1월 9일에 국회의장 앞으로 유족회 공문을 발송하고 헌정회 측에도 도움을 요청했다. 전례도 없고 규정도 없다는 국회사무국의 주장을 덮고 『동아일보』에서 같이 일했던 임채정 국회의장을 설득, 2월 28일 헌정기념관 대강

당에서 '국회장'으로 치르고 대전국립현충원 유공자 묘역에 모셨다. 나는 헌정기념관 국회장과 대전 장지에 모두 참석하고 언론 보도 협조 요청을 열심히 해서 『조선일보』, 『동아일보』, 『문화일보』 등이 큰 지면을 할애했다. 나는 조의서를 정성껏 다듬었다. 극히 일부만 기록한다.

……고인의 인생 역정은 항일, 반공, 민주, 청빈 바로 대한민국의 정통성과 정체성을 증명하는 삶이었습니다. 오늘 대한민국이 정치, 자유, 경제 성장, 사회적 다양성, 고등 교육과 과학 기술 발전이라는 근대화 혁명을 달성할 수 있었던 것도 제헌국회의원들의 항일 독립운동의 정체성, 공산 전체주의를 거부하는 정의와 민주주의 신념, 부정선거, 부패, 돈과는 거리가 멀었던 청렴한 인격의 기초가 있었기 때문에 가능했습니다. 사익보다 공익, 지역구 이익보다 국가 이익에 충실했던 제헌국회의원들의 인품, 고생, 청렴, 인내의 높은 도덕성과 희생 위에서 대한민국 근대화 혁명의 꽃이 핀 것입니다.

같은 해 7월 국회 헌정기념관에서 국회기록보존소 주최로 열린 「제60주년 제헌절 기념 제헌국회 특별 전시회」에 유족회 회원들이 출품을 많이 했다(나는 아버지 김영기 제헌국회의원 당선 통지서를 출전했다.).

꼭 후배 유족회에 남기고 싶은 이야기는 납치된 제헌국회의원들에 대한 확인 노력이다. 원로 목사요 원조 항일독립운동가이신 오택관 제헌국회의원의 아드님이시며 이승만 정부의 공보처장, 1980년대 말 동아일보사 사장으로 내가 모셨던 오재경 씨가 나(유족회장)를 만나자고 연락해 왔다. 바깥출입이 힘드니 혜화동 집으로 오라 했다. 마주 앉자마자 첫마디가 "유족회 뭣 하냐!"였다. 나도 곧 세상 뜨게 되었는데, 가기 전 아버지 기일 제사 한 번 제대로 해야 하지 않겠느냐는 원망과 분노와 하소연이셨다. 유족회에서 납북 제헌국회의원 기일 하나

못 알아내느냐는 것이었다.

참 가슴 아픈 일이다. 이 나라의 가장 뿌리 깊은 비극의 한 토막이다. 사실 진실을 따지자면 우리는 지금도 정확한 납북 제헌국회의원의 숫자도 모르고 있다. 필자가 유족회장 취임 당시 동지회에서 들은 바로는 6.25전쟁 중 제헌국회의원 10분이 희생되셨고, 59분이 납북되셨다고 들었다. 그러나 정부 당국(국정원)의 숫자와는 거리가 멀다. 아주 진실되게는 정부도 완전히 정확한 숫자 진실을 알고 있다 할 수 없다. 2000년 김대중 정부 시절 필자는 유족회장 자격으로(당시 문화일보사 회장이었다.) 북한과 최밀착 접촉자였던 임동원 국정원장을 국정원 원장실로 찾아갔다. 그 자리에서 오재경 선배의 하소연을 전하며 납북의원들의 기일이라도 알 수 있도록 조치해 달라 간곡히 호소했다. 그러나 그의 첫 발언에 내가 놀랐고 분노했다. "유족회 돈 있느냐?"였다. 돈 주어야 알 수 있다는 것이다. 햇빛정책이란 결국 돈 퍼 주기였다. 나는 너무 실망하고 분노하여 돈이 필요하면 국정원 돈이나 국회 돈으로 해 줄 수 없느냐고 항의하고 물러났다. 이것이 대한민국의 실체이다.

그 후 기일 문제뿐만 아니라 북한에 계신 제헌국회의원들에게는 '대한민국건국훈장'을 수여하지 못하고 있다. 유족회로서는 2000년 6월 5일에 납북 제헌국회의원들에 대한 국민훈장 수여를 국회의장에게 공식 요청했다. 그 답신은 9월 19일 자로 "남북 관계가 좀 더 획기적으로 진전된 시점에서 재검토하는 것이 바람직하다."라는 유보 회신이었다.

납북·자진 월북 구분 없이 아버지나 일가친척이 북한에 계시다는 사실 하나로 제헌국회의원들을 포함 신분 기록에 빨간 줄이 처지고, 공무원이나 국영기

업체에 취직이 안 되고 여권이 안 나와 해외 유학도 못 하고……. 경제적, 신분적 고통을 겪는 이들 눈에 친일파, 친일 경력 인사들과 그 자식들은 정부 고위직에 출세하고 해외 유학 하고 명사되고……. 이해하기 어려운 모순으로 다가오는 것이다.

이 일 저 일로 국정원, 국회와 접촉하여 얻은 자료에 따르면 제헌국회의원 중 납북 34명, 월북 11명, 행방불명 2명, 확인 불가 3명으로 되어 있다(명단은 쓰지 않겠다.). 납북, 월북, 행방불명 다 합쳐 총 50명으로 되어 있다. 이 자료는 국회 프락치 사건 연루 13명 중 오택관, 신성균 의원을 제외하고는 모두 자진 월북으로 되어 있다. 그러나 국정원 자료에 의하더라도 북한에서의 활동을 보면 과연 노일환, 김약수 의원 등이 자진 월북했을까 하는 의문이 든다. 북한에서 수여한 통일상 수상 11명, 노력훈장 3명의 제헌국회의원 명단 중 그 어디에도 김약수, 노일환 의원의 이름은 등장하지 않는다. 김상덕, 백관수, 오택관, 조헌영 의원 등 우파 진영 납북 의원들과 함께 북한에서의 적극적 활동이 보이지 않는다.

납북, 월북 제헌국회의원과 그 유족들의 아픔 그리고 건국공로훈장 수여 문제, 국회 프락치 사건의 그늘, 이런 뒷마무리 과제로 인하여 유족회장 시절에도 납북 의원 유가족들의 참여가 저조했다. 일부 극단 주장 회원들 때문에 황호현 의원의 아들 황호탁 군사정전위원회 수석대표가 사실상 회의 참석을 거부하기도 했다. 임시정부 문화부장이셨고 반민족행위특별조사위원회 위원장이셨던 납북 김상덕 의원의 아드님과도 만나 유족회 참여를 간곡히 청했지만 성과가 없었다.

벌써 30년, 20년 전의 일이지만 그때나 지금이나 대한민국의 아픔이요, 유족회의 아픔이다. 어찌 노력하는 것이 현명한 길인지 나도 정답을 내기 힘들다. 그러나 잊지 말고, 묻혀 두지 말고, 대한민국의 아픔, 유족회의 아픔을 진지하게 치유하는 노력만은 지속해야 한다.

제헌국회역사기념관, 제헌회관

대한민국의 제1대 국회의원(임기 1948년~1950년)으로 당선된 제헌국회의원들(전국 200개 선거구 재보궐 포함 209명)은 임기 후 제헌동지회를 결성하고 사무실 겸 사랑방으로 제헌회관을 운영했다. 1950년 출범 당시 서울 종로구 청진동에 사무실을 두었으나 9.28서울수복 후 청진동 사무실이 자유당 당사로 쓰이게 됨으로써 1958년부터는 관철동 한옥으로 옮겨 갔다.

이후 재개발지구로 지정되어 관철동 사무실을 사용할 수 없게 되자 1983년 6월 현재의 종로구 통의동 한옥(서울 종로구 자하문로 26)으로 이전하여 마지막 생존 제헌국회의원인 김인식 옹이 2008년 2월 별세할 때까지 사용했다. 그 후 유족들이 제헌국회의원들의 유품을 기증하고 개보수 작업을 거쳐 기념관으로 재단장했고 2016년부터 일반에게 개방하기 시작했다. 그러나 애석하게도 매주 금요일 오전 10시부터 오후 4시까지만 한시적으로 이용할 수 있었다.

그동안 유족회는 1970년부터 회관을 관리해 온 국회사무처와 국회의장을 향해 제헌회관이 대한민국을 탄생시키고 기틀을 다진 제헌국회와 제헌국회의원들의 업적을 기리는 중요한 장소인 만큼 많은 관람객이 찾을 수 있도록 상시 개방할 것을 지속적으로 요청해 왔다. 그 결실이 마침내 이루어져 2025년 국회사무처에서 예산을 확보하고 2026년 초 상시 개방을 목표로 현재 가옥에 대한 안전진단과 보수, 전시실 개편을 진행하고 있다. 기념관 내 시설 개선과 운영 인력 채용을 통해 상시 개방이 이루어지면 유족 회원은 물론 일반 관람객들에게도 좀 더 친화적으로 다가서는 역사적 명소로 새롭게 재탄생할 수 있을 것으로 기대된다. 또한 국회의장실에서는 제헌회관의 문화재 등록도 함께 추진하면서 그 역사적 의의를 재조명하려는 노력도 병행하고 있다.

1 제헌회관 입구

2 제헌회관 전경

3 제헌회관 등기부

출판 후기

제헌국회의원유족회 30주년을 기념하는 이 기획은 2024년 6월 정기이사회에서 공식 표명된 이래 약 1년 반의 준비 기간을 거쳐 세상에 선을 보이게 되었다. 유족회가 30년의 세월을 지나오는 동안 세대교체를 거듭한 회원들 역시 제헌국회의원의 시간으로부터 멀어져 가고 있었다. 이제 앞으로 유족회를 계속 존속할 수 있게 하는 동력은 무엇이어야 할까. 이 기획은 유족회의 현재와 미래에 대한 고민을 풀어 보려는 시도의 하나일 것이다.

현재의 회원들이 어쩌면 제헌국회의원에 대한 추억을 공유하고 있는 마지막 세대일 수 있다는 점에 착안하여 어떤 형태로든 남아 있는 그분들에 대한 추억을 모아 다음 세대에 남겨 보자는 것이 이 책의 출발점이었다. 그 과제를 풀기 위한 출판위원회는 2024년 10월 6명의 구성원으로 출범하였다. 책을 기획하고 만들어 본 경험을 기준으로 이애령 출판위원장과 이미혜, 전동현 위원이 참여하였고 집행부에서 윤인구 회장, 신동호 사무총장, 유유미 감사가 참여하였다.

출판위원회는 우선 회고문의 성격과 분량에 대한 지침을 마련한 뒤 회원들에게 공지하며 원고 수합에 노력을 기울였다. 참여가 너무 저조할 경우 유족들의 추억들을 모아 제헌국회의원들의 인간적 면모를 재조명하겠다는 본래의 취지가 제대로 실현되지 못할지도 모른다는 염려가 컸기 때문이다. 결과적으로 무려 44편에 이르는 회고문이 수합되어 기대 이상의 성과를 거두었고 성과는 단지 분량으로만 나타난 것이 아니었다. 필자들은 집필을 위하여 선대의 자료를 다시 모으고 가족들이 저마다 가지고 있던 기억과 자료들을 나누는 과정이 귀한 경험이었다는 소회를 전했다.

회고문들에 덧붙여서 서두에 축사와 전체 원고에 대한 이해를 돕는 서평 논고를 게재했고 관련 자료를 모은 부록을 말미에 첨부하였다. 부록에는 제헌국회의원 명단과 단체 사진, 제헌헌법, 유족회 연혁 및 임원 명단, 유족회 초창기 회고, 제헌회관 소개글을 수록하였다. 제헌국회의원의 유일한 단체 사진인 헌법 공포 기념사진은 국립민속박물관과 국가기록원에도 소장되어 있지만 특별히 원장길 의원 유족의 협조로 가장 화질이 좋은 원본 사진을 입수해서 수록했음을 밝혀 둔다.

제헌국회의원 명단은 전체 원고의 분량을 고려하여 제헌국회의원 209분의 생몰 연도, 지역구, 출신 정당 등 간략한 정보와 함께 프로필을 수록하는 것으로 마무리하였다. 명단의 내용은 간략했으나 생몰 연도를 정리하는 작업은 생각보다 간단하지 않았다. 현재 역대 국회의원 프로필을 제공하고 있는 대표적 기관은 헌정회인데 헌정회 회원 프로필에도 생몰 연도가 미상으로 표시되거나 잘못 기재된 경우가 적지 않아 국회, 국사편찬위원회, 한국학중앙연구원 등의 자료를 참고하여 초고를 작성하고 회원 공지를 통해 다시 수정하는 과정을 거쳤다. 그 결과 많은 오류를 바로잡아 현재로서는 가장 정확하다고 판단되는 제헌국회의원 생몰 연도 정보를 확보할 수 있었다. 명단의 사진은 제헌국회의원의 사진을 가장 많이 수록하고 있는 자료로 평가되는『사진으로 본 국회 20년, 1948~1967』(1968)을 근간으로 하였는데, 사진을 구하지 못하여 초상화로 수록된 분이 많았다. 이번 출판에서 모두 사진으로 교체할 수는 없었지만 유족들의 도움으로 초상화에서 사진으로 교체한 경우도 있고 좀 더 나은 모습의 사진으로 교체한 경우도 있어 그 아쉬움을 조금은 덜 수 있었다.

이 기획의 특성상 많은 필자의 글을 수합하고 정리하고 통일해서 출판 원고까지 다듬는 데 복잡하고 많은 작업들이 요구되었다. 헌신적인 출판위원장과 유족회회장을 중심으로 위원들이 각자의 자리에서 최선을 다해 좋은 책을 만들어 보려고 고군분투한 시간이었다. 그리고 회원들의 참여로 내용을 채우고 부족한 점들을 보완하며 책을 만들어 가는 과정에서 '유족'의 의미는 우리 회원 모두에게 더 이상 과거가 아니라 현재 진행형이 되었다.

다루기 까다롭고 복잡한 원고들을 가지고 정성스럽게 교열과 디자인을 담당해 주신 (주)미래엔에 깊은 감사를 보낸다. 비록 미흡한 점들이 있을지라도 지금 이렇게 활자화된 이 시대의 증언들은 그 자체로 다시 제헌국회의 역사가 될 것을 믿으며 출판 작업을 마무리하고자 한다.

출판위원회 일동